PERGUNTAS E RESPOSTAS EM
PEDIATRIA

PERGUNTAS E RESPOSTAS EM
PEDIATRIA

Dennis Alexander Rabelo Burns
Dioclécio Campos Júnior

Copyright © 2016 Editora Manole Ltda., por meio de contrato com a Sociedade Brasileira de Pediatria.

Logotipo: *Copyright* © Sociedade Brasileira de Pediatria

Editor gestor: Walter Luiz Coutinho
Editora: Karin Gutz Inglez
Produção editorial: Cristiana Gonzaga S. Corrêa, Juliana Morais e Thamires Araujo
Projeto gráfico: Visão Editorial
Diagramação: Fabiana Seto
Imagens do miolo: gentilmente cedidas pelos autores
Capa: Rafael Zemantauskas

Dados Internacionais de Catalogação na Publicação (CIP)
(Câmara Brasileira do Livro, SP, Brasil)

Perguntas e respostas em pediatria / Dennis Alexander Rabelo Burns, Dioclécio Campos Júnior, [coordenadores]. – Barueri, SP : Manole, 2016.

Vários autores
Bibliografia
ISBN 978-85-204-4585-3

1. Medicina - Perguntas e respostas 2. Pediatria 3. Profissionais da saúde I. Burns, Dennis. II. Campos Júnior, Dioclécio.

15-08619

CDD-618.92
NLM-WS 100

Índices para catálogo sistemático:
1. Pediatria : Medicina 618.92

Todos os direitos reservados.
Nenhuma parte deste livro poderá ser reproduzida, por qualquer processo, sem a permissão expressa dos editores.
É proibida a reprodução por xerox.
A Editora Manole é filiada à ABDR – Associação Brasileira de Direitos Reprográficos.

1ª edição – 2016

Direitos adquiridos pela:
Editora Manole Ltda.
Avenida Ceci, 672 – Tamboré
06460-120 – Barueri – SP – Brasil
Tel.: (11) 4196-6000 – Fax: (11) 4196-6021
www.manole.com.br
info@manole.com.br

Impresso no Brasil
Printed in Brazil

Este livro contempla as regras do Acordo Ortográfico da Língua Portuguesa de 1990, que entrou em vigor no Brasil em 2009.

São de responsabilidade dos autores e coordenadores as informações contidas nesta obra.

COORDENADORES

Dioclécio Campos Júnior
Mestre e Doutor pela Université Libre de Bruxelles, Bélgica. Professor Titular Emérito de Pediatria da Universidade de Brasília (UnB). Representante da Sociedade Brasileira de Pediatria no Global Pediatrics Education Consortium (GPEC).

Dennis Alexander Rabelo Burns
Especialista em Pediatria pela Sociedade Brasileira de Pediatria (SBP) e em Alergia e Imunologia pela Associação Brasileira de Alergia e Imunopatologia (Asbai). Certificado em Área de Atuação de Alergia e Imunologia Pediátrica pela SBP. Preceptor de Alergia e Imunologia Pediátrica do Hospital Universitário de Brasília (Hub-UnB). Diretor dos Departamentos Científicos da SBP.

AUTORES

Adauto Dutra Moraes Barbosa
Especialista em Pediatria pela Sociedade Brasileira de Pediatria/Associação Médica Brasileira (SBP/AMB). Título de Área de Atuação em Neonatologia pela SBP/AMB. Mestre em Pediatria pela Universidade Federal do Rio de Janeiro (UFRJ). Doutor em Pediatria pela Escola Paulista de Medicina da Universidade Federal de São Paulo (EPM-Unifesp). Pós-doutor em Neonatologia pela University of Miami (EUA). Professor Titular de Pediatria da Faculdade de Medicina da Universidade Federal Fluminense (UFF). Secretário do Departamento de Neonatologia da SBP.

Adriana Chassot Bresolin
Especialista em Pediatria pela AMB e SBP. Certificação de Atuação na Área de Cardiologia Pediátrica pela AMB, SBP e Sociedade Brasileira de Cardiologia (SBC). Certificação de Atuação na Área de Ecocardiografia pela AMB e SBC. Mestre em Biociências e Saúde pela Universidade Estadual do Oeste do Paraná (Unioeste). Professora-assistente da Disciplina Internato e Residência Médica em Pediatria do Departamento de Pediatria da Unioeste.

Alda Elizabeth Boehler Iglesias Azevedo
Especialista em Pediatria com Área de Atuação em Medicina de Adolescentes pela SBP e pela AMB. Mestre em Saúde Coletiva pelo Instituto de Saúde Coletiva da Universidade Federal de Mato Grosso (UFMT). Professora do Departamento de Pediatria da Faculdade de Medicina da UFMT. Membro do Departamento de Medicina de Adolescentes da SBP.

Alice Yuriko Shinohara Hassano
Especialista em Pediatria pela UFRJ. Mestre em Medicina. Professora da Disciplina Desenvolvimento Neuropsicomotor e Reabilitação do Departamento de Pediatria da Faculdade de Medicina da UFRJ. Chefe do Núcleo de Reabilitação e Desenvolvimento Neuropsicomotor do Instituto de Puericultura e Pediatria Martagão Gesteira (IPPGM) da UFRJ. Membro do Departamento de Pediatria do Desenvolvimento e Comportamento da SBP. Membro do Comitê de Atenção Integral ao Desenvolvimento

e Reabilitação da Sociedade de Pediatria do Estado do Rio de Janeiro (Presidente nos Triênios 2010-2012 e 2001-2003).

Ana Karina da Costa Dantas
Pediatra Especialista em Nefrologia Pediátrica. Mestre em Pediatria pela Faculdade de Ciências Médicas da Santa Casa de São Paulo (FCMSCSP). Professora de Pediatria e Médica Pediatra da Universidade Federal do Rio Grande do Norte (UFRN).

Aramis Antonio Lopes Neto
Especialista em Pediatria pelo IPPMG-UFRJ.

Arnaldo Pineschi de Azeredo Coutinho
Presidente do Departamento de Bioética da SBP. Colunista sobre Ética e Bioética da Revista Bioética do Conselho Federal de Medicina (CFM). Sócio-diretor da Empresa Pineschi Consultoria e Gestão. Membro do Conselho Editorial da Revista Bioética do CFM.

Carlindo de Souza Machado e Silva Filho
Especialista em Pediatria pela SBP. Professor Adjunto da Disciplina Saúde da Criança e do Adolescente e Bioética Médica na Universidade Iguaçu. Diretor Adjunto de Defesa Profissional da SBP. Membro do Departamento Científico de Bioética da SBP.

Cassiano Rodrigues Isaac
Especialista em Oftalmologia pela Universidade Estadual de Campinas (Unicamp). Professor de Oftalmologia da Residência Médica em Oftalmologia no Hospital de Base do Distrito Federal. Presidente da Sociedade Brasiliense de Oftalmologia (SBrO). Membro do Conselhor Brasileiro de Oftalmologia (CBO). Membro da Sociedade Brasileira de Oftalmologia Pediátrica (SBOP).

Danilo Blank
Professor do Departamento de Pediatria da Faculdade de Medicina da Universidade Federal do Rio Grande do Sul (UFRGS).

Elsa Regina Justo Giugliani
Especialista em Pediatria pelo Hospital das Clínicas da FMRP-USP. Mestre em Pediatria pela USP. Doutora em Pediatria pela USP. Professora Titular do Departamento de Pediatria

da Faculdade de Medicina da UFRS. Consultora em Lactação pelo International Board of Lactation Consultant Examiners. Membro do Comitê Nacional de Aleitamento Materno.

Elza Daniel de Mello
Médica pela Faculdade de Medicina da UFRGS com Residência Médica em Pediatria (3 anos) no HCPA. Mestre e Doutora em Pediatria pela UFRGS. Especialista em Pediatria pela SBP. Especialista em Nutrologia pela Associação Brasileira de Nutrologia (Abran). Certificada na Área de Atuação em Nutrologia Pediátrica e Gastroenterologia Pediátrica pela SBP. Professora Associada do Departamento de Pediatria da UFRGS. Membro do Departamento Científico de Nutrologia e Suporte Nutricional da SBP. Membro do Departamento de Peditatria da Abran. Membro da Diretoria da Sociedade de Pediatria do Rio Grande do Sul (SPRS).

Fernanda Luisa Ceragioli Oliveira
Título de Especialista em Pediatria com Área de Atuação em Nutrologia Pediátrica e Nutrição Parenteral e Enteral em Pediatria. Doutora em Pediatria pelo Departamento de Pediatria da EPM-Unifesp. Pediatra da Disciplina de Nutrologia e Chefe do Setor de Suporte Nutricional e do Ambulatório de Dislipidemia da Disciplina Nutrologia do Departamento de Pediatria da EPM-Unifesp. Pesquisadora da Pós-graduação de Nutrição da Unifesp. Diretora Clínica da Equipe Multiprofissional de Terapia Nutricional (EMTN) do Instituto de Oncologia Pediátrica/Grupo de Apoio ao Adolescente e à Criança com Câncer (IOP-GRAACC-Unifesp). Membro do Departamento de Nutrição da SPSP e do Conselho Científico do Departamento de Nutrologia.

Gil Guerra Junior
Especialista em Endocrinologia Pediátrica pela Faculdade de Ciências Médicas da Unicamp (FCM-Unicamp). Mestre e Doutor em Pediatria pela FCM-Unicamp. Professor Titular do Departamemto de Pediatria da FCM-Unicamp. Presidente do Departamento de Endocrinologia da SBP.

Hany Simon Júnior
Especialista em Pediatria. Médico do Pronto-socorro do Instituto da Criança do HC-FMUSP. Médico do Departamento de Emergência da SBP. Membro do Departamento de Emergência e da Diretoria de Cursos e Eventos da Sociedade de Pediatria de São Paulo (SPSP).

Jandrei Rogério Markus
Especialista em Infectologia e Dermatologia Pediátrica pela Universidade Federal do Paraná (UFPR). Mestre em Saúde da Criança e do Adolescente pela UFPR. Doutor em Saúde da Criança e do Adolescente com Área de Concentração em Dermatologia Pediátrica pela UFPR. Professor Titular da Disciplina Pediatria e Dermatologia do Departamento de Medicina do Instituto Tocantinense Presidente Antônio Carlos Porto Nacional da Faculdade Presidente Antonio Carlos (ITPAC-FAPAC Porto Nacional). Membro do Comitê de Dermatologia Pediátrica da SBP.

Joel Conceição Bressa da Cunha
Especialista em Neonatologia pela Universidade de Tohoku (Japão). Segundo Secretário da Sociedade Brasileira de Imunizações (SBIM) – Regional Rio de Janeiro. Secretário do Departamento Científico de Saúde Escolar da SBP. Membro do Comitê de Saúde Escolar da Sociedade de Pediatria do Estado do Rio de Janeiro (Soperj). Membro da Comissão Científica da Associação Brasileira de Neurologia e Psiquiatria Infantil (Abenepi).

Jorge Yussef Afiune
Especialista em Terapia Intensiva Pediátrica e Cardiologia Pediátrica pela AMB. Doutor em Medicina pela USP.

José Dias Rego
Especialista em Pediatria e Neonatologia pela SBP. Professor-assistente de Neonatologia do Departamento de Pediatria da Escola de Medicina da Fundação Técnico Educacional Souza Marques, Rio de Janeiro. Membro da Academia Brasileira de Pediatria e do Soperj. Membro do Grupo Interinstitucional de Incentivo ao Aleitamento Materno da Secretaria de Estado do Rio de Janeiro. Ex-chefe do Serviço de Pediatria do Hospital Maternidade Alexander Fleming da Secretaria Municipal de Saúde do Rio de Janeiro. Coordenador do Programa de Reanimação Neonatal da Soperj.

José Gabel
Membro do Departamento de Pediatria Ambulatorial da SBP. Membro do Departamento de Pediatria Ambulatorial da SPSP. Membro do Corpo Clínico Pediátrico do Hospital Albert Einstein (HIAE) e Programa Einstein na Comunidade. Membro do Corpo Clínico do Hospital Regional Sul da Secretaria da Saúde do Estado de São Paulo.

José Paulo V. Ferreira
Especialista em Pediatria pela SBP e pela UFRGS. Mestre em Saúde Coletiva pela Universidade Luterana do Brasil (Ulbra).

Katia Telles Nogueira
Especialista em Adolescência pela SBP. Doutora em Saúde Coletiva pelo Instituto de Medicina Social da Universidade do Estado do Rio de Janeiro (IMS-UERJ). Professora do Departamento de Pediatria da Faculdade de Ciências Médicas da UERJ. Presidente do Departamento Científico de Adolescência da SBP.

Kerstin Taniguchi Abagge
Especialista em Pediatria e Dermatologia pelo Hospital das Clínicas da Universidade Federal do Paraná (HC-UFPR). Pós-graduada em Saúde da Criança e do Adolescente. Mestre em Pediatria pela UFPR. Professora-assistente da Disciplina Dermatologia Pediátrica do Departamento de Pediatria da UFPR. Presidente do Departamento Científico de Dermatologia da SBP. Membro Titular da SBP, da Sociedade Brasileira de Dermatologia e da International Society for Pediatric Dermatology. Membro Titular e Delegada da Sociedad Latinoamericana de Dermatología Pediátrica.

Leonardo Araujo Pinto
Pediatra e Pneumologista Pediátrico. Doutor em Saúde da Criança e do Adolescente pela Universidade Estadual de Campinas (Unicamp). Professor do Departamento de Pediatria da Pontifícia Universidade Católica do Rio Grande do Sul (PUCRS). Presidente do Comitê de Pneumologia da SBP.

Leonardo Falci Mourão
Professor-assistente Coordenador de Pediatria da Urgência do Curso de Medicina Centro Universitário de Belo Horizonte (UNI-BH). Instrutor NALS/SBP. Coordenador dos Cursos de Urgências Pediátricas da Sociedade Mineira de Pediatria.

Lucia Margareth Perini Borjaille
Especialista em Pediatria pela SBP. Vice-presidente da Sociedade de Pediatria do Espírito Santo (SOESP). Membro do Departamento Científico de Pediatria Ambulatorial da SBP.

Luciano Borges Santiago

Médico pela Universidade Federal do Triângulo Mineiro (UFTM). Especialista em Pediatria pela SBP. Mestre e Doutor em Ciências da Saúde, Área de Concentração Pediatria, pela FMRP-USP. Residência Médica em Pediatria pelo Ministério da Educação (MEC). Professor Associado da Disciplina Pediatria da UFTM e da Universidade de Uberaba (UNIUBE). Coordenador do Curso de Medicina da UFTM (de março de 2010 a dezembro de 2012). Membro do Comitê Nacional de Aleitamento Materno (ATSCAM) do Ministério da Saúde. Membro do Comitê de Aleitamento Materno da SMP. Presidente do Departamento Científico de Aleitamento Materno da SBP (2010-15). Presidente da Sociedade Regional de Pediatria do Vale do Rio Grande de Uberaba/MG (2007-10, 2010-13 e 2013-16).

Luiz Claudio Gonçalves Castro

Especialista em Pediatria pela SBP/AMB. Certificado de Área de Atuação em Endocrinologia Pediátrica pela Sociedade Brasileira de Endocrinologia e Metabologia (SBEM/SBP/AMB). Doutor em Ciências da Saúde pela Universidade de Brasília (UNB). Professor-assistente da Área de Medicina da Criança e do Adolescente da Faculdade de Medicina da UNB. Presidente da Sociedade de Pediatria do Distrito Federal (Biênio 2014-2015). Presidente do Capítulo Brasileiro da Sociedade Latinoamericana da Faculdade de Medicina da UNB. Membro do Departamento de Endocrinologia da SBP.

Maria Beatriz Reinert do Nascimento

Médica Especialista em Pediatria com Habilitação em Neonatologia pela Sociedade Brasileira de Pediatria. Mestre em Medicina (Pediatria) pela USP. Doutora em Ciências (Pediatria) pela USP. Professora Titular da Área Materno-Infantil do Curso de Medicina da Universidade da Região de Joinville (Univille). Coordenadora Técnica do Banco de Leite Humano da Maternidade Darcy Vargas – Joinville (SC). Consultora Internacional de Lactação (International Board Certified Lactation Consultant pelo International Board Certified Lactation Consultant Examiners). Membro do Departamento Científico de Aleitamento Materno da SBP e da Sociedade Catarinense de Pediatria (SCP).

Maria de Fátima Bazhuni Pombo March

Doutora em Doenças Infecciosas e Parasitárias pela UFRJ. Professora-associada de Pediatria da Faculdade de Medicina da UFRJ. Membro do Departamento Científico de Pneumologia da SBP.

Maria de Lourdes Fonseca Vieira
Especialista em Pediatria pela SBP. Doutora em Saúde da Criança e do Adolescente pela Unicamp. Professora de Pediatria e do Mestrado Profissional de Ensino na Saúde, e Coordenadora do Internato de Pediatria 1 da Faculdade de Medicina da Universidade Federal de Alagoas (Famed-Ufal). Presidente do Departamento Científico Saúde Escolar da SBP.

Maria Teresinha de Oliveira Cardoso
Médica Especialista em Genética Médica. Mestre em Imunologia e Genética Aplicadas. Doutora em Patologia Molecular. Professora do Curso de Medicina da Universidade Católica de Brasília (UCB). Coordendora de Genética e Doenças Raras da Rede Hospitalar do Distrito Federal.

Mário Lavorato da Rocha
Especialista em Pediatria pela SBP. Diretor de Defesa Profissional da Sociedade Mineira de Pediatria e da SBP. Preceptor da Clínica Pediátrica do Hospital dos Servidores Públicos de Minas Gerais. Diretor de Integração das Regionais da Sociedade Mineira de Pediatria. Coordenador da Clínica Pediátrica do Hospital dos Servidores Públicos de Minas Gerais. Coordenador Estadual de Promoção da Saúde do Antigo Instituto Nacional de Assistência Médica da Previdência Social de Minas Gerais (INAMPS-MG). Conselheiro de Administração da Unimed-BH.

Marisa Buriche Liberato
Especialista em Pediatria com Área de Atuação em Gastroeneterologia Pediátrica pela Universidade Federal do Rio de Janeiro (UFRJ). Mestre em Doenças Infecciosas pela Universidade Federal do Espírito Santo (UFES).

Marise Helena Cardoso Tofoli
Especialista em Gastroenterologia e Hepatologia Pediátrica e Mestre em Saúde da Criança e do Adolescente pela Unicamp. Preceptora dos Residentes de Pediatria do Hospital Materno-infantil de Goiânia. Responsável pelo Núcleo de Ensino e Pesquisa do Hospital Materno-infantil de Goiânia. Diretora de Eventos da Sociedade Goiana de Pediatria. Membro Efetivo do Departamento de Gastroenterologia da SBP.

Marislaine Lumena de Mendonça
Especialista em Pediatria pela Fundação Hospitalar do Estado de Minas Gerais (FHEMIG). Especialista em Epidemiologia pela Universidade Federal de Minas Gerais (UFMG). Presidente do Departamento Científico de Segurança da SBP.

Mariângela de Medeiros Barbosa
Especialista em Medicina do Adolescente pela Universidade Federal da Paraíba (UFPB). Coordenadora do Programa de Atenção Multidisciplinar ao Adolescente (Proma) do Hospital Universitário Lauro Wanderley (HULW/UFPB). Presidente do Departamento de Adolescência da SBP.

Milton Macedo de Jesus
Especialista em Pediatria pela SBP e pela Faculdade de Ciências Médicas da Santa Casa de São Paulo (FCMSCSP). Diretor de Defesa Profissional da SBP. Representante da SBP no Conselho de Defesa Profissional da AMB. Titular da Academia Paranaense de Pediatria. Vice-presidente da Sociedade Paranaense de Pediatria (SPP). Diretor do Departamento de Pediatria e Cirurgia Pediátrica da Associação Médica de Londrina (AML).

Mônica Soares de Souza
Graduada em Medicina pela UFRJ. Título de Especialista em Alergia e Imunologia Clínica pela Sociedade Brasileira de Alergia e Imunopatologia Clínica. *Staff* do Setor de Alergia e Imunologia do Serviço de Pediatria do Hospital Federal dos Servidores do Estado, Rio de Janeiro. Preceptora de Residentes em Pediatria, em Alergia e Imunologia no Internato da Universidade Estácio de Sá e na Universidade Severino Souza. Coordenadora dos Cursos de Aperfeiçoamento Científico do Serviço de Pediatria. Membro do Programa de Aids Pediátrico. Membro do Programa de Prevenção da Transmissão Vertical do HIV.

Neulânio Francisco de Oliveira
Especialista em Pediatria/Neonatologia e Mestre em Saúde Pública pela UFC.

Nilzete Liberato Bresolin
Pediatra Especialista em Nefrologia e Terapia Intensiva Pediátrica. Mestre em Ciências Médicas pela Universidade Federal de Santa Catarina (UFSC). Professora de Nefro-

logia Pediátrica da UFSC. Coordenadora do Programa de Residência em Terapia Intensiva Pediátrica do Hospital Infantil Joana de Gusmão de Florianópolis.

Patricia Guedes de Souza
Especialista em Pediatria com Área de Atuação em Cardiologia Pediátrica pela USP. Presidente do Departamento de Cardiologia da SBP (2013-2016).

Patricia Miranda do Lago
Especialista em Pediatria pela SBP. Especialista em Terapia Intensiva Pediátrica pela SBP/AMIB. Especialista em Cuidados Paliativos pela SBP/AMB. Mestre e Doutora em Saúde da Criança e do Adolescente pela PUCRS. Professora Adjunta do Departamento de Pediatria da Faculdade de Medicina da UFRGS. Chefe da Emergência Pediátrica do HCPA. Presidente da Sociedade de Pediatria do Rio Grande do Sul (SPRS) 2012-15. Membro do Departamento de Cuidados Paliativos da SBP e da AMIB.

Pérsio Roxo-Júnior
Especialista em Pediatria, Alergia e Imunologia Pediátrica pela SBP. Mestre e Doutor em Ciências pela Faculdade de Medicina de Ribeirão Preto da Universidade de São Paulo (FMRP-USP). Professor do Departamento de Puericultura e Pediatria da FMRP-USP. Coordenador do Serviço de Imunologia e Alergia Pediátrica do Hospital das Clínicas da FMRP-USP.

Renata Dejtiar Waksman
Especialista em Pediatria. Doutora em Pediatria pela FMUSP.

Renato Soibelmann Procianoy
Especialista em Pediatria pelo Hospital dos Servidores do Estado. Mestre e Doutor em Pediatria pela USP. Professor Titular do Departamento de Pediatria da UFRGS.

Ricardo Fernando Arrais
Especialista em Endocrinologia Pediátrica pela Unifesp. Especialista em Informática pela Universidade Aberta do Brasil (UAB-Unifesp). Mestre em Pediatria pela Unifesp. Doutor em Endocrinologia Clínica pela Unifesp. Professor Associado das Disciplinas Pediatria e Unidade de Endocrinologia Pediátrica do Departamento de Pediatria da UFRN.

Ricardo Halpern
Pediatra. Mestre em Saúde Materno Infantil pela School of Public Health, UNC Chapel Hill. Doutor em Pediatria pela UFRGS. Pós Doctoral Fellow em Developmental and Behavioral Pediatrics, UNC Chapel Hill. Professor Associado de Pediatria da UFCSPA. Presidente do Departamento Científico de Desenvolvimento e Comportamento da SBP. Chefe do Serviço de Pediatria do HCSA. Chefe do Serviço de Desenvolvimento e Comportamento do HCSA.

Roberto Gomes Chaves
Nutrólogo Pediátrico. Especialista, Mestre e Doutor em Pediatria. Professor Titular de Pediatria do Curso de Medicina da Universidade de Itaúna (UIT). Membro do Comitê de Aleitamento Materno da Sociedade Mineira de Pediatria.

Roseli Oselka Saccardo Sarni
Doutora em Medicina pela EPM-Unifesp. Professora-assistente do Departamento de Saúde Materno-infantil da Faculdade de Medicina do ABC. Presidente do Departamento de Nutrologia da SBP.

Rubens Belfort Neto
Doutor em Oftalmologia pela Unifesp. Chefe do Setor de Oncologia Ocular da EPM-Unifesp.

Sulim Abramovici
Médico Pediatra do Departamento Materno-infantil do HIAE. Presidente do Departamento de Emergências e Cuidados Hospitalares da SBP. Membro do Departamento de Emergências da SPSP.

Tadeu Fernando Fernandes
Especialista em Pediatria pela SBP/AMB. Coordenador do Departamento de Pediatria da Multiclínicas de Campinas. Presidente do Departamento de Pediatria Ambulatorial da SBP. Presidente do Departamento de Cuidados Primários com Criança da SPSP.

Tania Maria Sih
Especialista em Otorrinolaringologia pela FMUSP. Doutora em Otorrinolaringologia. Professora do Laboratório de Investigação Clínica (LIM) número 40 da FMUSP. Presi-

dente da International Society of Otitis Media (ISOM). Presidente da Interamerican Association of Pediatric ORL (IAPO). Presidente do Comitê de Pediatria da International Federation of ORL Societes (IFOS).

Valmin Ramos da Silva

Título de Especialista em Pediatria e em Nutrologia pela SBP e Medicina Intensiva Pediátrica pela Amib-SBP. Mestre em Biologia Vegetal pela Ufes. Doutor em Pediatria pela UFMG. Professor Adjunto Doutor de Pediatra. Professor do Programa do Mestrado em Políticas Públicas e Desenvolvimento e Coordenador de Pesquisa e Pós-graduação da Emescam. Coordenador e Preceptor do Programa de Residência Médica em Pediatria do Hospital Infantil Nossa Senhora da Glória. Presidente do Departamento Científico de Nutrologia e de Terapia Nutricional da SBP.

Virgínia Resende Silva Weffort

Pediatra Nutróloga pela SBP e Abran. Especialista em Pediatria pela Universidade Federal do Triângulo Mineiro (UFTM) e SBP. Mestre e Doutora em Pediatria pela FMRP-USP. Professora Associada do Departamento Materno-infantil e Responsável pela Disciplina Pediatria da UFTM. Membro do Departamento Científico de Nutrologia da SBP. Presidente do Comitê de Nutrologia da Sociedade Mineira de Pediatria (SMP).

SUMÁRIO

Prefácio XXI

CAPÍTULO 1 • Adolescência 1

CAPÍTULO 2 • Aleitamento materno 13

CAPÍTULO 3 • Bioética 21

CAPÍTULO 4 • Alergia e imunologia 31

CAPÍTULO 5 • Emergências 41

CAPÍTULO 6 • Desenvolvimento e comportamento 57

CAPÍTULO 7 • Saúde escolar 69

CAPÍTULO 8 • Segurança 85

CAPÍTULO 9 • Dermatologia 95

CAPÍTULO 10 • Endocrinologia 111

CAPÍTULO 11 • Gastroenterologia 119

CAPÍTULO 12 • Genética 133

CAPÍTULO 13 • Nefrologia 147

CAPÍTULO 14 • Neonatologia 161

CAPÍTULO 15 • Nutrologia 171

CAPÍTULO 16 • Otorrinolaringologia 187

CAPÍTULO 17 • Pediatria ambulatorial 197

CAPÍTULO 18 • Pneumologia 215

CAPÍTULO 19 • Terapia nutricional 225

CAPÍTULO 20 • Medicina paliativa 241

CAPÍTULO 21 • Cardiologia 251

CAPÍTULO 22 • Oftalmologia................................ 261

CAPÍTULO 23 • Defesa profissional.......................... 271

PREFÁCIO

No contexto da educação contínua em pediatria, várias modalidades de acesso às informações científicas atualizadas têm sido trabalhadas para garantir ao pediatra a perspectiva de seu incessante aprimoramento profissional. Todos os recursos tecnológicos contribuem, cada vez mais, para esse inestimável avanço do médico especializado na missão de prover cuidados qualificados à faixa etária mais complexa da existência humana, qual seja, a infância e a adolescência. O componente pedagógico será sempre um importante requisito para o alcance desse objetivo.

Um dos instrumentos metodológicos, de eficácia comprovada, é a análise de questões utilizadas pela Sociedade Brasileira de Pediatria (SBP) para exames de avaliação profissional. Os comentários são feitos por experientes pediatras, que dão sustentação científica às respostas consideradas corretas. Assim se configura a presente obra bibliográfica intitulada *Perguntas e respostas em pediatria*. Trata-se de rico conteúdo disponibilizado para a leitura. Desperta pensamentos, reflexões, críticas e real aprendizagem por parte do leitor.

O compromisso da SBP com a qualidade na formação do pediatra confere crescente abrangência às iniciativas que têm sido adotadas com tal intuito. Entre elas, a participação como entidade membro do Global Pediatric Education Consortium (GPEC), que se traduz pela conquista de mudanças de conteúdos e práticas do novo programa de residência médica em pediatria no Brasil, com duração de três anos. Além disso, ressalta-se o empenho na luta pelo processo de recertificação profissional, já adotado em outros países.

O livro *Perguntas e respostas em pediatria* resulta da parceria entre a SBP e a Editora Manole, responsável pelas mais sólidas e consistentes publicações que prestam relevantes serviços à formação do pediatra. Destina-se não apenas aos recém-formados que tenham interesse na residência em pediatria, mas, também, aos residentes e respectivos preceptores, bem como a todos os profissionais médicos que exercem esta especialidade no Brasil. Trata-se, em síntese, de mais uma obra produzida com a preciosa contribuição de lideranças pediátricas envolvidas com atividades científicas e comprometidas com o constante avanço do padrão da assistência médica prestada às crianças e aos adolescentes do nosso país.

Dioclécio Campos Júnior
Professor emérito de Pediatria da Universidade de Brasília
Ex-presidente da SBP
Representante da SBP no GPEC

Eduardo da Silva Vaz
Presidente da SBP

CAPÍTULO

1

ADOLESCÊNCIA

Katia Telles Nogueira
Alda Elizabeth Boehler Iglesias Azevedo
Mariângela de Medeiros Barbosa

QUESTÃO 1

Adolescente do sexo feminino, 15 anos de idade, assintomática e com amenorreia primária. A telarca ocorreu com 14 anos. Ela vem crescendo à velocidade de 5 cm/ano. O exame físico revelou peso no percentil 3 e altura no percentil 50. As mamas estão no estágio 3 de Tanner e pelos púbicos no estágio 2. O exame ginecológico é normal e a história familiar revela que a mãe teve sua menarca aos 16 anos. Qual a causa mais provável da amenorreia da paciente?

ALTERNATIVA CORRETA

- [ ] A Anorexia nervosa.
- [ ] B Atraso puberal familiar.
- [ ] C Disgenesia gonadal.
- [ ] D Hipotireoidismo.
- [ ] E Deficiência isolada de gonadotrofinas.

REFERÊNCIA BIBLIOGRÁFICA

Damiani D. Endocrinologia na prática pediátrica. 2.ed. Barueri: Manole, 2011.

QUESTÃO 2
Na adolescência, a mortalidade está principalmente ligada a quê?

ALTERNATIVA CORRETA
☐ A Causas externas.
☐ B Tumores.
☐ C Doenças infectocontagiosas.
☐ D Doenças do aparelho respiratório.
☐ E Doenças de parto e puerpério.

REFERÊNCIA BIBLIOGRÁFICA
Matos KF, Martins CBG. Mortality by external causes in children, teenagers and young adults: a bibliographic review. Rev Espaço Saúde 2013;14(1 e 2):82-93.

QUESTÃO 3
Adolescente do sexo feminino, 15 anos de idade, vai a uma consulta de emergência acompanhada pelos pais. A mãe insiste em conversar pessoalmente com o médico e saber do que a adolescente queixou-se especialmente para ele. O sigilo médico tem que ser preservado, mas pode ser rompido excepcionalmente em qual das seguintes situações?

ALTERNATIVA CORRETA
☐ A Atividade sexual.
☐ B Experimentação de drogas.
☐ C Comportamento agressivo.
☐ D Ideias suicidas.
☐ E Prescrição de anticoncepcional.

REFERÊNCIA BIBLIOGRÁFICA
Marcolino JÁM. Sigilo profissional e assistência ao adolescente: uma relação de confiança. Rev Assoc Med Bras 2007; 53(3):189.

QUESTÃO 4

Adolescente do sexo masculino, 13 anos de idade, vai à consulta com queixa de ginecomastia e pênis pequeno. A ginecomastia surgiu há 6 meses e foi constatada no exame físico. O restante do exame físico foi normal, exceto por obesidade moderada, o que confirmou o "pênis embutido". O estadiamento de Tanner foi P2 e G3. Qual a conduta mais adequada?

ALTERNATIVA CORRETA

- [ ] A Indicar cirurgia para correção da ginecomastia.
- [ ] B Observar evolução da ginecomastia por mais 1 ano.
- [ ] C Pedir exame de cromatina sexual.
- [ ] D Encaminhar para a endocrinologia.
- [ ] E Iniciar o tratamento hormonal.

REFERÊNCIA BIBLIOGRÁFICA

Campos D Jr., Burns DA, Lopez FA. Tratado de pediatria. 3.ed. Barueri: Manole, 2014.

QUESTÃO 5

Em relação à escoliose na adolescência, qual a alternativa correta?

ALTERNATIVA CORRETA

- [ ] A É mais frequente em meninas e agrava-se na fase de aceleração do crescimento.
- [ ] B Geralmente cursa com sintomas desde seu início e é facilmente diagnosticada ao exame físico.
- [ ] C Um ou mais achados anormais no exame físico é indicativo de encaminhamento ao ortopedista para a colocação do colete.
- [ ] D É mais frequente em meninos e tem origem idiopática.
- [ ] E Nenhuma das alternativas está correta.

REFERÊNCIA BIBLIOGRÁFICA

Neinstein LS, Gordon CM, Katzman DK, Rosen David S, Woods ER (eds.). Adolescent health care: a practical guide. 5.ed. Chicago: Lippincott Williams & Wilkins, 2007.

QUESTÃO 6
A puberdade masculina é inicialmente marcada pelo quê?

ALTERNATIVA CORRETA
- [ ] A Primeira ejaculação.
- [ ] B Aparecimento de pelos axilares.
- [ ] C Aumento do volume testicular.
- [ ] D Mudança do timbre de voz.
- [ ] E Aumento do comprimento peniano.

REFERÊNCIA BIBLIOGRÁFICA
Liberal EF, Vasconcelos MM, Nogueira K. Adolescência – Séries Soperj-Pediatria. Rio de Janeiro: Guanabara Koogan, 2012.

QUESTÃO 7
Adolescente do sexo masculino, 14 anos de idade, goleiro do time de sua escola, queixa-se de dor na região anterior do joelho esquerdo, que piora com a digitopressão. Ao subir e descer rampas, apresenta aumento do volume local com tumefação do tubérculo tibial anterior. Radiografia simples de perfil evidenciou irregularidade e presença de ossículo junto à tuberosidade anterior da tíbia. Qual a principal hipótese diagnóstica e a conduta adequada?

ALTERNATIVA CORRETA
- [ ] A Lesões meniscal e ligamentar/reconstrução.
- [ ] B Doença de Osgood-Schlatter/conservadora.
- [ ] C Osteossarcoma/quimioterapia.
- [ ] D Osteocondrite dissecante/conservadora.
- [ ] E Fratura tipo II de Salter e Harris/tração.

REFERÊNCIA BIBLIOGRÁFICA
Bértolo MB. Doença de Osgood-Schlatter. Rev Bras Reumatol 2004; 44(4):300.

QUESTÃO 8

Jovem do sexo masculino, 16 anos de idade, afebril, é visto em estado de estupor depois de convulsão generalizada que durou 10 minutos. Sabe-se que ele é usuário ocasional de maconha. Como parte da avaliação, é solicitada triagem para drogas. Qual droga tem maior probabilidade de ter causado a convulsão?

ALTERNATIVA CORRETA
☐ A Barbitúrico.
☐ B Cocaína.
☐ C Difenidramina.
☐ D Prometazina.
☐ E Teofilina.

REFERÊNCIA BIBLIOGRÁFICA
Neinstein LS, Gordon CM, Katzman DK, Rosen David S, Woods ER (eds.). Adolescent health care: a practical guide. 5.ed. Chicago: Lippincott Williams & Wilkins, 2007.

QUESTÃO 9

Paciente de 13 anos de idade apresentou, há um mês, quadro clínico de febre elevada, cefaleia retro-orbitária, dor nas costas, mialgias intensas, náuseas e vômitos. Nas primeiras 24 a 48 horas de doença, houve discreto exantema macular que empalidecia à pressão. Esse quadro durou cerca de uma semana. Dois dias após a febre ter cessado, surgiu novo exantema generalizado, maculopapular, poupando as mãos e pés e que durou 4 dias. A recuperação do paciente foi completa. Qual foi sua primeira hipótese diagnóstica?

ALTERNATIVA CORRETA

- ☐ A Exantema súbito.
- ☐ B Dengue.
- ☐ C Eritema nodoso.
- ☐ D Mononucleose infecciosa.
- ☐ E Parvovirose.

REFERÊNCIA BIBLIOGRÁFICA

Brasil. Ministério da Saúde. Diretrizes nacionais para a prevenção e controle de epidemias de dengue. Brasília: Ministério da Saúde, 2009. Disponível em: http://bvsms.saude.gov.br/bvs/publicacoes/diretrizes_nacionais_prevencao_controle_dengue.pdf.

QUESTÃO 10

Adolescente do sexo feminino, 15 anos de idade, chega ao consultório com queixa de acne. Qual a alternativa correta?

ALTERNATIVA CORRETA

- ☐ A Evitar frituras.
- ☐ B A limpeza frequente da pele é essencial, mas não suficiente.
- ☐ C Antibióticos tópicos não têm nenhum valor.
- ☐ D Peróxido de benzoíla tópico costuma ser a base do tratamento inicial.
- ☐ E Acne é doença apenas de adolescentes.

REFERÊNCIA BIBLIOGRÁFICA

Liberal EF, Vasconcelos MM, Nogueira K. Adolescência – Séries Soperj-Pediatria. Rio de Janeiro: Guanabara Koogan, 2012.

RESPOSTAS CORRETAS

1. b

A puberdade é um período marcado por grandes transformações físicas e psíquicas, como crescimento acelerado e desenvolvimento sexual. Por definição, é considerada puberdade atrasada quando, nas meninas, há ausência de desenvolvimento de mamas após os 13 anos de idade ou falta de menstruação até os 16 anos e, nos meninos, há ausência do aumento dos testículos após os 14 anos. É comum haver história familiar de atraso puberal e de causa benigna, como o atraso constitucional de crescimento e puberdade. A adrenarca e a gonadarca também são tardias, assim como o estirão puberal. Nesses casos, é recomendada uma avaliação médica inicial para afastar outras causas e, posteriormente, acompanhamento clínico. É fundamental fornecer orientações com o intuito de tranquilizar a família e o adolescente, esclarecendo que não se trata de doença, mas de demora em iniciar o desenvolvimento e que, ao final do período, ele provavelmente alcançará a média de altura da família, além da maturação sexual adequada.

2. a

As causas externas têm acarretado impacto relevante na saúde da população de vários países do mundo, principalmente entre crianças e jovens. No Brasil, as causas externas são a 3ª causa de mortalidade na população geral e a 1ª na adolescência. Entre os óbitos por causas externas, as agressões e os acidentes de transporte ocupam o 1º e o 2º lugar, respectivamente. A mortalidade por causas externas é um problema de etiologia multifatorial, que envolve vários níveis de influência, desde o nível individual até o social. As causas violentas podem ocasionar consequências que geram altos custos econômicos, emocionais e sociais. O perfil das vítimas de mortalidade por causas externas é composto pelas seguintes características: jovens, sexo masculino, baixo nível socioeconômico e etnia negra.

3. d

As questões que permeiam a necessidade da manutenção do sigilo profissional, do direito à privacidade e da confidencialidade na relação do médico com o paciente adolescente envolvem aspectos de grande complexidade. A confidencialidade é um direito do paciente adolescente e o sigilo é regulamentado pelo artigo 74 do Código de Ética Médica. Em todas as situações que apresentem a necessidade de sua quebra (p.ex., quando há risco à saúde do paciente ou de outrem, por meio de problemas como comportamentos de risco, depressão, violência, abuso sexual, uso de drogas e ideias suicidas), o paciente deve ser informado e os motivos devem ser justificados para ele. A Sociedade Brasileira de Pediatria recomenda que o médico respeite a individualidade de cada adolescente, que deve ser identificado como capaz de avaliar seu problema e de conduzir-se por seus próprios meios para solucioná-lo, tendo o direito de ser atendido sem a presença dos pais ou responsáveis no ambiente da consulta.

4. b

Em adolescentes saudáveis, que apresentam massa firme ou elástica, subareolar e bilateral no início do estirão puberal, sem uso de drogas ou evidência de outra patologia, o diagnóstico provável é de ginecomastia puberal. Não são necessários exames laboratoriais. Deve-se assegurar ao adolescente de que a mama irá desaparecer em um período de 6 meses a 1 ano e agendar avaliações periódicas para acompanhamento individualizado. Se houver aumento mamário significativo (≥ 4 cm), com repercussão psíquica importante, e nenhuma evidência de regressão espontânea, deve-se considerar tratamento. Se há uso de drogas, elas devem ser descontinuadas e o paciente, reavaliado em um mês. Após esse período, o quadro deve entrar em regressão. Se forem afastados ginecomastia puberal, uso de drogas e doença hepática ou renal, é desejável um estudo diagnóstico endocrinológico.

5. a

A escoliose é um dos problemas ortopédicos mais comuns na adolescência. Corresponde a uma deformidade da coluna vertebral representada por uma curvatura lateral para a direita (o que é mais comum) ou para a esquerda. É representada por curvatura ≥ 10 graus na radiografia frontal. É uma afecção multifatorial, que pode ter várias origens: idiopática, neuromuscular, congênita e postural.

A escoliose idiopática do adolescente é a mais frequente, com pico de incidência entre 10 e 14 anos. Afeta 2 a 4% da população, sendo o sexo feminino nitidamente mais acometido que o masculino, na proporção de 7:1.

O desvio da coluna muitas vezes é percebido por familiares, professores ou é achado do exame clínico de rotina. O adolescente deve ser examinado despido. O teste de inclinação anterior, teste de Adams, auxilia no rastreio do desvio da coluna. A confirmação diagnóstica é feita por radiografia simples de coluna vertebral nas incidências anterior e perfil.

6. c

A puberdade é caracterizada pelo aumento da amplitude dos pulsos de secreção dos hormônios luteinizante e foliculoestimulante, detectáveis antes que os sinais externos da puberdade sejam evidentes.

O desenvolvimento dos caracteres sexuais secundários é evento de grande importância, pois é alvo de muita atenção pelos adolescentes, que se comparam o tempo todo, e o fato do desenvolvimento ocorrer em diferentes idades pode desenvolver dúvidas e preocupações.

Clinicamente, a maturação sexual é avaliada em cinco estádios, levando-se em consideração o desenvolvimento mamário e os pelos púbicos, no sexo feminino, e o aspecto dos órgão genitais e pelos púbicos no masculino.

A sequência de eventos puberais é controlada por fatores neuroendócrinos, responsáveis por seu início e progressão. O primeiro sinal de puberdade masculina é o aumento do volume testicular (9 a 14 anos), seguido do aparecimento de pelos púbicos e aumento de pênis.

7. b

A doença de Osgood-Schlatter é uma apofisite do tubérculo tibial, que atinge adolescentes geralmente entre 10 e 14 anos de idade. A sua manifestação é associada com sobrecarga dessa região, como a prática de esportes como futebol, basquetebol e voleibol, e afeta mais os adolescentes do sexo masculino. Deve-se aos microtraumas causados pelo excesso de uso e aplicados antes da zona de crescimento ósseo estar consolidada, o que provoca dor, localizada na região da inserção do tendão patelar com o tubérculo tibial. A radiografia de perfil do joelho mostra fragmentação do tubérculo tibial e pode ocorrer perda de ossículo. Os sintomas, geralmente, respondem ao repouso e desaparecem quando ocorre a fusão da tuberosidade tibial.

8. b

O profissional que lida com o jovem deve construir vínculos e ter postura e comportamento que deixem bem claro que o sigilo está assegurado. É importante estar preparado e saber tratar o paciente com total isenção. O sigilo pode ser quebrado quando há risco de vida para o paciente. A cocaína é uma potente droga psicoativa, estimulante do sistema nervoso central (SNC) e periférico. Tem ação anestésica e vasoconstritora. A estimulação do SNC produz euforia, sensação de prazer, aumento do estado de alerta e bem-estar. Sintomas de intoxicação incluem taquicardia, aumento de temperatura, anorexia, aumento de pupilas, arritmias e crise convulsiva.

9. b

A dengue é uma doença febril aguda, sistêmica e dinâmica, com diferentes apresentações clínicas, e de prognóstico imprevisível. Depois do período de incubação, que vai de 4 a 10 dias entre a picada do mosquito infectado e a manifestação dos sintomas, a doença começa bruscamente e assemelha-se a uma síndrome gripal.

A Organização Mundial da Saúde (OMS) estima que 3 bilhões de pessoas estejam vivendo em áreas com risco de infecção pela doença, que é transmitida por mosquitos. Anualmente, 50 milhões de casos são registrados no mundo, dos quais 500 mil são considerados graves e 21 mil resultam em morte. A dengue afeta mais de 120 países e é considerada uma doença negligenciada pela OMS.

Os principais sintomas da dengue são: febre elevada, fortes dores de cabeça e nos olhos, além de dores musculares e nas articulações. Durante a evolução da doença, destacam-se três fases: febril, crítica e de recuperação. Na fase crítica da dengue (entre o 3º e o 6º dia após o início dos sintomas), ocorrem as manifestações clínicas (sinais de alarme) em razão do aumento da permeabilidade vascular e da perda de plasma, que podem levar ao choque irreversível e à morte.

Os sinais de alarme clínicos da dengue grave são: dor abdominal intensa e contínua; vômitos persistentes; hipotensão postural e/ou lipotimia (tonturas, decaimento, desmaios); hepatomegalia dolorosa (aumento de tamanho do fígado); sangramento na gengiva e no nariz ou hemorragias importantes (vômitos com sangue e/ou fezes com sangue de cor escura); sonolência e/ou irritabilidade; diminuição da diurese; hipotermia e desconforto respiratório.

10. d

A acne vulgar é uma doença inflamatória da unidade pilossebácea, crônica e multifatorial. Em geral, surge na puberdade, em ambos os sexos, correspondendo a 80% das queixas dermatológicas nos consultórios médicos nessa faixa etária. Múltiplos fatores influenciam o aparecimento da acne vulgar.

A tendência hereditária pode influenciar o tamanho da glândula sebácea, a queratinização anômala folicular e sua atividade na puberdade.

A gênese da acne baseia-se em quatro pontos fundamentais relacionados entre si: hiperplasia sebácea com hiperseborreia, hipercronificação ductal folicular; alterações da flora microbiana da pele, com colonização pelo *Propionibacterium acnes*.

É importante considerar a personalidade do paciente para tratá-lo adequadamente. Deve-se orientá-lo quanto à cronicidade da doença e à expectativa de cura imediata. O tempo prolongado, a disciplina no uso da medicação, o excesso de produtos, os hábitos de higiene, a capacitação pessoal e o custo do medicamento podem dificultar a adesão ao tratamento proposto.

O peróxido de benzoíla é eficaz e um dos mais potentes agentes antimicrobianos, especialmente na redução do *P. acnes*. É o medicamento mais usado na terapia anti-inflamatória da acne.

CAPÍTULO

2

ALEITAMENTO MATERNO

Luciano Borges Santiago
Elsa Regina Justo Giugliani
Roberto Gomes Chaves
Maria Beatriz Reinert do Nascimento
José Dias Rego

QUESTÃO 1

Qual das seguintes alternativas é a recomendação da Organização Mundial da Saúde (OMS) e do Ministério da Saúde (MS) do Brasil com relação ao período de amamentação?

ALTERNATIVA CORRETA

☐ A Dois a 4 meses de amamentação exclusiva e um período total de 9 meses.
☐ B Quatro a 6 meses de amamentação exclusiva e um período total de 9 a 12 meses.
☐ C Quatro a 6 meses de amamentação exclusiva e um período total de 12 meses.
☐ D Seis meses de amamentação exclusiva e um período total de 24 meses ou mais.
☐ E Quatro meses de amamentação exclusiva e um período total de 24 meses ou mais.

QUESTÃO 2

Em qual das seguintes situações se justifica orientar o desmame (cessação do aleitamento materno)?

ALTERNATIVA CORRETA

☐ A Após a criança completar 1 ano.
☐ B Após a criança completar 2 anos.
☐ C Quando a criança não aceita os alimentos complementares.
☐ D Quando mãe e bebê dão sinais de que estão prontos.
☐ E Quando a criança já dorme em seu próprio quarto.

QUESTÃO 3

A mãe de um recém-nascido pergunta o que fazer para ter bastante leite. Ela está ansiosa, pois teve que oferecer fórmula láctea para o filho anterior a partir do 2º mês, já que a criança não estava ganhando peso adequadamente. Qual recomendação deve ser feita para essa mãe, além da orientação sobre a técnica correta de amamentação, para que o bebê tenha um aporte calórico adequado durante a amamentação exclusiva?

ALTERNATIVA CORRETA

☐ A Tomar bastante líquido durante a amamentação.
☐ B Trocar de mama a cada 5 minutos.
☐ C Que as mamadas sejam curtas e frequentes.
☐ D Estimular o bebê a terminar de mamar em uma mama antes de oferecer a outra.
☐ E Estimular o bebê a mamar a cada dia em uma única mama.

QUESTÃO 4

Na revisão do 1º mês, constata-se que um bebê em amamentação exclusiva não ganhou o peso esperado. A mãe relata que ele é um bebê inquieto. Depois de um exame físico rigoroso, certificou-se de que o bebê é aparentemente normal, está em bom estado geral, hidratado, ativo e responsivo. Qual seria a primeira conduta mais adequada?

ALTERNATIVA CORRETA
- ☐ A Indicar uso de fórmula láctea como complementação.
- ☐ B Observar o bebê por mais uma semana.
- ☐ C Certificar-se de que o bebê está sendo amamentado corretamente.
- ☐ D Tranquilizar a mãe, dizendo que se trata de um bebê sadio com crescimento lento.
- ☐ E Pedir exames complementares para possíveis infecções inaparentes.

QUESTÃO 5

Qual fármaco pode suprimir a produção láctea, devendo ser evitado durante a amamentação?

ALTERNATIVA CORRETA
- ☐ A Domperidona.
- ☐ B Amiodarona.
- ☐ C Etinilestradiol.
- ☐ D Fluoxetina.
- ☐ E Amoxicilina.

QUESTÃO 6
Entre os antidepressivos listados a seguir, qual é considerado o mais seguro para uso durante o período de lactação?

ALTERNATIVA CORRETA
- ☐ A Sertralina.
- ☐ B Doxepina.
- ☐ C Nefazodona.
- ☐ D Bupropiona.
- ☐ E Minaprina.

QUESTÃO 7
Sobre quase todos os acessórios existentes para o aleitamento materno (AM), qual a alternativa correta?

ALTERNATIVA CORRETA
- ☐ A São produtos de uma sociedade de alta tecnologia.
- ☐ B Refletem a predisposição da sociedade em pensar no AM como difícil.
- ☐ C Refletem versões anteriores de acessórios inventados anos atrás.
- ☐ D Significam que a nutriz necessita de ajuda no AM.
- ☐ E Mostram que o AM evoluiu muito nos últimos anos.

QUESTÃO 8
Qual dos seguintes acessórios para o aleitamento materno é uma fonte comum de contaminação do leite humano?

ALTERNATIVA CORRETA
- ☐ A Bombas elétricas.
- ☐ B Conchas.
- ☐ C Protetores flexíveis de silicone.
- ☐ D Suplementadores.
- ☐ E Sondas de relactação.

QUESTÃO 9

Lactente de um mês é levado para consulta de puericultura. A lactante refere que o bebê é muito "bonzinho" e mama de 4 em 4 horas. Está em AM exclusivo. Nasceu pesando 3.000 g e medindo 50 cm. Testes de triagem neonatal sem alterações. Exame físico: normal; P: 3.450 g, C:53 cm. A mãe está assustada, pois acha que o bebê não engordou bem. Qual é a conduta adequada neste caso?

ALTERNATIVA CORRETA

☐ A Manter o AM, complementando com fórmula infantil no copinho, já que ganhou pouco peso e cresceu pouco em 30 dias.

☐ B Manter o AM de forma exclusiva, orientar a técnica correta de amamentação e reavaliar o ganho de peso do bebê em 3 dias.

☐ C Manter o AM de forma exclusiva, sem complementos, verificando a técnica de amamentação na próxima consulta, em 15 dias.

☐ D Manter o AM exclusivo, mas solicitar exames laboratoriais de urgência, pois o mais provável é que esse lactente apresente infecção urinária.

☐ E Manter o AM, complementando com suco de frutas no copinho para não atrapalhar a amamentação e favorecer maior ganho de peso.

QUESTÃO 10

Qual das orientações a seguir não deve ser fornecida à lactante sobre o AM?

ALTERNATIVA CORRETA

☐ A Como fazer a ordenha, pois pode ocorrer ingurgitamento.
☐ B Como fazer relactação, pois ela pode ser necessária.
☐ C Como fazer a pega correta, pois a má pega é motivo de fissuras.
☐ D Como oferecer a chupeta, pois bebês de peito necessitam dela.
☐ E Sobre as leis que protegem o AM para quando voltar ao trabalho.

RESPOSTAS CORRETAS

1. d

A OMS, o Fundo das Nações Unidas para a Infância (Unicef) e a Academia Americana de Pediatria (AAP) recomendam o aleitamento materno de forma exclusiva até o 6º mês de vida, complementado por alimentos saudáveis até 2 anos de idade ou mais.

2. d

A decisão do tempo de duração do aleitamento materno cabe ao binômio mãe-bebê e à sua família. O Caderno de Saúde n. 23 do MS relata uma série de fatores que podem facilitar o processo de desmame: a mãe estar segura de que quer desmamar e consciente de que o processo pode ser lento e trabalhoso; haver flexibilidade (o processo do desmame costuma ser imprevisível), paciência e compreensão e fazer o desmame gradual (retirando uma mamada do dia a cada 1 a 2 semanas).

3. d

Na maior parte das vezes, a queixa das mães sobre ter pouco leite é infundada. No entanto, em alguns casos, o bebê pode receber pouco leite materno porque não está mamando o tempo suficiente ou porque a pega não está correta, tornando a sucção ineficaz. Causas de baixa produção de leite são: mamadas infrequentes ou curtas, provocando baixo fluxo de leite e diminuindo a produção; uso de mamadeiras ou chupetas; oferta de outros alimentos; interrupção das mamadas noturnas precocemente; rigidez de horário das mamadas e uso materno de medicamentos que possam afetar a produção de leite. As principais causas de baixa transferência de leite são: pega e posição inadequadas e mamadas curtas e infrequentes (nas mamadas curtas, a criança não ingere o leite posterior, rico em gordura e não esvazia toda a mama para estimular maior produção de leite).

4. c

Diante de um caso em que a criança está aparentemente com ganho de peso inadequado, sem doenças, precisa-se levar em consideração a carga genética dos pais. Muitas crianças apresentam ganho ponderal mais lento, mas de forma constante, apresentando aspecto saudável e não demonstrando sinais de desnutrição. Nesse caso, deve-se investigar como vem sendo a amamentação, se a sucção está eficaz, a frequência das mamadas e o tempo que o bebê leva mamando. São crianças normais, com ritmo de crescimento próprio, que deve ser respeitado.

5. c
Apenas o etinilestradiol deve ser evitado durante a amamentação, por causa de sua propriedade supressora da lactação. A domperidona, ao contrário, possui propriedade galactagoga. A amiodarona é contraindicada durante a amamentação, mas não reduz a produção láctea. A fluoxetina é considerada segura para uso na lactação.

6. c
A sertralina é considerada segura para uso na lactação. A doxepina é contraindicada para uso nesse período, em razão de efeitos colaterais significativos em lactentes após o uso materno (déficit de sucção, sonolência, hipotonia muscular, vômito e icterícia). A nefazodona é classificada como possivelmente perigosa para uso durante a amamentação, graças ao relato de um caso em que o lactente apresentou sonolência, letargia e instabilidade térmica após uso materno desse fármaco. A bupropiona é considerada moderadamente segura para uso pela nutriz em razão do risco de supressão da lactação e de produção de crise convulsiva (1 caso).

7. c
A imensa maioria das mulheres é capaz de amamentar seus filhos sem a necessidade de dispositivos especiais para auxiliar na lactação. Eles são utilizados em algumas situações específicas e existem há anos: há referência na literatura ao uso de protetores flexíveis, p.ex., desde o ano de 1500.

8. b
As conchas são dispositivos plásticos em forma de disco, com um orifício central, colocadas sobre os mamilos por baixo de sutiã, facilitando sua protusão. A coleta de leite não deve ser realizada através das conchas, pois esse produto permite aumento do crescimento bacteriano.

9. b
O bebê cresceu 3 cm em 30 dias. Esse excelente crescimento já é por si um indicador de que a amamentação deve estar correta. Além disso, é preciso lembrar que um bebê, normalmente, pode perder até 10% de seu peso de nascimento, recuperando essa perda em até 14 dias de vida. Dessa forma, esse bebê pode ter engordado 450 g nos últimos 16 dias, e não em 30 dias. O mais sensato é verificar a técnica de amamentação, pois pode se tratar ou não de um bebê "dorminhoco", pelo tempo de intervalo de amamentação. Marcar retorno em curto período (no caso, em 3 dias) e verificar se o ganho de

peso mostrou-se adequado. Nesse caso, que é o mais provável, basta tranquilizar a mãe e manter o aleitamento materno exclusivo (TEP/2013).

10. d

O uso de chupeta não deve ser orientado e, de maneira geral, bebês que mamam no peito satisfazem toda necessidade de sucção na amamentação.

CAPÍTULO

3

BIOÉTICA

Arnaldo Pineschi de Azeredo Coutinho
Carlindo de Souza Machado e Silva Filho

QUESTÃO 1
Quais são os principais referenciais bioéticos da bioética principialista de James Childress e Tom Beauchamp?

ALTERNATIVA CORRETA
- [ ] A Autonomia, solidariedade, beneficência e não maleficência.
- [ ] B Solidariedade, beneficência, equidade e não maleficência.
- [ ] C Justiça, não maleficência, autonomia e beneficência.
- [ ] D Direitos humanos, beneficência, não maleficência e autonomia.
- [ ] E Beneficência, não maleficência, vulnerabilidade e autonomia.

QUESTÃO 2
Qual das seguintes não é considerada condição fundamental para exercer a autonomia?

ALTERNATIVA CORRETA
- [ ] A Capacidade de reflexão e decisão coerente.
- [ ] B Liberdade de pensamento e de ação, sem influência controladora externa.
- [ ] C Capacidade de tomar consciência dos fatos e dilemas.
- [ ] D Capacidade de se responsabilizar pelas consequências de seus atos.
- [ ] E Inexistência de alternativas de ação viáveis.

QUESTÃO 3

Sobre o termo de consentimento livre e esclarecido, qual a alternativa correta?

ALTERNATIVA CORRETA

☐ A Não tem valor ético e nem deve ser considerado.

☐ B É obrigatório em todas as situações, mesmo naquelas de risco iminente de morte, com seu registro em prontuário e assinatura dos pais da criança.

☐ C Não está relacionado à relação médico-paciente e nem é manifestação da autonomia do paciente.

☐ D Tem como finalidade esclarecer o paciente sobre as consequências que podem advir do ato médico e da prescrição de medicamentos.

☐ E Sempre vai ser necessária a presença de advogado para registrar em cartório.

QUESTÃO 4

Na comunicação de uma má notícia, qual a alternativa correta?

ALTERNATIVA CORRETA

☐ A Pode ser dada em qualquer lugar, de qualquer maneira.

☐ B É necessário usar linguagem clara e simples, procurando alcançar com o paciente ou seu responsável uma percepção comum do problema.

☐ C Deve ser dada falsa esperança, minimizando o problema e criando falsa expectativa de melhora.

☐ D Não importa o estado psicológico de quem vai receber a notícia.

☐ E Não há necessidade de nenhum preparo de quem vai dar a notícia.

REFERÊNCIAS BIBLIOGRÁFICAS

Buckman R. How to break bad news: a guide to health care professionals. Baltimore: The Johns Hopkins University Press, 1992.

Miranda J, Brody RV. Communicating bad news. West J Med 1992; 156(1):83-5.

Ptacek JT, Eberhardt TL. Breaking bad news – a review of the literatura. JAMA 1996; 276(16):496-502.

QUESTÃO 5

A relação médico-paciente passou a ser, na prática da pediatria, uma relação médico-paciente-família, pelas próprias características do público atendido pelo pediatra. Com essa visão, na realização de uma consulta pediátrica ou quando uma situação de gravidade exige uma tomada de decisão mais elaborada e difícil de ser executada, é importante ter qual das seguintes condutas?

ALTERNATIVA CORRETA

☐ A Considerar o envolvimento na tomada de decisão.
☐ B Ter atitude ditatorial para que o paciente ou o responsável obedeça a suas ordens.
☐ C Não considerar valores e posicionamentos diferentes.
☐ D Ignorar as diferentes interpretações do problema que possam influenciar na tomada de decisão.
☐ D Não se preocupar com os aspectos éticos e legais, pois qualquer situação de gravidade ou de emergência justifica qualquer medida tomada.

REFERÊNCIA BIBLIOGRÁFICA

Neinstein LS, Gordon CM, Katzman DK, Rosen David S, Woods ER (eds.). Adolescent health care: a practical guide. 5.ed. Chicago: Lippincott Williams & Wilkins, 2007.

QUESTÃO 6

Erro médico é caracterizado por uma situação em que se constate qual das seguintes circunstâncias?

ALTERNATIVA CORRETA

☐ A Intenção do médico em causar dano ao paciente (dolo).
☐ B Negligência, imperícia ou imprudência na condução do caso.
☐ C Prática de um ato ilícito no país.
☐ D Mutilação do paciente, como amputação de um membro em uma pessoa diabética, com o objetivo de preservar sua vida.
☐ E Beneficência no ato médico.

QUESTÃO 7

A amiga de um médico o procura e pede um atestado para o seu filho que faltou a uma prova na escola. Ela diz que seu filho não estava doente, mas só pode fazer a segunda chamada se levar um atestado médico. Sobre essa situação, qual a alternativa correta?

ALTERNATIVA CORRETA

☐ A O médico deveria dar o atestado para não prejudicar a criança, que ficaria impedida de fazer a prova.

☐ B O médico só poderia dar o atestado se a mãe o tivesse levado ao seu consultório para uma consulta.

☐ C O médico só poderia dar o atestado se constatasse que a criança estava doente e impossibilitada de fazer a prova.

☐ D O médico dar ou não o atestado é uma questão de foro íntimo, portanto cabe apenas a ele a decisão.

☐ E O médico poderia dar o atestado, pois se trata do pedido de uma amiga e isso não traria prejuízo a quem quer que seja.

QUESTÃO 8

A mãe de uma adolescente de 17 anos de idade procura o pediatra da filha dizendo que quer saber se ela já tem vida sexual ativa. Alega que a filha não quer conversar com ela sobre o assunto. Sobre essa situação, qual a alternativa correta?

ALTERNATIVA CORRETA

☐ A O médico deve quebrar o sigilo da adolescente, pois a mãe tem o direito de ser informada.

☐ B O médico deve quebrar o sigilo da adolescente por causa do risco de gravidez indesejada.

☐ C O médico pode ou não quebrar o sigilo da adolescente, dependendo de sua vontade.

☐ D O médico deve quebrar o sigilo da adolescente, pois é a mãe quem lhe paga pelas consultas.

☐ E O médico não deve quebrar o sigilo da adolescente se entender que ela tem discernimento para fazer valer a sua autonomia.

QUESTÃO 9
Sobre a responsabilidade médica, qual a alternativa correta?

ALTERNATIVA CORRETA
☐ A O médico sempre causa dano ao paciente por dolo (intenção de causar).
☐ B A responsabilidade pode ser objetiva (sem comprovação de culpa) ou subjetiva (com comprovação de culpa).
☐ C Não há obrigatoriedade da existência de nexo causal para se comprovar o dano e o erro médico.
☐ D Na caracterização da responsabilidade civil do médico, só são necessárias as comprovações do agente, da culpa e do ato.
☐ E O médico só responde pela responsabilidade ética, e nunca pelas responsabilidades civil e penal.

QUESTÃO 10
Um paciente é considerado terminal quando se encontra em uma situação, no curso natural de sua doença e por evolução dela, em que a medicina já não dispõe de nenhum recurso que possa trazer qualquer benefício a ele, caracterizando um estado de morte inevitável. Sobre essa situação, qual a alternativa correta?

ALTERNATIVA CORRETA
☐ A Deve-se privilegiar a preservação da vida em relação ao alívio do sofrimento e, consequentemente, dar ênfase à beneficência prioritariamente à não maleficência.
☐ B Deve-se privilegiar a não maleficência, procurando aliviar o sofrimento prioritariamente à beneficência e à procura de preservação obstinada da vida a qualquer custo.
☐ C A autonomia do paciente é soberana e só ele pode decidir.
☐ D Nesses casos, a eutanásia é ética e permitida por lei.
☐ E A decisão é de foro íntimo do médico, sem nenhuma necessidade de ouvir a família.

RESPOSTAS CORRETAS

1. c

A bioética principialista é baseada em quatro pilares: justiça (quando se fica em dúvida entre a beneficência ou o direito do paciente à sua autonomia, vale-se do princípio da justiça, usando a equidade para tomar a decisão); não maleficência (deve-se evitar infligir qualquer dano desnecessário ao paciente); autonomia (respeitar o direito do paciente de decidir gerir sua vida, valendo-se de seus próprios meios, vontades e princípios, limitado pela sua capacidade de discernimento e pelos limites éticos e legais); e beneficência (deve-se buscar fazer o bem para o paciente, desde que não seja medida fútil ou que lhe traga sofrimento desnecessário).

2. e

Para o exercício da autonomia, deve ser avaliado o grau de discernimento do indivíduo. É necessário haver coerência e capacidade de reflexão sem influência controladora externa que interfira na liberdade de pensamento e ação e capacidade de tomar consciência do problema e de resolvê-lo por seus próprios meios, assumindo a responsabilidade pelos seus atos. A inexistência de alternativa de ação não guarda qualquer relação com a capacidade de exercer a autonomia.

3. d

As questões que permeiam a necessidade da manutenção do sigilo profissional, do direito à privacidade e da confidencialidade na relação do médico com o paciente adolescente envolvem aspectos de grande complexidade. A confidencialidade é um direito do paciente adolescente e o sigilo é regulamentado pelo artigo 74 do Código de Ética Médica. Em todas as situações que apresentem a necessidade de sua quebra (p.ex., quando há risco à saúde do paciente ou de outrem, por meio de problemas como comportamentos de risco, depressão, violência, abuso sexual, uso de drogas e ideias suicidas), o paciente deve ser informado e os motivos devem ser justificados para ele. A Sociedade Brasileira de Pediatria recomenda que o médico respeite a individualidade de cada adolescente, que deve ser identificado como capaz de avaliar seu problema e de conduzir-se por seus próprios meios para solucioná-lo, tendo o direito de ser atendido sem a presença dos pais ou responsáveis no ambiente da consulta.

4. b

Má notícia é qualquer informação que envolva uma mudança drástica na perspectiva de futuro do paciente em um sentido negativo. A equipe de profissionais da saúde deve oferecer, portanto, um espaço de escuta, comunicação, empatia e respeito. Caso isso não ocorra, os pais tendem ao isolamento completo, o que compromete de forma impactante todo o processo de cuidado.

Por isso, é fundamental que alguns cuidados sejam tomados na comunicação de uma má notícia, como:

1. Escolher momento e ambiente propícios e dispor de tempo adequado.
2. Avaliar o estado psicológico do paciente no momento.
3. Usar linguagem clara e simples, procurando alcançar com o paciente ou com seu responsável uma percepção comum do problema.
4. Demonstrar solidariedade pela dor do paciente, procurando minimizar a solidão e o isolamento.
5. Ser realista e evitar a tentação de minimizar o problema, mas não tirar todas as esperanças.
6. Avaliar riscos médicos imediatos, incluindo de suicídio.

5. a

O envolvimento do médico é peça fundamental na relação médico-paciente-família. O médico deve ter comportamento diferente em função do momento e da gravidade presente. O envolvimento também tem peso na tomada de decisão, sendo de grande valia na escolha do curso de ação.

Esse envolvimento é baixo, médio ou alto e seu reconhecimento fundamenta as decisões e ações médicas nas mais variadas situações.

Uma tomada de decisão de baixo envolvimento ocorre quando o médico assistente responsável pela condução do processo decide sozinho a conduta a ser tomada, sem consultar qualquer outra pessoa relacionada à situação, inclusive o paciente. É um comportamento totalmente adequado quando existe iminente risco de morte.

Uma tomada de decisão de médio envolvimento ocorre quando o médico-assistente compartilha suas opções com o paciente e outros membros da equipe ou familiares, preservando sua autoridade técnica e levando em conta as opiniões, restrições e questões levantadas durante a discussão com os demais envolvidos. É adequado a situações usuais, em que o paciente participa ativamente, como no dia a dia do consultório ou do ambulatório.

Já uma tomada de decisão de alto envolvimento ocorre quando todos os envolvidos participam de forma ativa e democrática. O médico-assistente estabelece os parâmetros, mas a responsabilidade pela decisão é compartilhada entre todos os envolvidos. É adequada no estabelecimento de alternativa de tratamento de longo prazo ou em situações limites, quando é solicitada a interrupção ou a não adoção de novas medidas.

6. b

O erro de responsabilidade pode ser pessoal, estrutural ou circunstancial. O erro médico de que trata o Código de Ética Médica é um erro pessoal, já que é consequência de uma conduta do médico, contrária aos postulados éticos.

A negligência caracteriza-se por inobservância aos deveres que as circunstâncias exigem, caracterizando-se por inação, indolência, inércia e passividade. Tem caráter omissivo.

A imperícia é a falta de observação das normas por despreparo prático ou por insuficiência de conhecimentos técnicos.

A imprudência caracteriza-se pela ausência da cautela necessária, pautada por intempestividade, precipitação ou insensatez.

7. c

O atestado médico tem fé pública e presunção de veracidade e não deve ser fornecido de forma tendenciosa, inverídica, sem que tenha havido um ato profissional que o justifique.

8. e

A adolescente tem direito ao sigilo, mesmo em relação aos pais, desde que tenha discernimento e a não revelação não cause dano a ela ou a terceiros. O médico deve manter o sigilo, mas deve orientar a paciente sobre os cuidados para evitar gravidez indesejada e doenças sexualmente transmissíveis.

9. b

Além da qualificação da ação ou da omissão como culposa, é indispensável que a imperícia, a imprudência ou a negligência tenham causado dano a outrem. O dano revela-se, assim, como elemento constitutivo da responsabili-

dade civil, que não pode existir sem ele – senão, não haveria o que reparar. Outros fatores também devem ser analisados na caracterização da responsabilidade civil:
- agente: é necessário que o profissional esteja habilitado legalmente no exercício da medicina;
- ato: resultado danoso de um ato lícito, caso contrário será uma infração delituosa mais grave (p.ex., aborto criminoso ou eutanásia);
- culpa: ausência de dolo, tratando-se de culpa profissional, praticada sem a intenção de prejudicar, por imperícia, imprudência ou negligência;
- dano: condição indispensável para caracterizar a responsabilidade e estabelece o grau da pena ou da indenização;
- nexo causal: relação entre a causa e o efeito, sendo obrigatório que o ato provoque o dano para enquadramento como erro médico.

A responsabilidade civil do médico gira em torno de duas teorias: a subjetiva e a objetiva.

Teoria subjetiva: tem na culpa seu fundamento basilar, que é o elemento do ato ilícito, em torno do qual a ação ou a omissão leva à existência de um dano. No entanto, só existirá culpa se dela resultar um prejuízo.

Teoria objetiva: tem no risco seu principal entendimento, em que o responsável pelo dano indenizará simplesmente por existir um prejuízo, sem se cogitar a existência de culpa.

Por essa característica é que essa teoria é também conhecida como teoria do risco e que, por estranho que pareça a qualquer análise, preconiza o princípio da responsabilidade sem culpa.

10. b

Esse assunto deve ser abordado pela sua permanente atualidade, pela dificuldade em se chegar a um lugar comum e, até mesmo, pela dificuldade em se lidar com os conflitos daí surgidos. O maior conflito repousa no entendimento do que caracteriza uma morte digna e sobre a possibilidade de se identificar meios éticos necessários para alcançar esse fim.

A eutanásia propõe a abreviação da vida do paciente como mecanismo de abreviação da dor e do sofrimento, proporcionando uma boa morte. Mas até que ponto é válido tirar a vida do paciente para o eximir desses males? Nessa dúvida repousa uma das grandes fundamentações para a contestação desse processo. Além disso, trata-se de homicídio, ato ilícito não admitido pelo direito, nem pela ética médica.

A ortotanásia surge como uma nova via a ser utilizada nesse contexto, uma vez que tem um conceito mais abrangente no que toca à humanização e ao respeito pelo ser humano nesse momento crucial.

Ela pode ser vista como uma aplicação do princípio bioético de não maleficência (não causar danos ou prejuízos) principalmente quando o paciente já se encontra na situação de não mais se beneficiar com o tratamento, em sofrimento e sem prognóstico de melhora com as medidas tomadas. Isso vem caracterizar um caso de tratamento fútil, chamado de obstinação terapêutica.

A futilidade terapêutica ocorre na medida em que todas as medidas propostas como tratamento já não proporcionam o resultado esperado. Esse seria o momento de perceber a incapacidade de lutar contra um processo que se mostra inexorável à luz do que se dispõe de mais atual no campo médico. Não é uma derrota para a morte, mas, sim, a compreensão do momento de parar. E esse é o grande conflito, sob os mais variados aspectos técnicos, científicos, morais e religiosos, para a tomada de decisão.

CAPÍTULO 4

ALERGIA E IMUNOLOGIA

Pérsio Roxo-Júnior
Mônica Soares de Souza

QUESTÃO 1
Com relação à dermatite atópica, assinale a alternativa correta:

ALTERNATIVA CORRETA
☐ A O início das manifestações clínicas ocorre em crianças acima de 5 anos de idade, na maioria dos casos.
☐ B A associação entre eczema e atopia é relacionada à renda *per capita* entre diferentes países, estando a atopia significativamente mais presente em países pobres.
☐ C Os principais fatores de risco para persistência dos sintomas até a adolescência são gravidade inicial do eczema na infância e sensibilização atópica.
☐ D Infecções secundárias por *Malassezia furfur* e *Malassezia sympodialis* são mais frequentes em crianças do que em adolescentes e adultos.
☐ E Em lactentes e pré-escolares, predomina o eczema subagudo ou crônico, com localização preferencial em flexuras.

QUESTÃO 2

Enquanto caminhava em um parque, um adolescente levou uma ferroada de vespa. Dez minutos depois, sentiu-se tonto e começou a sentir coceira nos braços e no couro cabeludo. A seguir, surgiram várias pápulas e passou a sentir falta de ar, o que o levou a procurar um hospital, desmaiando a caminho. No setor de emergência, seu pulso estava quase imperceptível. O tratamento imediato é:

ALTERNATIVA CORRETA
- ☐ A Cromoglicato sódico.
- ☐ B Adrenalina.
- ☐ C Penicilina.
- ☐ D Anti-histamínico.
- ☐ E Anticoagulante.

QUESTÃO 3

Com relação à hipogamaglobulinemia transitória da infância, podemos afirmar que:

ALTERNATIVA CORRETA
- ☐ A É mais frequente nos lactentes prematuros.
- ☐ B Todas as classes de imunoglobulinas estão reduzidas.
- ☐ C Os portadores não produzem anticorpos contra antígenos vacinais.
- ☐ D O seu diagnóstico é feito por volta dos dois anos de idade.
- ☐ E Pode iniciar em qualquer época da vida.

QUESTÃO 4

Qual o perfil de crianças portadoras de imunodeficiência?

ALTERNATIVA CORRETA

☐ A   O crescimento e desenvolvimento são normais e apresentam quadros agudos de infecção, entretanto, passando bem entre os episódios de doença.

☐ B   Apresentam antecedentes familiares de alergia, mas o crescimento e o desenvolvimento são normais, apesar dos surtos de doença respiratória e de pouca resposta aos antibióticos.

☐ C   O desenvolvimento está prejudicado e todas as vacinas são contraindicadas.

☐ D   O desenvolvimento geralmente não é satisfatório e apresentam infecções frequentemente graves, com complicações e sequelas.

☐ E   O desenvolvimento não é satisfatório e somente as vacinas inativadas são contraindicadas.

QUESTÃO 5

Com relação à alergia alimentar, assinale a alternativa correta.

ALTERNATIVA CORRETA

☐ A   As fórmulas hipoalergênicas (HA) são recomendadas para o tratamento de alergia ao leite de vaca.

☐ B   A proteína de soja vem sendo utilizada no tratamento de alergia alimentar, porém há risco elevado de reação cruzada com as proteínas do leite de vaca.

☐ C   A maioria das crianças alérgicas ao leite de vaca não tolera a carne bovina.

☐ D   A maioria das crianças com alergia à proteína do leite de vaca e ao ovo atinge tolerância até 3 anos de vida.

☐ E   Fórmulas lácteas extensamente hidrolisadas devem ser usadas no tratamento de alergia ao leite de vaca, porém cerca de 5% dos pacientes podem não as tolerar.

QUESTÃO 6

Dentre as recomendações para o tratamento da crise de asma, assinale a alternativa correta.

ALTERNATIVA CORRETA

☐ A Para pacientes em crise moderada e grave, oferecer ß2-agonistas de ação curta, por via parenteral.

☐ B Utilizar brometo de ipratrópio apenas na emergência, no início do tratamento para crises moderadas e graves, não sendo recomendado para pacientes internados.

☐ C Corticosteroides sistêmicos estão indicados para a maioria dos pacientes. A via parenteral é a mais efetiva.

☐ D Aminofilina endovenosa deve ser administrada antes de internar o paciente.

☐ E Oxigênio deve ser oferecido somente para pacientes com $SaO_2 < 88\%$.

QUESTÃO 7

Criança com 6 anos de idade, sexo masculino, apresenta quadro de asma moderada. Nos últimos 60 dias, iniciou com queixas de dor ocular e hiperemia unilateral. Nega prurido ocular. Nesse caso, é correto afirmar:

ALTERNATIVA CORRETA

☐ A O teste cutâneo de hipersensibilidade imediata está indicado.

☐ B Está indicada terapêutica imediata com corticoterapia tópica ocular.

☐ C O diagnóstico provável é conjuntivite alérgica.

☐ D A dor ocular raramente é um sintoma associado à alergia ocular.

☐ E A associação da imunoterapia subcutânea melhoraria os sintomas oculares.

QUESTÃO 8

Com relação à rinite alérgica em crianças e adolescentes, assinale a alternativa correta:

ALTERNATIVA CORRETA

☐ A Segundo o estudo ISAAC, vem ocorrendo aumento de prevalência das doenças alérgicas predominantemente na faixa etária de 13 a 14 anos.

☐ B Exposição ao ambiente rural está relacionada ao aumento do risco de doenças alérgicas.

☐ C Corticoterapia nasal pode ser indicada em crianças acima de 2 anos de vida e geralmente não se associa com alteração do eixo hipotálamo-hipófise-adrenal.

☐ D Brometo de ipratrópio pode auxiliar na redução da rinorreia pelo seu efeito alfa-adrenérgico.

☐ E Espirometria estaria indicada para avaliação desse adolescente.

QUESTÃO 9

No tratamento de longo prazo da asma, assinale a alternativa verdadeira.

ALTERNATIVA CORRETA

☐ A O principal objetivo é reduzir a inflamação brônquica.

☐ B Os corticosteroides inalados, associados aos broncodilatadores de ação prolongada, são a primeira linha de tratamento.

☐ C O montelucaste pode substituir os corticosteroides inalados, em casos moderados e graves, quando eles falharem no controle da doença.

☐ D Em casos leves está indicado o tratamento com broncodilatadores de ação prolongada.

☐ E O uso prolongado de doses baixas de corticosteroide inalado frequentemente provoca rarefação óssea.

QUESTÃO 10

No lactente sibilante, índice positivo para asma indica alta probabilidade de evoluir com asma na idade adulta. Qual das alternativas é um determinante maior do índice de asma?

ALTERNATIVA CORRETA
- ☐ A Sibilância na ausência de infecção viral.
- ☐ B Eosinofilia (≥ 4%) no sangue periférico.
- ☐ C Teste alérgico positivo para proteína alimentar.
- ☐ D Presença de rinite alérgica.
- ☐ E Diagnóstico de dermatite atópica.

RESPOSTAS CORRETAS

1. c

a) A maioria dos casos de dermatite atópica se inicia no primeiro ano de vida, podendo caracterizar o início da marcha atópica, principalmente em pacientes com predisposição genética.
b) A associação de eczema e atopia está significativamente mais presente nos países ricos. A hipótese da higiene é uma das justificativas dessa interação associada à predisposição genética.
c) A gravidade inicial e a persistência do eczema associadas à sensibilização atópica são os principais marcadores de risco e prognóstico da atopia.
d) As infecções secundárias por *Malassezia furfur* e *Malassezia sympodialis* são mais frequentes em adolescentes e adultos.
e) Em lactentes e pré-escolares, o eczema é geralmente generalizado. O eczema subagudo ou crônico em flexuras corresponde à distribuição geográfica nas crianças maiores e adolescentes.

2. b

Caso típico de anafilaxia com acometimento cutâneo, respiratório e cardiovascular acompanhado de choque. A adrenalina é indicação absoluta e mandatória.

3. a

a) A hipogamaglobulinemia transitória é mais frequente nos lactentes prematuros, pois os anticorpos maternos da classe IgG passam pela via transplacentária a partir da 34° semana.
b) A classe IgG é a mais reduzida.
c) Os portadores de hipogamaglobulinemia transitória costumam responder aos antígenos vacinais.
d) A hipogamaglobulinemia transitória tende a melhorar aos 2 anos de idade na maioria dos pacientes. Em alguns casos, pode se estender até os 3 ou 4 anos de idade.
e) A hipogamaglobulinemia transitória se inicia no primeiro ano de vida, na fase de esgotamento dos anticorpos maternos, entre 6 e 18 meses.

4. d

a) O crescimento e desenvolvimento nem sempre são normais nos pacientes com imunodeficiências. Os quadros infecciosos costumam ser recorrentes e prolongados, reagudizam em períodos curtos ou evoluem de forma subaguda.

b) A história familiar ou pessoal de alergia não é fator de risco para imunodeficiências primárias.
c) O desenvolvimento nem sempre está prejudicado e nem todas as vacinas são contraindicadas. As vacinas inativadas ou de vírus mortos podem ser aplicadas, apesar de não se ter certeza da eficácia vacinal.
d) Os pacientes portadores de imunodeficiência geralmente não têm desenvolvimento satisfatório. Infecções graves são frequentes, com complicações e sequelas.
e) Geralmente, o desenvolvimento não é satisfatório nos imunodeficientes e as vacinas inativadas são indicadas, apesar da incerteza da eficácia vacinal.

5. e

a) As fórmulas hipoalergênicas (HA) contêm frações proteicas grandes o suficiente para despertar reação alérgica.
b) As proteínas de soja são completamente diferentes das proteínas do leite de vaca, com risco insignificante de provocar reação cruzada.
c) Apenas cerca de 10% das crianças com alergia ao leite de vaca podem apresentar alergia à carne bovina.
d) A tolerância às proteínas do leite de vaca e do ovo ocorre até 5 anos de idade para boa parte dos pacientes.
e) O processo de hidrólise proteico, mesmo extensamente, não é capaz de eliminar a alergenicidade de 100% das proteínas, por isso cerca de 5% dos pacientes não podem tolerá-las.

6. b

a) A via inalatória é mais simples, mais barata e efetiva, além de ser menos agressiva.
b) As pesquisas mostram que o brometo de ipratrópio é mais eficaz no início do tratamento, principalmente das crises moderadas e graves.
c) A via oral é tão efetiva quanto a parenteral, porém mais fácil e menos agressiva.
d) A aminofilina tem sido pouco utilizada e apenas em pacientes internados, que não estiverem respondendo ao tratamento.
e) O oxigênio deve ser dado até que a saturação atinja 94 a 95% e se sustente.

7. d

a) A história e o quadro clínico não sugerem doença alérgica, portanto não tem sentido o teste cutâneo imediato.
b) Não, por não se tratar de conjuntivite alérgica.

c) Conjuntivite alérgica é bilateral.
d) Em geral, doenças alérgicas não são acompanhadas por dor.
e) Não, por não se tratar de alergia.
8. c
a) O estudo ISAAC tem mostrado que o aumento vem ocorrendo em outras faixas etárias também.
b) Segundo a teoria da higiene, ambiente rural diminui o risco de doença alérgica. No entanto, há também um componente genético envolvido.
c) As doses utilizadas nos corticosteroides nasais são muito baixas, tornando-os seguros para uso em longo prazo.
d) O brometo de ipratrópio é um anticolinérgico.
e) Se o paciente não apresentar quadro de asma associado, não há razão para fazer espirometria.
9. a
a) A asma é uma doença inflamatória e a redução da inflamação é fundamental para o seu controle.
b) Apenas os corticosteroides inalados são o tratamento de escolha da asma.
c) O montelucaste é uma alternativa para o início do tratamento. Por ser menos eficaz que o corticosteroide, não deve ser usado sozinho em casos moderados e graves. Ele pode ser adicionado ao corticosteroide inalado, quando não houver resposta satisfatória ao seu uso.
d) Os broncodilatadores de ação prolongada (LABA) nunca devem ser utilizados sozinhos, mas sempre associados ao corticosteroide inalado.
e) Em doses baixas e médias, os corticosteroides inalados parecem não provocar efeitos adversos sérios na densidade mineral óssea de crianças.
10. e
Segundo Castro Rodrigues, os critérios principais para determinar o índice preditivo de asma modificado são:
 – história paternal de asma (pai ou mãe).
 – paciente com diagnóstico médico de dermatite atópica.
 – sensibilidade confirmada a aeroalérgenos.

CAPÍTULO

5

EMERGÊNCIAS

Sulim Abramovici
Hany Simon Júnior
Leonardo Falci Mourão

QUESTÃO 1
Em relação à taxa de mortalidade na faixa etária dos 15 aos 24 anos no Brasil, qual a alternativa correta?

ALTERNATIVA CORRETA
☐ A As causas externas são o principal grupo de causas de morte nesta faixa etária em ambos os sexos.
☐ B As causas externas são o principal grupo de causas de morte somente do sexo masculino nesta faixa etária.
☐ C No sexo feminino, as doenças do aparelho respiratório são as principas causas de morte nesta faixa etária.
☐ No sexo feminino, as complicações obstétricas são as principais causas de morte nesta faixa etária.
☐ E As doenças infecciosas são as principais causas de morte nesta faixa etária em ambos os sexos.

QUESTÃO 2
Paciente admitido no serviço de emergência com suspeita diagnóstica de nefrite pós-estreptocócica evolui com síndrome convulsiva. A conduta mais adequada consiste em administrar qual(is) do(s) seguinte(s) fármaco(s)?

ALTERNATIVA CORRETA
- ☐ A Diurético de alça e nitroprussiato de sódio.
- ☐ B Somente diurético de alça.
- ☐ C Somente nifedipina.
- ☐ D Diurético de alça e nifedipina.
- ☐ E Diurético tiazídico e hidralazina.

QUESTÃO 3
Quais os principais agentes etiológicos responsáveis pela presença de osteomielite em pacientes portadores de anemia falciforme?

ALTERNATIVA CORRETA
- ☐ A *S. aureus* e *Salmonella* sp.
- ☐ B *E. coli* e *H. influenzae*.
- ☐ C *S. pneumoniae* e *S. aureus*.
- ☐ D *H. influenzae*.
- ☐ E *E. coli*.

QUESTÃO 4

Criança de 3 anos de idade, parda, portadora de anemia falciforme, foi avaliada no pronto-socorro com quadro de palidez, hipoatividade e dor abdominal nas últimas 24 horas. Ao exame: consciente, descorada +++/++++, frequência respiratória = 32 mpm, frequência cardíaca = 150 bpm, pulsos periféricos finos, icterícia conjuntival +/++++; pulmões: sem alterações; coração: bulhas rítmicas, taquicárdicas, com sopro sistólico +/++++; abdome: globoso, doloroso em hipocôndrio esquerdo, sem sinais de peritonismo, fígado a 3 cm reborda costal direita (RCD) e baço a 7 cm reborda costal esquerda (RCE). Qual é o diagnóstico mais provável para esse caso?

ALTERNATIVA CORRETA
☐ A Crise de sequestro esplênico.
☐ B Crise de vasoclusão mesentérica.
☐ C Síndrome torácica aguda.
☐ D Crise de aplasia medular.
☐ E Colecistite aguda.

QUESTÃO 5

Em relação à cetoacidose diabética (CAD), qual a alternativa correta?

ALTERNATIVA CORRETA
☐ A O ânion *gap* na CAD é aumentado.
☐ B O principal hormônio contrarregulador envolvido na fisiopatologia da CAD é o cortisol.
☐ C A desidratação celular com consequente produção de ácido lático é a maior responsável pela acidose metabólica da CAD.
☐ D A correção da acidose com uso de bicarbonato endovenoso na CAD é indicada se o pH sérico for < 7,2 ou o bicarbonato sérico < 10 mEq/L.
☐ E O potássio corpóreo total é aumentado na CAD.

QUESTÃO 6
Escolar, 8 anos, apresenta febre há 4 dias, dor para deglutir e fezes amolecidas há 1 dia. Ao exame, notam-se hiperemia e edema de mucosa oral com úlceras em palato posterior; erupção maculopapular em nádegas e vesículas fusiformes na palma das mãos e planta dos pés. Qual o agente etiológico mais provável?

ALTERNATIVA CORRETA
☐ A Vírus coxsackie.
☐ B Echovírus.
☐ C Poliovírus.
☐ D Vírus herpes simples.
☐ E Parvovírus.

QUESTÃO 7
Lactente, 1 mês, nascido de parto normal, com tosse seca há 1 semana, sem febre, apresenta ao exame hiperemia conjuntival bilateral, taquipneia, auscultas cardíaca e pulmonar normais e abdome sem visceromegalias. Qual o tratamento mais adequado?

ALTERNATIVA CORRETA
☐ A Eritromicina.
☐ B Penicilina cristalina.
☐ C Ceftriaxone.
☐ D Amoxicilina.
☐ E Inalação com salbutamol.

QUESTÃO 8

Criança de 5 anos, com síndrome nefrótica, em uso de prednisona diariamente, apresenta febre há 1 dia e dor abdominal. Nega vômito. Não evacua há 2 dias. Ao exame, apresenta-se prostrada, descorada, eupneica e febril. Ausculta pulmonar e cardíaca normal. Abdome globoso, difusamente doloroso, com descompressão brusca positiva e presença de macicez móvel à percussão. Edema bipalpebral bilateral e de membros inferiores. Qual a hipótese diagnóstica mais provável?

ALTERNATIVA CORRETA
- [ ] A Peritonite bacteriana espontânea, necessitando de antibioticoterapia endovenosa.
- [ ] B Gastroenterite aguda, necessitando de hidratação endovenosa.
- [ ] C Apendicite aguda; o tratamento deve ser cirúrgico.
- [ ] D Peritonite bacteriana secundária à colecistite; o tratamento é cirúrgico.
- [ ] E Trombose mesentérica; o tratamento é cirúrgico de emergência.

QUESTÃO 9

Criança vítima de acidente automobilístico com traumatismo cranioencefálico apresenta hipotensão arterial e bradicardia persistentes após infusão de solução cristaloide endovenosa. O que deve ser considerado?

ALTERNATIVA CORRETA
- [ ] A Choque neurogênico.
- [ ] B Choque hipovolêmico hemorrágico.
- [ ] C Hipertensão intracraniana.
- [ ] D Tamponamento cardíaco.
- [ ] E Pneumotórax hipertensivo.

QUESTÃO 10

Paciente de 2 anos e 3 meses de idade com quadro febril há 2 dias, coriza e bom estado geral. Durante o atendimento, apresentou crise convulsiva generalizada, que cedeu espontaneamente em 2 minutos. Após 1 hora, a criança está bem, sem sinais meníngeos. Qual a alternativa correta?

ALTERNATIVA CORRETA

☐ A Não está indicada a introdução de medicação profilática.

☐ B Está indicada coleta de líquido cefalorraquidiano para afastar a possibilidade de meningite.

☐ C Está indicada a profilaxia com fenobarbital para evitar o aparecimento de novas crises.

☐ D Está indicada a profilaxia com carbamazepina para evitar o aparecimento de novas crises.

☐ E O exame de eletroencefalograma é importante na decisão de se iniciar profilaxia de novas crises.

RESPOSTAS CORRETAS

1. a

Taxa de mortalidade é um coeficiente utilizado na medição do número de mortes (em geral ou causadas por um fato específico) em determinada população, adaptada ao tamanho dela por unidade de morte.

Os aspectos de interesse para o presente estudo estão contidos no que o CID-10, classifica como "causas externas de morbidade e mortalidade". Diferentemente das chamadas causas naturais, indicativas de deterioração do organismo ou da saúde em razão de doenças e/ou do envelhecimento, as causas externas remetem a fatores independentes do organismo humano, que provocam lesões ou agravos à saúde, levando à morte do indivíduo. Essas causas externas, também chamadas causas não naturais ou ainda causas violentas, englobam um variado conjunto de circunstâncias, algumas tidas como acidentais – mortes no trânsito, quedas fatais, etc. – ou violentas – homicídios, suicídios, etc.

Para mostrar, ainda, a importância do tema, cita-se a fala do diretor da Organização Mundial da Saúde (OMS), em 1995, ao referir que as crianças que sobreviverem à mortalidade infantil, no mundo, correm o risco de morrer precocemente em razão da violência.

Segundo Waiselfisz JJE, estudos mostram que as epidemias e doenças infecciosas, que eram as principais causas de morte entre os jovens 5 ou 6 décadas atrás, foram sendo progressivamente substituídas pelas denominadas causas externas, principalmente acidentes de trânsito e homicídios. Os dados do sistema de informação sobre mortalidade (SIM) do Ministério da Saúde permitem verificar essa significativa mudança.

Em 1980, as causas externas já eram responsáveis pela metade exata do total de mortes dos jovens no Brasil. Já em 2012, dos 77.805 óbitos juvenis registrados pelo SIM, 55.291 tiveram sua origem nas causas externas, fazendo esse percentual se elevar de forma drástica: em 2011, acima de 2/3 dos jovens – 71,1% – morreram por causas externas.

É a causa principal de mortalidade em ambos os sexos, embora o homem seja sempre mais vulnerável, visto que as taxas no sexo masculino correspondem a 3 ou 4 vezes as que ocorrem entre as mulheres.

2. a

A glomerulonefrite aguda pós-estreptocócica, apesar da baixa incidência da doença, é a apresentação histológica mais comum de doença renal primária na maioria dos países em desenvolvimento. O risco de nefrite em epidemias de infecção estreptocócica varia de 5% para infecções de garganta a até 25% nos casos de piodermite. A doença pode estar relacionada a qualquer sítio de infecção estreptocócica.

Acomete mais frequentemente crianças de 4 a 14 anos, sendo raro em menores de dois anos de idade e em adultos acima dos 20 anos. É duas vezes mais frequente no sexo masculino.

O período de latência entre a infecção e a nefrite é de 7 a 15 dias para as infecções respiratórias e de 3 a 5 semanas para infecções de pele.

O quadro clínico mais comum é síndrome nefrítica aguda, caracterizado por hematúria, edema, hipertensão e proteinúria moderada. Hematúria glomerular é um achado universal da doença e hematúria macroscópica está presente em até 1/3 dos casos. Edema é o sintoma principal presente em 90% das crianças. Hipertensão arterial está presente em 60 a 80% dos casos e é grave o suficiente para necessitar de drogas anti-hipertensivas em metade dos casos.

A síndrome nefrítica aguda é resultado da redução da taxa de filtração glomerular causada por reação inflamatória no glomérulo.

O processo é desencadeado por reação antígeno-anticorpo que resulta na ativação local do sistema complemento e da cascata de coagulação. Os imune-complexos que causam a glomerulonefrite podem ser formados na circulação ou *in situ* na membrana basal glomerular.

O fluxo sanguíneo renal geralmente é normal, portanto a fração de filtração glomerular está diminuída (normalmente abaixo de 1%) e tem papel central na retenção fluídica. A reabsorção tubular renal está apropriadamente reduzida. Há tendência na retenção de sódio e água que resulta na expansão do volume extracelular, edema e hipertensão.

A apresentação clínica é de uma criança que repentinamente desenvolve diminuição do volume urinário e escurecimento da urina com edema de face e pernas.

Na história e no exame físico, determinam-se a pressão arterial e a ausência de doença crônica. Pode haver história pregressa de infecção estreptocócica de vias aéreas superiores ou pele.

A abordagem diagnóstica inicial deve definir se a síndrome nefrítica é associada a uma condição sistêmica ou se é resultado de uma doença primária renal. A dosagem do complemento sérico é uma ferramenta diagnóstica importante nessa diferenciação. A glomerulonefrite pode se apresentar com complemento sérico baixo (nefrite pós-estreptocócica, nefrite lúpica, endocardite, crioglobulinemia, glomerulonefrite membranoproliferativa hipocomplementêmica) ou se apresentar com complemento normal (nefropatia por IgA, síndrome hemolítico-urêmica, púrpura de Henoch-Schönlein, vasculites, glomerulonefrite mesangioproliferativa).

A evidência de infecção estreptocócica prévia se baseia na demonstração da subida de títulos de anticorpos séricos anti-estreptocócicos uma vez que a positividade dos exames de cultura é baixa. Os títulos de anti-estreptolisina O e anti-DNAse B são os mais frequentemente elevados em infecções de vias aéreas superiores e piodermite, respectivamente.

O tratamento deve ser feito inicialmente com restrição na ingestão de fluídos e sódio.

Nos casos em que há edema significativo, hipertensão e sinais de congestão circulatória, está indicado o uso de diurético de alça. Não há indicação de outros diuréticos como tiazídicos.

Na emergência hipertensiva, o paciente pode se apresentar com encefalopatia hipertensiva (cefaleia, náusea, vômitos, borramento de visão, agitação ou convulsão), insuficiência cardíaca congestiva ou edema agudo de pulmão.

O nitroprussiato de sódio tem seu uso indicado em qualquer criança com emergência hipertensiva com exceção de coartação de aorta ou suspeita de aumento de pressão intracraniana.

Agentes orais como nifedipina tem uso limitado e papel controverso no tratamento da emergência hipertensiva. Não devem ser usados em crianças com insuficiência cardíaca congestiva, doenças cardíacas cianogênicas e acometimento de SNC.

O tratamento com antibióticos contra o estreptococo deve ser feito no momento do diagnóstico da nefrite, mesmo que não haja infecção aparente. Há evidências de que a administração precoce de penicilina previne ou diminui a gravidade da glomerulonefrite.

O prognóstico em curto prazo da síndrome nefrítica pós-estreptocócica é excelente. A fatalidade em crianças é uma exceção e, quando ocorre, está relacionada a edema agudo de pulmão ou hipercalemia. Em longo prazo, a azotemia ocorre em menos de 1% dos pacientes.

3. a
A infecção é uma das maiores causas de morte no drepanocítico e aparece a partir de 3 a 4 meses pela asplenia funcional, especialmente na anemia falciforme SS. O paciente febril merece atenção especial. A suscetibilidade aumentada a infecções deve-se principalmente às bactérias capsuladas *Haemophilus influenzae*, *S. pneumoniae* e as do gênero *Neisseria*. O uso rotineiro de vacinação para essas bactérias e a profilaxia contínua com penicilina diminuem, mas não excluem a possibilidade de infecção, e deve-se ter maior cuidado ao exame do aparelho respiratório, pois a pneumonia é a infecção localizada mais comum. Em relação à osteomielite, a *Salmonella* tem mais importância, sendo 2 vezes mais frequente que o *S. aureus*, o principal causador da osteomielite na criança.

4. a
O sequestro esplênico ocorre nas crianças com drepanocitose, que ainda não foram autoesplenectomizadas por sucessivos infartos esplênicos, por causa das crises de vasoclusão. Acontece até os 5 anos nas crianças SS e, nas SC e S-beta thal, durante toda a infância. O quadro é súbito, caracterizado por esplenomegalia dolorosa e progressiva e com evolução rápida para o choque hipovolêmico. Surge especialmente após um quadro infeccioso, mas pode ser espontânea. Além da clínica, o hemograma é bastante sugestivo: anemia grave, muito mais significativa que a habitual da criança e plaquetopenia por volta de 80.000, insuficiente para causar hemorragia.

É uma emergência pediátrica e o tratamento é feito por transfusão de glóbulos vermelhos (10 mL/kg, que pode ser repetida de acordo com a necessidade). Também são necessários reposição de líquidos e eletrólitos e tratamento da infecção, se for o caso.

Após o tratamento da criança, a melhora é rápida: em poucos dias, o baço involui e a plaquetopenia regride. A recorrência acontece em 50% e, geralmente, ocorre até 4 meses após o primeiro episódio. Dessa forma, se a crise se apresentar como quadro grave, está indicada a esplenectomia.

5. a
Laboratorialmente, a CAD caracteriza-se por hiperglicemia (> 300 mg/dL), acidose metabólica (pH<7,3 e/ou bicarbonato < 15mEq/L) com elevação do ânion *gap*.

O metabolismo dos carboidratos, dos lipídeos e das proteínas é controlado a partir do equilíbrio entre os níveis plasmáticos de insulina, com ação anabolizante, e os níveis dos hormônios contrarreguladores da insulina (glucagon, catecolaminas, cortisol e hormônio do crescimento), cuja ação aumentada induz catabolismo. A CAD resulta da combinação de duas alterações principais: deficiência de insulina (relativa ou absoluta) e ação aumentada dos hormônios contrarreguladores da insulina, de que não é possível caracterizar o cortisol como o principal. Frequentemente, a elevação dos hormônios contrarreguladores é causada por alguma intercorrência aguda capaz de gerar estresse, como infecções, traumas ou alterações emocionais. A concomitância da deficiência insulínica e da elevação dos hormônios contrarreguladores altera o metabolismo dos carboidratos, dos lipídeos e das proteínas.

O estímulo do sistema renina-angiotensina-aldosterona contribui para a espoliação renal de potássio, com depleção do potássio corpóreo total.

A acidose metabólica, muitas vezes intensa, é uma das características da CAD. Na CAD, a acidose metabólica resulta principalmente do aumento da cetogênese, mas também da redução da perfusão tecidual. Recomenda-se que na CAD, apesar da intensa acidose frequentemente observada, a correção do bicarbonato seja feita apenas quando o pH < 7,0, com o intuito de preservar o desempenho miocárdico.

6. a

Trata-se da síndrome mão-boca-pé, infecção viral altamente contagiosa cuja etiologia são os vírus coxsackie A, principalmente o A16 e também A5, A7, A9 e A10; coxsackie B (B2 e B5); e enterovírus 71. É mais frequente nos meses de verão e outono. Tem período de incubação de 1 a 4 dias, iniciando com febre, mal-estar geral, irritabilidade e odinofagia. Leva ao aparecimento de lesões inicialmente maculares na boca, que evoluem para vesículas e podem propagar-se por toda a cavidade oral, especialmente para a parte interna da face e língua, e menos comumente para as tonsilas e faringe. Concomitantemente, ou até 48 horas depois, pode haver o surgimento de exantema maculopapular, que evolui para vesicular, acometendo nádegas, mãos, pés e, mais raramente, região genital.

A doença tem resolução espontânea entre 5 e 10 dias após o início da sintomatologia.

7. a
A infecção cervical por *Chlamydophila trachomatis* pode gerar a transmissão perinatal desse agente durante a passagem do feto pelo canal de parto que, quando não tratada, provoca infecção neonatal. Acomete inicialmente a mucosa ocular, orofaringe, trato urogenital e reto. Conjuntivite ocorre por volta de 50% dos casos e pneumonia, em 10%. Em razão da alta incidência dessa bactéria, deve-se suspeitar dessa etiologia nos casos de conjuntivite em recém-nascidos (RN), especialmente os com menos de 30 dias, com pico de incidência entre 5 e 14 dias. Deve-se sempre investigar a presença de gonococo concomitante.
A profilaxia ocular neonatal com nitrato de prata não previne a transmissão neonatal.
A pneumonia ocorre principalmente entre 1 e 3 meses e manifesta-se por tosse, taquipneia e ausência de febre. A radiografia de tórax mostra infiltrado bilateral difuso. É tratada com eritromicina base ou etilsuccinato 40 mg/kg/dia em 4 doses por 14 dias.

8. a
A síndrome nefrótica é definida pela presença de edema, proteinúria, hipoalbuminemia e hiperlipidemia. A incidência anual em crianças nos EUA e Europa é estimada em 1 a 3/100.000 crianças abaixo dos 16 anos de idade. Em crianças, a causa mais comum de síndrome nefrótica é síndrome nefrótica idiopática que por definição é uma doença primária, apesar de um grande número de casos ser precedido por infecção de vias aéreas superiores, reação alérgica ou outros fatores (drogas, doenças malignas, diabetes, vacinação).
A doença ocorre no primeiro ano de vida, mas normalmente acomete crianças de 2 a 7 anos de idade com predomínio do sexo masculino na taxa de 2:1. Clinicamente, o principal sintoma é o aparecimento súbito de edema. O edema começa a ficar detectável quando a retenção de fluído ultrapassa 3 a 5% do peso corpóreo. O edema é gravitacional e se localiza nos membros inferiores com o paciente em pé. Anasarca pode se desenvolver com ascite, derrame pleural, pericárdico e edema de região genital. A formação rápida de ascite frequentemente se associa a dor abdominal e mal-estar. Dor abdominal também pode ser ocasionada por complicações como peritonite, trombose ou, raramente, pancreatite.

Choque cardiovascular devido à queda da albumina plasmática não é comum. Pressão arterial geralmente é normal mas pode estar elevada.
O diagnóstico laboratorial inclui a detecção de proteinúria. A proteinúria nefrótica é definida como > 50 mg/kg/dia ou 40 mg/m^2/hora. Em crianças pequenas, pode ser difícil coletar urina de 24 horas e a relação proteína/creatinina urinárias em amostra isolada de urina é útil (índice ≥ 2 indica síndrome nefrótica).
A concentração de albumina sérica cai abaixo de 2,5 g/dL. Há hiperlipidemia como consequência do aumento da síntese hepática de colesterol e triglicérides e diminuição do catabolismo de lipoproteínas.
Os eletrólitos geralmente estão normais. O sódio sérico pode estar baixo por diluição e o potássio sérico alto em pacientes oligúricos.
Alterações na ureia e creatinina séricas se relacionam a hipovolemia, infecções e trombose.
Níveis aumentados de hemoglobina e hematócrito se relacionam à contração do volume plasmático.
Infecções bacterianas são frequentes nas crianças com síndrome nefrótica. A infecção mais comum é peritonite bacteriana, principalmente pelo *Streptococcus pneumoniae*, mas também *E. coli*, Estreptococo B, *Haemophilus* e outros Gram-negativos. Outras infecções incluem meningite, pneumonia, celulite e sepse.
Há disfunção imunológica no paciente com síndrome nefrótica que predispõe infecções bacterianas: baixos níveis séricos de IgG, perda urinária de fator B, alteração da função de linfócitos T.
O nível baixo de IgG é fator de risco para desenvolvimento de peritonite bacteriana. O nível baixo de fator B para infecções por *Haemophilus*. O estado edematoso do paciente com descompensação nefrótica favorece sepse por bactérias Gram-negativas. Infecções estafilocócicas ocorrem com mais frequência no paciente com síndrome nefrótica por causa de função linfocitária prejudicada, uso de corticosteroides e imunossupressores.
Trombose é outra complicação que ocorre em pacientes com síndrome nefrótica por aumento da coagulabilidade sanguínea. Há várias anormalidades hemostáticas: aumento na agregação plaquetária, aumento no fibrinogênio, fatores V, VII, VIII, X e XII, enquanto há diminuição nos níveis de antitrombina

III, proteína C, proteína S, cofator da heparina e fatores XI e XII. Hipovolemia, imobilização e infecções contribuem para o aparecimento de tromboses. Trombose venosa é mais frequente que arterial. As complicações tromboembólicas ocorrem em torno de 3% das crianças com síndrome nefrótica. Hipovolemia favorece o aparecimento de embolia pulmonar e a hiperviscosidade sanguínea de trombose de artéria pulmonar. Hiperagregabilidade plaquetária é fator de risco para trombose venosa periférica e a hiperlipidemia para trombose arterial. Nível baixo de antitrombina III favorece trombose venosa cerebral e nível alto de fibrinogênio, trombose venosa renal.

O tratamento no PS do paciente com síndrome nefrótica é direcionado para a complicação clínica da síndrome.

Hipovolemia ocorre em decorrência da perda proteica e pode ser agravada pelo uso de diuréticos. Tratamento de emergência requer infusão de albumina 20% (1 g/kg) com controle da frequência cardíaca, respiratória e pressão arterial.

Diuréticos devem ser usados com precaução nos casos de edema grave após correção da hipovolemia. Pode ser feita infusão de albumina concomitantemente ao uso de diuréticos para aumentar a disponibilidade da droga nos rins. Pacientes com hipovolemia grave têm risco de apresentar complicações tromboembólicas. Essas complicações podem se agravar se houver infusão de diuréticos. A prevenção da trombose inclui mobilização, evitar hemoconcentração secundária à hipovolemia e tratamento precoce das infecções.

As infecções devem ser tratadas prontamente. Nos casos de peritonite, antibióticos contra pneumococo e Gram-negativos devem ser usados.

9. a

O exame neurológico sucinto realizado com a avaliação das pupilas quanto à simetria e à fotorreação, junto com a avaliação do nível de consciência, utilizando-se a escala de coma de Glasgow (GCS), é obrigatório no atendimento da criança politraumatizada. É importante lembrar que, entre os itens avaliados na GCS, estão: abertura ocular, resposta verbal e melhor resposta motora apresentada.

Apesar da maior incidência de lesões cranioencefálicas em crianças, quando comparadas aos adultos, de uma maneira geral, elas apresentam melhor prognóstico. A sobrevida da criança com traumatismo cranioencefálico guarda relação direta com as outras lesões potenciais, pois a frequência de lesões multissistêmicas é elevada, além de crianças serem especialmente suscetíveis a lesões encefálicas secundárias produzidas por hipoxemia e hipoperfusão cerebral. Portanto, a execução adequada do exame primário e da reanimação conseguirá minimizar a ocorrência dessa lesão.

Vômitos e convulsões pós-traumáticas são frequentes e, geralmente, autolimitadas. A persistência dos sintomas indica necessidade de avaliação mais profunda, incluindo a realização de tomografia computadorizada de crânio. Quando existe alguma possibilidade do tratamento cirúrgico para o controle da lesão cranioencefálica, um neurocirurgião passa a ser fundamental.

O choque neurogênico é decorrente da perda da regulação do tônus vascular que normalmente é realizado pelo sistema nervoso autonômo. Pode ser causado por lesão ou trauma da medula espinhal ou sistema nervoso central (SNC). Geralmente, nesses casos, ocorrem hipotensão e bradicardia combinadas com boa perfusão periférica e pele quente; a criança pode também apresentar perda de sensibilidade abaixo do nível da lesão medular.

10. a

Essa doença é a convulsão febril ou crise febril, que acomete 3 a 5% das crianças entre 3 meses e 5 anos, sempre associada a febre na ausência de infecção intracraniana ou outra causa neurológica. Tem como etiologia provável componente genético, além do baixo limiar do córtex.

São classificadas em simples e complexas (complicada tônica ou clônica atípica).

A crise simples é caracterizada por convulsão generalizada, tônica ou tônico-clônica, sempre de curta duração, ou seja, tempo inferior a 15 minutos, e sem alterações no período pós-ictal. A crise complexa tem maior duração e é bem menos frequente, é parcial e pode haver recorrência em até 24 horas.

O caso clínico trata de uma crise simples, doença benigna, que leva a maior recorrência em crianças menores de 1 ano de idade, sendo bem menos frequente nas de 1 a 3 anos.

Os fatores de risco para recorrência de convulsão febril simples são: idade inferior a 1 ano, parentes de primeiro grau que tiveram crise febril e febre baixa com duração inferior a 1 hora antes da primeira crise.

O tratamento da crise é feito com benzodiazepínico e indica-se punção lombar em todas as crianças com menos de 1 ano de idade após a primeira crise. Nas com mais de 1 ano, a punção está indicada apenas na presença de meningismo ou alteração do exame neurológico. O eletroencefalograma não deve ser utilizado de rotina, pois não orienta a conduta e não tem valor prognóstico.

Devem-se orientar os familiares sobre o curso benigno e autolimitado da doença e indicar a profilaxia após a 2ª crise, especialmente nas crianças com idade inferior a 1 ano. Desse modo, no caso descrito, a profilaxia não está indicada, já que a criança, com idade superior a 1 ano, sofreu apenas uma crise febril.

CAPÍTULO

6

DESENVOLVIMENTO E COMPORTAMENTO

Ricardo Halpern
Alice Yuriko Shinohara Hassano

QUESTÃO 1
Recém-nascido (RN) a termo, após alguns dias de alta da maternidade, apresentou forte tendência em manter uma postura com extensão da cabeça e do tronco. Sobre essa atitude postural, qual a alternativa correta?

ALTERNATIVA CORRETA
☐ A Normal nessa faixa etária e, portanto, sem necessidade de intervenção.
☐ B Normal nessa e em qualquer faixa etária, com necessidade de intervenção por meio de orientação aos pais.
☐ C Anormal, mas com conduta expectante.
☐ D Anormal e com necessidade de encaminhamento imediato à equipe de reabilitação.
☐ E Todas as alternativas anteriores.

QUESTÃO 2

Lactente, 3 meses de idade, nascido a termo, apresenta controle de cabeça, interação visual com o examinador, sorriso social e emissão de sons. A ausência dessas aquisições pode ser devida a quê?

ALTERNATIVA CORRETA
- [ ] A Deficiência visual.
- [ ] B Deficiência intelectual.
- [ ] C Distúrbio na interação social.
- [ ] D Todas as alternativas anteriores.
- [ ] E Nenhuma das alternativas anteriores.

QUESTÃO 3

A mãe de um lactente de 8 meses de idade, nascido a termo, agendou uma consulta com o pediatra porque ele não permanece sentado quando colocado nessa postura. Assinale o procedimento que se considera de maior relevância neste caso.

ALTERNATIVA CORRETA
- [ ] A Avaliação da função motora.
- [ ] B Avaliação da função visual.
- [ ] C Avaliação da função cognitiva.
- [ ] D Avaliação de todas as funções citadas.
- [ ] E Todas as alternativas anteriores.

QUESTÃO 4

Três meses é uma das idades em que ocorrem aquisições relevantes no lactente, como controle de cabeça (sustentação), simetria corporal com cabeça na linha média, em alinhamento com o tronco, e acompanhamento visual de objetos em 180 graus. Por que outro motivo é um marco importante?

ALTERNATIVA CORRETA
☐ A Início da junção das duas mãos na linha média.
☐ B Início da preensão voluntária de objetos.
☐ C Desaparecimento do reflexo de preensão palmar.
☐ D Desaparecimento do reflexo cutâneo-plantar.
☐ E Todas as alternativas anteriores.

QUESTÃO 5

Na consulta de um lactente de 4 meses de idade, nascido a termo, o pediatra verificou que o desenvolvimento neuropsicomotor estava bastante adequado, exceto o controle de cabeça, que ainda não era eficiente. Qual a conduta mais correta a ser seguida?

ALTERNATIVA CORRETA
☐ A Orientar a mãe a colocar o lactente na postura sentada.
☐ B Orientar a mãe a colocar o lactente em prono, com rolo sob o tórax, para facilitar a extensão cervical.
☐ C Orientar a mãe a colocar o lactente em supino e passar para a postura sentada.
☐ D Orientar a mãe para aguardar mais um pouco.
☐ E Nenhuma das alternativas anteriores.

REFERÊNCIAS BIBLIOGRÁFICAS

Hassano AYS, Borgneth LRL. Promoção do desenvolvimento normal no consultório pediátrico, de 0 a 6 meses de idade. In: Halpern R. Manual de pediatria do desenvolvimento e comportamento. Barueri: Manole, 2014. p.25-57.

Hassano AYS, Pruffer A, Jesus PB, Wajnsztajn S. Desenvolvimento neuropsicomotor. In: Schettino CE. Bases de pediatria. Rio de Janeiro: Rubio, 2013. p.29-38.

Hassano AYS. Desenvolvimento neuropsicomotor no primeiro ano de vida. Rev Pediatria SOPERJ 2011; 12(Suppl1):9-14.

QUESTÃO 6

O conceito de autismo e sua terminologia tem variado desde a sua descrição por Kanner em 1943. Em relação ao transtorno do espectro autista (TEA), qual a alternativa correta?

ALTERNATIVA CORRETA

☐ A É descrito como uma psicose, já que não existem exames laboratoriais para sua comprovação.

☐ B É um transtorno afetivo em que a etiologia psicodinâmica é a base.

☐ C É um transtorno de desenvolvimento enfatizando dificuldades de reciprocidade e interação social, comunicação e comportamentos não usuais.

☐ D Caracteriza-se sempre por um jogo social ausente.

☐ E Nenhuma das alternativas anteriores está correta.

QUESTÃO 7

Em relação ao diagnóstico do TEA, qual a alternativa incorreta?

ALTERNATIVA CORRETA

☐ A Apresenta incapacidade qualitativa na integração social.

☐ B Apresenta ausência ou busca de conforto anormal por ocasião de sofrimento.

☐ C Apresenta comunicação não verbal acentuadamente anormal.

☐ D Apresenta sofrimento acentuado com mudanças na rotina.

☐ E Não mostra alteração cognitiva na maioria das vezes.

REFERÊNCIAS BIBLIOGRÁFICAS

Assumpção FB Jr, Kuczynski E. Anormalidades genéticas e autismo infantil. In: Assumpção FB Jr, Kuczynski E (eds.). Autismo infantil: novas tendências e perspectivas. São Paulo: Atheneu, 2009.

Halpern R. Transtorno do espectro autista. In: Halpern R (ed.). Manual de pediatria do desenvolvimento e comportamento. Barueri: Manole, 2015. p.455-70.

QUESTÃO 8

Em relação ao processo de triagem e à vigilância do desenvolvimento, que fazem parte das consultas de acompanhamento e promoção de saúde, qual a alternativa incorreta?

ALTERNATIVA CORRETA

☐ A O processo de vigilância apresenta uma característica de continuidade ao longo principalmente dos 3 primeiros anos de vida.

☐ B Está baseado em elucidar e ouvir a informação dos pais e também em identificar fatores de risco e proteção a que a criança está exposta.

☐ C Triagem está associada ao processo de vigilância e se caracteriza por uma avaliação pontual com a utilização de instrumento validado.

☐ D Os exames complementares de neuroimagem fazem parte do processo de vigilância independentemente dos fatores de risco e da história do paciente.

☐ E A vigilância está indicada para as crianças que apresentam risco biológico, emocional e ambiental.

REFERÊNCIA BIBLIOGRÁFICA

Sukiennik R, Coelho R, Halpern R. Transtorno do espectro autista. In: Halpern R (ed.). Manual de pediatria do desenvolvimento e comportamento. Barueri: Manole, 2015. p.105-22.

QUESTÃO 9

O tratamento dos TEA com psicofármacos envolve o tratamento de sintomas que, além dos principais (falta de reciprocidade social, padrões bizarros de funcionamento e alteração na comunicação), estão associados. Qual(ais) do(s) seguinte(s) está(ão) presente(s) nos quadros de TEA?

ALTERNATIVA CORRETA

- ☐ A Transtorno de déficit de atenção e hiperatividade (TDAH).
- ☐ B Fenômenos obsessivos.
- ☐ C Autoagressão.
- ☐ D Distúrbios de sono.
- ☐ E Todas as alternativas anteriores.

REFERÊNCIAS BIBLIOGRÁFICAS

Assumpção FB Jr., Kuczynski E. Conceito e diagnóstico. In: Assumpção FB Jr., Kuczynski E (eds.). Autismo infantil: novas tendências e perspectivas. São Paulo: Atheneu, 2009.

Halpern R. Transtorno do espectro autista. In: Halpern R (ed.). Manual de pediatria do desenvolvimento e comportamento. Barueri: Manole, 2015. p.455-70.

QUESTÃO 10

Em relação ao TDAH, qual a alternativa incorreta?

ALTERNATIVA CORRETA

☐ A   A suscetibilidade genética associada às condições ambientais dá a forma e a intensidade dos sintomas.

☐ B   A base do diagnóstico do TDAH está formada pela história, pela observação do comportamento atual do paciente e pelo relato dos pais e professores sobre o funcionamento da criança nos diversos ambientes que frequenta.

☐ C   Os sintomas de desatenção e/ou hiperatividade/impulsividade ocorrem da mesma maneira em todas as faixas etárias, exigindo, portanto, intervenções semelhantes.

☐ D   Vários estudos têm demonstrado alta prevalência da comorbidade em TDAH e problemas psiquiátricos, como maior incidência de abuso ou dependência de drogas na adolescência.

☐ E   O tratamento do TDAH envolve abordagem múltipla, englobando intervenções psicossociais e psicofarmacológicas.

REFERÊNCIAS BIBLIOGRÁFICAS

Halpern R Manejo do transtorno de déficit de atenção no consultório pediátrico. In: Oliveira Filho EA, Nóbrega M (org.). Sociedade Brasileira de Pediatria. Proped Programa de Atualização em Terapêutica Ciclo1. Artmed Panamericana 2014. p.133-50.

Polanczyk GV, Rohde LA. Transtorno de déficit de atenção e hiperatividade. In: Halpern R (ed.). Manual de pediatria do desenvolvimento e comportamento. Barueri: Manole, 2015. p.435-44.

RESPOSTAS CORRETAS

1. b

A postura em flexão da cabeça e dos membros é um dos primeiros pré-requisitos funcionais para o desenvolvimento motor. Para vivenciar essa postura, o bebê é colocado, p.ex., em uma almofada com um sulco no centro. Desse modo, os *inputs* de estímulos proprioceptivos, visuais e táteis dessa postura, que o bebê não está conseguindo espontaneamente, são enviados para o sistema nervoso central (SNC), que, assim, pode organizar respostas mais próximas das que são esperadas para a idade. É recomendável que a mãe receba orientação do pediatra para iniciar imediatamente a intervenção em casa e com o retorno agendado para reavaliação. Com essa conduta, objetivam-se: agilizar a intervenção para aproveitar o período de maior neuroplasticidade e tornar os pais os agentes da melhora do filho, valorizando o papel parental e facilitando a aproximação e desenvolvimento do vínculo afetivo com o RN, o que é primordial.

2. d

A ausência das aquisições descritas pode estar associada tanto às deficiências visual e intelectual quanto ao distúrbio na interação social, porque o desenvolvimento acontece pela interação de várias áreas cerebrais. A ausência do estímulo visual ou o desinteresse pelo meio, por questões intelectuais ou psicoafetivas, não estimula o desenvolvimento motor. No comando motor, há participação não somente da área motora primária para a execução de movimentos, mas também de outras áreas que fazem o planejamento: pré-motora, motora suplementar e córtex pré-frontal, responsável pela cognição, além da área motora cingulada, que confere carga emocional ao movimento. O ato motor resulta, em geral, da interação entre os domínios sensorial, cognitivo e psicoafetivo.

3. d

Um atraso e/ou distúrbio motor em criança pode ser decorrente não só de lesões neurais nas vias motoras, mas também de deficiência visual, cognitiva, distúrbio psicoafetivo ou na interação social. Um déficit motor também pode levar, com o tempo, a uma deficiência cognitiva e/ou distúrbio psíquico secundário, por exemplo. Isso porque há interação muito intensa entre as várias funções: motora, visual, auditiva, cognitiva, psicoafetiva, social e de linguagem. No desenvolvimento, cada uma dessas funções influencia e é influenciada pelas demais. Para o diagnóstico funcional, há necessidade de se avaliar minimamente as seis funções citadas, além de fatores ambientais, como a superproteção com consequente falta de experimentação.

4. a

A aquisição de preensão voluntária de objetos é mais evidente aos 4 meses; a preensão com 3 meses de idade corresponde ainda à fase de transição gradativa de reflexa para voluntária. O reflexo cutâneo-plantar fica presente até 1 ano de idade. A junção das mãos na linha média é uma aquisição marcante dos 3 meses de idade, sendo primordial para a intensificação de estímulos táteis e proprioceptivos, além dos visuais para o desenvolvimento da motricidade manual e esquema corporal desse segmento.

5. b

Coloca-se o lactente em prono, com rolo sob o tórax, em postura simétrica com os membros superiores posicionados à frente para facilitar a extensão da cabeça. A elevação do tórax, com o uso de rolo, permite que o peso corporal passe da cintura escapular para a região dorsolombar, facilitando erguer a cabeça. Ao elevar a cabeça, a exposição de um brinquedo de seu interesse fará com que a criança se motive a manter essa elevação por mais tempo, o que permitirá um *feedback* positivo para a evolução das reações de retificação (contração da musculatura cervical posterior no caso) e fortalecimento da musculatura envolvida.

6. c

Em 1867, Henry Maudsley descreveu alguns casos de crianças pequenas com transtornos mentais graves, atraso e distorção nos processos de desenvolvimento, classificando-as com psicose. Em 1943, Leo Kanner descreveu crianças que apresentavam isolamento extremo, obsessividade, estereotipias e ecolalia, descrição do quadro clássico de distúrbios autistas do contato afetivo. Somente em 1976, Ritvo considerou o autismo um distúrbio do desenvolvimento, e não uma psicose, e, em 1980, o transtorno autista é reconhecido como entidade clínica distinta. Em 2013, o DSM-V trouxe a denominação atual de transtorno do espectro autista (TEA), que oferece uma visão mais abrangente dos sintomas clínicos, permitindo maior flexibilidade no diagnóstico, que varia desde os quadros muito graves até aqueles com sintomas discretos e capacidade intelectual preservada. Não existem exames complementares para o diagnóstico de TEA, que é eminentemente clínico, baseado nas dificuldades de reciprocidade e comunicação social e nos comportamentos bizarros e/ou obsessivos. A base etiológica do TEA é genética, envolvendo pelo menos 20 genes mediados por mecanismos epigenéticos.

7. e

Os critérios diagnósticos para o TEA são clínicos e estão baseados em incapacidade ou redução da reciprocidade e da interação social, dificuldades na comunicação com atrasos de linguagem e limitação na comunicação não verbal. Os indivíduos com TEA mostram redução em sua capacidade gestual e, em geral, utilizam os adultos como ferramenta para conseguir o que desejam. Os comportamentos obsessivos e a inflexibilidade na mudança de rotina são características muito marcadas e causam extremo sofrimento, porque não existe flexibilidade cognitiva para tolerar mudanças e situações novas e imprevisíveis. Cerca de 75% dos indivíduos com TEA apresentam déficit cognitivo em algum grau e a intensidade da limitação cognitiva oferece piora no prognóstico do paciente.

8. a

Os critérios diagnósticos para o TEA são clínicos e estão baseados em incapacidade ou redução da reciprocidade e da interação social, dificuldades na comunicação com atrasos de linguagem e limitação na comunicação não verbal. Os indivíduos com TEA mostram redução em sua capacidade gestual e em geral utilizam os adultos como ferramenta para conseguir o que desejam. Os comportamentos obsessivos e a inflexibilidade na mudança de rotina são características muito marcadas e causam extremo sofrimento, porque não existe flexibilidade cognitiva para tolerar mudanças e situações novas e imprevisíveis. Cerca de 75% dos indivíduos com TEA apresentam déficit cognitivo em algum grau e a intensidade da limitação cognitiva oferece piora no prognóstico do paciente.

9. e

Não existe nenhuma medicação para tratar o TEA. Embora ao longo dos anos diversas terapias tenham sido propostas para o tratamento do transtorno, até então nenhuma mostrou evidências científicas que justifiquem a sua aplicação clínica. Em virtude da grande variação dos sintomas e intensidade, diversas situações aparecem associadas ao TEA e causam grande sofrimento ao paciente. Cerca de 25% dos indivíduos com autismo apresentam como comorbidade TDAH. Os sintomas obsessivos também são bastante comuns e, quando têm significado clínico, causando limitação na vida do paciente, é necessária intervenção farmacológica específica. Da mesma forma, pode haver distúrbios de regulação do sono, ansiedade e, nos casos mais graves, automutilação, e o tratamento farmacológico é necessário com medicações específicas para cada sintoma.

10. c

O diagnóstico do transtorno de déficit de atenção (TDAH) é feito pelas características clínicas do paciente. Os sintomas são bastante variados e existem diversos fatores que influenciam a apresentação e os prejuízos associados ao TDAH, entre eles: etapa do desenvolvimento da criança, potencial cognitivo, presença de comorbidades psiquiátricas, nível de motivação e expectativas colocadas sobre a criança, além de suporte e estrutura ambiental e familiar. Para o diagnóstico, é necessário que os sintomas apresentados tenham significado clínico e que ocorram em todas as áreas de atuação da criança, mesmo que com intensidade diferente, e que causem prejuízo funcional. Por isso é fundamental que, no período de avaliação, sejam colhidas informações de todos os profissionais que trabalham com a criança. O tratamento do TDAH é multimodal e composto por abordagens de todos os problemas, escolares e sociais, e tratamento das comorbidades, além dos sintomas específicos. A faixa etária determina os diferentes modelos de intervenção. Às crianças pré-escolares com sintomas leves e/ou restritos a um ambiente é recomendada, inicialmente, a terapia comportamental e, nos casos mais severos, o mesmo de crianças maiores e adolescentes: tratamento medicamentoso.

CAPÍTULO

7

SAÚDE ESCOLAR

Maria de Lourdes Fonseca Vieira
Joel Conceição Bressa da Cunha

QUESTÃO 1

No século XXI, cada vez mais as demandas escolares têm chegado ao pediatra, exigindo conhecimento, habilidades e atitudes coerentes que respondam aos anseios da criança e/ou adolescente, da sua família, da comunidade escolar e da própria sociedade. A saúde escolar surgiu, no Brasil, na primeira metade do século passado e foi se consolidando como um campo de trabalho para o pediatra. Nesse contexto, pode-se afirmar que:

I. Saúde escolar é a parte da pediatria que cuida de crianças na idade escolar (de 7 a 10 anos de idade, exclusivamente, segundo a Organização Mundial da Saúde [OMS]), priorizando as questões relacionadas à escola e ao entorno.

II. Saúde escolar é, também, o trabalho do pediatra que atende a criança na escola, no consultório ou no ambulatório, independentemente da idade, no âmbito individual.

III. Saúde escolar é desenvolvida na escola (ou não) e inclui a puericultura e/ou assistência, desde a creche até o ensino médio e/ou superior.

IV. O trabalho do pediatra na saúde escolar engloba intersetorialidade, interprofissionalismo, coletividade, holismo e atuação com professores e pais, apenas na escola.

V. Saúde escolar tem a ver com promoção e atenção à saúde de crianças e de adolescentes dentro da escola, no âmbito coletivo.

Pode-se afirmar que estão corretas as assertivas de qual das alternativas?

ALTERNATIVA CORRETA

☐ A   III e V.
☐ B   II e III.
☐ C   II e V.
☐ D   III e IV.
☐ E   I e III.

REFERÊNCIAS BIBLIOGRÁFICAS

Harada J. (Org.) Manual Escola Promotora de Saúde. Sociedade Brasileira de Pediatria. Rio de Janeiro, 2004.

Mattos PCA. Historiando a saúde escolar no Brasil: retrospectiva e desafios. In: Campos D Jr., Burns DAR (Orgs). Tratado de pediatria. 3.ed. Barueri: Manole, 2014. p.283-5.

Silva CS. Pediatria e escolas promotoras de saúde. In: Campos D Jr., Burns DAR (Orgs). Tratado de pediatria. 3.ed. Barueri: Manole, 2014. p.288-97.

QUESTÃO 2

Escolar do sexo masculino, 11 anos de idade, cursa o 3º ano do ensino fundamental e falta bastante às aulas. É levado pela mãe ao ambulatório de pediatria com queixa de que "ele gripa com facilidade; tem asma e não aprende na escola". Durante a anamnese, está alheio à consulta, mexendo no celular, enquanto sua mãe responde às indagações do pediatra. Qual a melhor abordagem para atendê-lo nesse momento?

ALTERNATIVA CORRETA

☐ A Envolvê-lo na consulta; fazer anamnese e exame físico completos, incluindo avaliação da sociabilidade, sexualidade, linguagem, visão e audição; solicitar exames hematimétricos e eletroencefalograma (EEG) e encaminhar à neuropediatria.

☐ B Ignorar seu comportamento, comum na adolescência; fazer anamnese e exame físico completos; avaliação da escolaridade, sociabilidade, visão e audição, e solicitar parecer da psicopedagogia para minimizar o absenteísmo.

☐ C Envolvê-lo na consulta; fazer anamnese e exame físico completos; avaliação da sociabilidade, sexualidade, linguagem, visão e audição; solicitar parecer da escola e da família sobre o paciente e vice-versa e fazer o controle da doença crônica (asma).

☐ D Ignorar seu comportamento, comum na adolescência; fazer anamnese e exame físico completos; avaliação da escolaridade, sexualidade, linguagem, visão e audição e solicitar exames bioquímicos para tomada de decisões.

☐ E Envolvê-lo na consulta; fazer anamnese e exame físico completos, incluindo avaliação da sociabilidade, linguagem, visão e audição; solicitar exames de imagem para crânio e seios da face e encaminhar à neuropediatria.

REFERÊNCIA BIBLIOGRÁFICA

Mascaretti LAS. Atenção integral à saúde: a consulta do escolar. In: Campos Jr. D, Burns DAR (orgs). Tratado de pediatria. 3.ed. Barueri: Manole, 2014. p.306-11.

QUESTÃO 3

Considerando que as creches e pré-escolas têm como finalidade o desenvolvimento integral da criança até completar 6 anos de idade, qual a alternativa correta?

ALTERNATIVA CORRETA

☐ A A matrícula na creche é uma opção das famílias, apesar de esse segmento ser parte do sistema oficial da educação brasileira.

☐ B Frequentar creches e pré-escolas não acarreta maior risco de transmissão de doenças infecciosas, dispensando ações de prevenção e controle.

☐ C Toda criança matriculada em creche e pré-escola deve realizar audiometria e exames oftalmológico e neurológico para garantir o sucesso da alfabetização.

☐ D A educação infantil deve ter como objetivo principal evitar o fracasso da criança no ensino fundamental.

☐ E A administração de qualquer medicamento na creche ou na pré-escola dispensa receita médica, bastando a solicitação dos pais ou responsáveis.

REFERÊNCIA BIBLIOGRÁFICA

Cunha JCB. O papel do pediatra na Educação Infantil. In: Cunha JCB, Zardo LA, Ribeiro OOP. O olhar pediátrico na avaliação do estudante: da Educação Infantil ao Ensino Médio. PRONAP-SBP. Ciclo XVI. São Paulo: SBP; 2013, 3:40-2.

QUESTÃO 4

Sendo um conjunto de manifestações biopsicossociais, a sexualidade é determinada por aspectos culturais, ambientais e sociais que variam de grupo para grupo e de sociedade para sociedade. A sexualidade humana ainda é um tabu para muitos que não sabem como lidar com ela, desencadeando desconforto, reações diversas e até atitudes que podem causar inibições ou repressões, deixando marcas profundas no indivíduo e na família. Sobre sexualidade humana na infância e adolescência precoce, qual a alternativa correta?

ALTERNATIVA CORRETA

☐ A A família e a escola exercem papel relevante na construção da sexualidade, que deve ser equilibrada, em perfeita interação entre o indivíduo e as estruturas sociais.

☐ B Os toques masturbatórios, as comparações das genitálias, as pequenas ereções, entre outros comportamentos na infância e na adolescência, são um direito sexual.

☐ C No contexto escolar, a sexualidade é expressada nos gritos, gestos de carinho, como andar de mãos dadas, lutas corporais, escritas nos banheiros, brincadeiras com os órgãos genitais e até em atitudes precoces de experiências homossexuais.

☐ D A sexualidade está diretamente conectada à personalidade, consequentemente, a sua manifestação psicológica é uma demonstração individual, que se expressa por meio das relações sociais, dos vínculos afetivos, das (in)decisões e de outros fatores.

☐ E Todas as anteriores são verdadeiras.

REFERÊNCIAS BIBLIOGRÁFICAS

Guerra A. Sexualidade na escola. In: Campos D Jr., Burns DAR (Orgs). Tratado de pediatria. 3.ed. Barueri: Manole, 2014. p.321-2.

Mascaretti LAS. Atenção integral à saúde: a consulta do escolar. In: Campos D Jr., Burns DAR (Orgs). Tratado de pediatria. 3.ed. Barueri: Manole, 2014. p.306-11.

Pedroso GC. Sexualidade e escola. In: Lahterman B, Pedroso GC, Vieira MLF. Demandas escolares para o pediatra do século XXI. PRONAP-SBP, Ciclo XVI. São Paulo: SBP, 2013; 3:26-8.

QUESTÃO 5

Mãe trabalha 8 horas diárias e deixa sua filha, de 30 meses de idade, em uma creche próxima da sua casa. A criança adoeceu e foi levada ao médico, que diagnosticou doença infectocontagiosa. Nesse contexto, qual afirmação é correta, considerando a atuação do médico (no consultório ou na instituição)?

ALTERNATIVA CORRETA

☐ A Como a doença já ocorreu, não há possibilidade de evitar novos casos por meio de vacinas.

☐ B A notificação do caso às autoridades sanitárias é compulsória.

☐ C O médico pode participar de atividade pedagógica que tenha como tema a doença ocorrida.

☐ D Se houver necessidade de quimioprofilaxia, para melhor controle, a medicação deve ser dada na creche, sem necessidade de receita médica.

☐ E A criança deve ter afastamento temporário da creche por 5 dias.

REFERÊNCIA BIBLIOGRÁFICA

Cunha JCB. O papel do pediatra na Educação Infantil. In: Cunha JCB, Zardo LA, Ribeiro OOP. O olhar pediátrico na avaliação do estudante: da Educação Infantil ao Ensino Médio. PRONAP-SBP. Ciclo XVI. São Paulo: SBP, 2013; 3:40-2.

QUESTÃO 6

Escolar do sexo feminino, 7 anos de idade, por recomendação da professora, é levada ao consultório pediátrico em razão de mau rendimento escolar. Há anos não faz consulta de puericultura. Sua mãe justifica-se dizendo: "trabalho muito, não tenho tempo de levá-la ao médico e ela não adoece muito". Ela mora com sua mãe, doméstica, e mais 3 irmãos na periferia de uma grande cidade; conversa pouco, mas gosta de música e de dançar; não se concentra nas atividades de leitura e escrita. Nesse contexto, qual o principal pressuposto que o pediatra deve assumir na sua abordagem?

ALTERNATIVA CORRETA

☐ A   O ambiente familiar não estimula a criança, afetando seu rendimento escolar.

☐ B   A paciente está estressada por causa de seu ambiente familiar desfavorável, daí o mau aproveitamento na escola.

☐ C   A paciente deve fazer eletroencefalograma (EEG), avaliação visual e fonoaudiológica para rastrear agravos à saúde.

☐ D   Não descartar a possibilidade de falhas na orientação pedagógica da escola.

☐ E   As dificuldades escolares da paciente são decorrentes de fatores emocionais.

REFERÊNCIAS BIBLIOGRÁFICAS

Lahtermann B, Pedroso GC, Harada J. Pediatra e dificuldades escolares. In: Campos Jr. D, Burns DAR (Orgs). Tratado de pediatria. 3.ed. Barueri: Manole; 2014. p.312-316.

Pedroso GC, Lahterman B. Dificuldades escolares. In: Lahterman B, Pedroso GC, Vieira MLF. Demandas escolares para o pediatra do século XXI. PRONAP-SBP, Ciclo XVI, São Paulo: SBP, 2013; 3:18-23.

QUESTÃO 7

Escolar do sexo masculino, 8 anos de idade, tem o hábito de "estudar" deitado. Sempre vê o pai, que trabalha há muitos anos com informática, sentado em uma poltrona fofa mexendo com computadores à noite e nos finais de semana, em casa. Em consulta ao pediatra, por causa do sobrepeso da criança, a mãe queixa-se da postura do filho e do marido. Nesse contexto, pode-se afirmar que:

I. Em uma abordagem clínica, a ergomotricidade contribuirá com o pai e o filho, uma vez que avaliará a natureza das atividades psicomotoras dos dois nos ambientes em que se encontram, desde a mais tenra idade.
II. A ergomotricidade está estreitamente ligada ao meio da evolução do homem visando, principalmente, a evitar riscos à segurança e/ou danos corporais e facilitar o desempenho cognitivo e a interação social do ser humano.
III. A ergomotricidade tem apenas caráter preventivo, que vem ganhando espaço na escola e na saúde ocupacional, atuando sobre o movimento com o objetivo de melhorar a postura; percepções visuais, auditivas e cenestésicas; antecipações e equilibração.
IV. Nesse contexto familiar, não se aplica a ergomotricidade, que se refere à regulação dos movimentos e das atividades mentais, envolvendo a memória e o ritmo, além das percepções do ser humano.
V. A ergomotricidade é uma aplicação da psicomotricidade no campo da ergonomia, direcionada apenas para uma nova abordagem aos problemas ocupacionais, ou seja, um mecanismo de compreensão do homem e sua relação com o trabalho.

Pode-se afirmar que estão corretas as assertivas de qual das alternativas?

ALTERNATIVA CORRETA

☐ A I e III.
☐ B II e III.
☐ C I e II.
☐ D IV e V.
☐ E II e IV.

REFERÊNCIAS BIBLIOGRÁFICAS

Ribeiro OOP. Ergomotricidade: despertando a atenção da saúde e da educação. In: Campos D Jr., Burns DAR (Orgs). Tratado de pediatria. 3.ed. Barueri: Manole, 2014. p.317-20.

Verthein MAR, Minayo-Gomez CA. A construção do sujeito doente em LER. História, Ciências, Saúde – Manguinhos 2000; VII(2):327-45.

QUESTÃO 8

Baseado no paradigma da promoção da saúde e na atuação do pediatra, reflita sobre as assertivas abaixo:

I. Os pediatras não tomam decisões sozinhos na sua prática: refletem, problematizam, discutem e tomam atitudes conjuntas com as crianças, adolescentes e suas famílias, levando em conta seu contexto biopsicossocial.

II. Os pediatras devem estar atentos às patologias e ao riscos prevalentes em cada idade, lutar sempre pela inclusão escolar, propor estilos de vida saudáveis e incentivar bons hábitos por meio de diálogo, empatia e interesse real pela criança ou adolescente.

III. Os pediatras têm consciência de seu importante papel no processo de formação educacional, visando a uma vida mais saudável e com qualidade para todos, por meio do conhecimento das formas de prevenção dos riscos existentes.

IV. Os pediatras trabalham em áreas especializadas e/ou atuam na Atenção Básica como generalistas, educadores, promotores de saúde de crianças e adolescentes, dando atenção integral e contextual às crianças e aos adolescentes.

V. Os pediatras reconhecem a importância da atuação prevencionista e da comunicação, por meio da interdisciplinaridade e intersetorialidade, favorecendo os saberes coletivos e práticas individuais.

Pode-se afirmar que estão corretas as assertivas de qual das alternativas?

ALTERNATIVA CORRETA

☐ A I, II, IV, V.
☐ B II, III, V.
☐ C I, III, IV, V.
☐ D I, II, III, IV.
☐ E I, III, IV.

REFERÊNCIAS BIBLIOGRÁFICAS

Brasil. Ministério da Saúde. Política Nacional de Promoção da Saúde-Portaria n. 687 MS/GM, de 30 de março de 2006. Brasília, 2006.

Harada J. O pediatra e a promoção da saúde. In: O papel do pediatra e a promoção da saúde de escolares. PRONAP-SBP, Ciclo XVI. São Paulo: SBP; 3:70-2.

Silva CS. Pediatria e escolas promotoras de saúde. In: Campos D Jr., Burns DAR (Orgs). Tratado de pediatria. 3.ed. Barueri: Manole, 2014. p.288-97.

QUESTÃO 9

Escolar do sexo feminino, 7 anos de idade, não gosta de bonecas, mas gosta de música, dança e fica cerca de 4 horas/dia vendo TV ou jogando no seu celular. Os pais trabalham o dia inteiro e só chegam em casa à noite, mas estão preocupados com essa situação. Qual a melhor orientação para os pais da criança?

ALTERNATIVA CORRETA

☐ A   Encaminhar a criança ao psicopedagogo para fazer ludoterapia (terapia por meio de brincadeiras) própria para sua idade.

☐ B   Diálogo sempre que possível; filtrar os programas de TV e internet e negociar redução da carga horária desses componentes para até 2 horas diárias.

☐ C   Diálogo sempre que possível; deixar os programas de TV e internet à escolha da criança, porém assistir junto com ela.

☐ D   Encaminhar a criança ao psicopedagogo para fazer ludoterapia específica para ela se socializar e aprender a gostar de jogos coletivos.

☐ E   Tranquilizar a família, após anamnese e exame físico completos.

REFERÊNCIA BIBLIOGRÁFICA

Lahterman B. A internet e a escola. In: Lahterman B, Pedroso GC, Vieira MLF. Demandas escolares para o pediatra do século XXI. PRONAP-SBP, Ciclo XVI. São Paulo: SBP, 2013; 3:28-32.

QUESTÃO 10

A escola é um espaço de construção, de educação contínua e permanente, constituindo-se como um local privilegiado de promoção da saúde, propício para trabalhar conhecimentos, valores, atitudes e formação de hábitos saudáveis. A atuação do pediatra no contexto escolar é fundamental. Nesse contexto de educação em saúde e, especialmente, na promoção da paz na escola, pode-se afirmar que:

I. A violência escolar manifesta-se de diversas formas que transcendem a violência física, como pequenos delitos, incivilidades, agressões verbais, falta de polidez, ameaças e atos de desordem e vandalismo.
II. Os acidentes e as violências têm origem multicausal e representam um grave problema de saúde pública em todo o mundo, requerendo um enfrentamento perene pelos diversos segmentos sociais da população, principalmente pela comunidade escolar.
III. A comunidade escolar, por meio das Comissões Internas de Prevenção de Acidentes e Violência nas Escolas (CIPAVE), busca desenvolver estratégias e práticas que minimizem e/ou resolvam os problemas específicos de cada escola e seu entorno.
IV. Os riscos de acidentes e as manifestações de violência nas escolas eclodem no cotidiano, sendo o mapa de riscos, o controle das armas, o diálogo e a atuação multiprofissional ações de enfrentamento.
V. A violência escolar interfere na aprendizagem e na qualidade do ensino, podendo comprometer os patrimônios da escola, psicológico ou ético.

Pode-se afirmar que estão corretas as assertivas de qual das alternativas?

ALTERNATIVA CORRETA
☐ A I, II, III, IV.
☐ B II, III, IV, V.
☐ C I, III, IV, V.
☐ D I, II, IV, V.
☐ E Nenhuma das anteriores.

REFERÊNCIAS BIBLIOGRÁFICAS

Carvalho FF, Vieira MLF. O pediatra e a promoção da segurança (prevenção de acidentes) e cultura de paz (prevenção da violência). In: Murad CT, Harada J, Carvalho FF, Vieira MLF. O papel do pediatra e a promoção da saúde de escolares. PRONAP-SBP, Ciclo XVI. São Paulo: SBP, 2013; 3:78-83.

Moreira AMM. Projeto CEPAV: escola saudável previne acidentes e violências. Sociedade Brasileira de Pediatria. Rio Grande do Sul: SBP, 1999.

RESPOSTAS CORRETAS

1. a

O conhecimento sobre saúde escolar é importante para a formação do pediatra que necessita atender as demandas das crianças ou adolescentes nos contextos da escola/família/comunidade. Harada, Mattos, Silva, membros do Departamento Científico de Saúde Escolar da SBP, definem a saúde escolar como promoção, atenção, recuperação/reabilitação da saúde de crianças na escola, da educação infantil (creche e pré-escola) até adolescentes no ensino médio/superior, no âmbito individual ou coletivo. Inclui (e transcende) a atenção em saúde na idade dita escolar pela OMS. Envolve puericultura e assistência na escola ou outro ambiente; tem interface com a medicina do adolescente, segurança, ética, educação, direitos/cidadania, cultura de paz, etc; contempla a intersetorialidade (saúde/educação/justiça) e trabalho em equipe com as múltiplas profissões com foco na atenção da criança/adolescente/grupos de escolares e seus contextos.

2. c

A consulta deve ser integral e a mais abrangente possível, desenvolvida com empatia, formando vínculos, respeitando a autonomia e a privacidade do adolescente. O pediatra é o profissional da saúde mais adequado para desenvolver a integralidade da atenção e encaminhar para outros profissionais, se necessário. Deve incluir avaliação da linguagem; acuidade visual/auditiva; contextos familiar/escolar/comunitário e escuta da criança/adolescente sobre a escola e comunidade. Na 1ª abordagem, colher o máximo de informações sobre a criança, escutá-la, solicitar parecer do professor e tratar doença de base (p.ex. asma). Atentar para a concordância idade/série, partindo do pressuposto que a criança começa a 1ª série escolar com 6 anos de idade. O paciente deveria estar na 6ª série, mas mostra absenteísmo, provavelmente pela asma, que precisa ser tratada adequadamente para favorecer melhor rendimento escolar.

3. a

A alternativa A é a correta ao lembrar que a Emenda Constitucional n. 59 estabelece a obrigatoriedade do ensino dos 4 aos 17 anos, portanto a partir da pré-escola; o segmento creche (até os 3 anos) é opcional.
A transmissão de doenças é aumentada em função do maior número de contactantes, portanto as ações de prevenção e controle são importantes. As

triagens de acuidade e outros exames, embora nem sempre obrigatórios, são desejáveis, devendo considerar a saúde global da criança, não especificamente sua alfabetização. O objetivo da educação infantil é o desenvolvimento integral da criança. Medicamentos devem ser administrados mediante receita médica.

4. e

O Brasil herdou uma cultura repressora das manifestações naturais da sexualidade. Hoje, 500 anos depois, ainda há desconforto ou constrangimento, em variados graus, em discutir o tema na família, na escola e na sociedade. A sexualidade é um conjunto de manifestações biopsicossociais, resultantes de fatores ambientais, sociais e culturais. Ela é abrangente, envolvendo projetos de vida, sonhos, namoro, amizade, etc. A curiosidade e a observação da genitália, a masturbação, entre outros, fazem parte do desenvolvimento humano e o pediatra deve inspirar confiança, esclarecer dúvidas de crianças/adolescentes/pais/professores sobre o tema, orientando-os sem preconceitos. O diálogo deve ser o princípio norteador das relações escolares e familiares. A educação afetivo-sexual do profissional da saúde e do educador poderia ser feita desde a formação nos cursos de graduação. Sexualidade deveria ser um tema transversal, inserido de forma adequada a cada faixa etária, desde a educação infantil até os cursos superiores, desmitificando tabus e preconceitos.

5. c

A resposta C é correta porque remete à possibilidade de o médico trabalhar esses temas junto com os professores, levando à comunidade escolar educação em saúde. As outras opções têm impropriedades, já que a doença infectocontagiosa não é especificada, admitindo várias hipóteses. Assim, em alguns casos, a vacina aplicada, mesmo após o contágio, mostra-se eficaz na prevenção de novos casos. Nem toda doença é de notificação compulsória e o tempo de afastamento temporário é variável de caso para caso. Quimioprofilaxia, quando necessária, deve ter orientação médica e pode ser realizada em casa.

6. d

Responsabilizar a criança pelo fracasso escolar e buscar "medicalizar" as dificuldades escolares ainda são práticas comuns. Na abordagem da criança e/ou adolescente com dificuldades escolares, o pediatra deve ter consciência de que há três pilares envolvidos na questão: a família, a escola e a própria criança. No contexto descrito, deve-se valorizar quem encaminhou a criança ao pediatra. Frequentemente, as dificuldades relacionadas à própria escola são esquecidas ou desvalorizadas, em detrimento de outras possibilidades que "culpam", primeiramente, a própria criança, e depois o ambiente familiar. A família e a escola "pedem exames diagnósticos", mas eles, se necessários, não são a prioridade na abordagem inicial.

7. c

A ergomotricidade é uma ciência transdisciplinar que aborda as questões relacionadas à postura e ao desenvolvimento humano, para melhorar a qualidade de vida das pessoas em casa, escola, trabalho e/ou lazer, desde a mais tenra idade. Proposta por Verthein & Minayo (2000) como uma aplicação da psicomotricidade no campo da ergonomia, é, também, uma nova abordagem para as doenças ocupacionais. A ergomotricidade é muito abrangente e atua no movimento para melhorar a postura; as percepções visuais, auditivas e cenestésicas; antecipações, equilibração, regulação dos movimentos e das atividades mentais, envolvendo a memória e o ritmo; e as percepções proprioceptivas, estilo e interoceptivas. Ocupa-se da prevenção dos riscos à segurança, facilitando o bom desempenho cognitivo e a interação social.

8. d

A Política Nacional de Promoção da Saúde (2006) contém eixos de recomendações para alimentação saudável, atividade física, prevenção da morbimortalidade por acidentes de trânsito, prevenção ao uso de álcool e outras drogas, prevenção da violência/cultura de paz, etc. O pediatra do século XXI deve trabalhar com todos esses eixos para a melhoria da qualidade de vida de crianças e adolescentes. Ele identifica situações e/ou comportamentos de risco para desenvolver ações de promoção da saúde que são interdisciplinares e intersetoriais, facilitando as práticas e saberes coletivos. Essas ações são desenvolvidas na escola ou em outro cenário, respeitando a autonomia dos sujeitos na tomada de decisões, estimulando sempre a prática de hábitos de vida saudáveis, em parceria com a família e a escola.

9. b

O uso abusivo de internet e de mídias digitais está crescendo a cada dia. Nem sempre é possível ter um adulto por perto para limitar em até 2 horas diárias o uso desses dispositivos. Além disso, observa-se que a própria família estimula a criança a usar essas ferramentas, desde as mais tenras idades, o que é muito preocupante em menores de 2 anos. Mas o pediatra deve orientar que o diálogo seja o princípio norteador das relações interpessoais (família, escola, comunidade), assim como o respeito e pactos que favoreçam a qualidade de vida saudável. Também é importante que sugira o uso de filtros para programas inapropriados a crianças e adolescentes.

10. c

As causas externas (acidentes e violências) são um grave problema de saúde pública no mundo e a principal causa de mortalidade em crianças/ adolescentes/adultos jovens no Brasil. O seu enfrentamento é da responsabilidade de todos. O pediatra tem papel importante como figura de confiança da família/escola para a promoção da segurança (prevenção de acidentes) e cultura de paz (prevenção da violência). Acidentes podem ser prevenidos, requerendo cuidado com armas, produtos de limpeza, venenos, medicamentos, etc. Precisa-se de mapas de risco do ambiente e adoção de cultura prevencionista. Já a violência é intencional, o que torna necessária a valorização de fatores protetores: estímulo ao respeito e ao afeto nas relações familiares, escolares, de amizade, etc. Esses fatores minimizam vandalismo, agressões verbais/físicas, incivilidades, *bullying,* etc. Cabe ao pediatra identificar crianças/adolescentes/famílias em risco ou comportamentos de risco, compreendendo o contexto socioeconômico e cultural, para ações específicas. Na escola, as CIPAVE ou as Comissões Escolares de Prevenção de Acidentes e Violências (CEPAV) foram descritas por Moreira (1999) do Departamento Científico de Saúde Escolar da Sociedade Brasileira de Pediatria (SBP), baseadas nas Comissões Internas de Prevenções de Acidentes (CIPA) dos trabalhadores.

CAPÍTULO

8

SEGURANÇA

Danilo Blank
Marislaine Lumena de Mendonça
Renata Dejtiar Waksman
Aramis Antonio Lopes Neto

QUESTÃO 1
Pré-escolar, 2 anos de idade, é sacudido violentamente por um de seus pais. Essa forma de violência pode causar o dano descrito em qual das alternativas?

ALTERNATIVA CORRETA
- [ ] A Equimoses na região da mastoide.
- [ ] B Equimoses e petéquias nos membros superiores e na parte superior do tronco.
- [ ] C Hemorragias na retina.
- [ ] D Deslocamento da coluna cervical.
- [ ] E Fratura de escápula.

QUESTÃO 2
Com relação à negligência, qual a alternativa correta?

ALTERNATIVA CORRETA
- [ ] A Não se trata de modalidade de violência contra a criança.
- [ ] B É uma forma de abuso rara em todos os níveis socioculturais.
- [ ] C Está sempre associada a fatores psicossociais.
- [ ] D Caracteriza-se por atos ou atitudes crônicos de omissão.
- [ ] E Não demonstra falta de vínculo dos responsáveis com seu filho.

QUESTÃO 3

Paciente do sexo feminino, 10 anos de idade, chega ao setor de emergência trazida por sua mãe que, muito aflita, conta que sua filha foi vítima de estupro por agressor desconhecido. A criança está abalada emocionalmente e tem laceração extensa de períneo; queixa-se de dor local intensa, o que dificulta a realização do exame clínico. Qual a conduta imediata em relação à menor?

ALTERNATIVA CORRETA

☐ A   Encaminhar à delegacia de polícia para preenchimento do boletim de ocorrência antes do exame de corpo de delito no Instituto Médico Legal (IML).

☐ B   Encaminhar ao IML para exame de corpo de delito e emissão de laudo que se constituirá no relato médico com valor legal a ser considerado pelas instâncias judiciais.

☐ C   Realizar todos os procedimentos médicos necessários, fazendo um registro minucioso da história, do exame físico e dos procedimentos no prontuário da paciente, o qual poderá fornecer subsídios documentais em um processo judicial.

☐ D   Contatar o Conselho Tutelar e aguardar a chegada de um de seus representantes para assegurar a realização dos procedimentos legais e o registro adequado no boletim médico.

☐ E   Contatar a Vara da Infância e Juventude da região de moradia da criança para que mandem prender o agressor.

QUESTÃO 4

Criança de 3 anos de idade sofreu queimadura importante nas palmas das mãos ao tocar no forno quente. Os pais querem saber como atuar com o filho, diante do risco de novos acidentes. Qual a melhor orientação?

ALTERNATIVA CORRETA

☐ A   Tranquilizar os pais, pois após um acidente dessa gravidade naturalmente a criança ficará mais cuidadosa.

☐ B   Intensificar os ensinamentos sobre acidentes, pois pela repetição a criança aprende a se proteger.

☐ C   Proteger a criança e reduzir as situações de risco, pois somente por volta de 5 a 6 anos, ela será capaz de se proteger.

☐ D   Matricular a criança na pré-escola, onde estará mais segura e sob constante vigilância.

☐ E   Orientar os pais a fazerem curso de primeiros socorros.

QUESTÃO 5
Qual a medida mais eficaz na redução de intoxicações por medicamentos na infância?

ALTERNATIVA CORRETA
- ☐ A Criar lei para prescrição de todos os medicamentos com receita controlada.
- ☐ B Orientar a colocação de medicamentos longe do alcance das crianças.
- ☐ C Tornar obrigatório o uso de tampas de segurança nos medicamentos.
- ☐ D Produzir medicamentos em concentrações e embalagens menores.
- ☐ E Administrar medicamentos com sabor amargo.

QUESTÃO 6
Qual a principal causa de morte na faixa etária de 5 a 14 anos no Brasil?

ALTERNATIVA CORRETA
- ☐ A Obstrução de vias aéreas.
- ☐ B Quedas.
- ☐ C Afogamento.
- ☐ D Acidente de transporte.
- ☐ E Queimaduras.

QUESTÃO 7
Bebê de 10 meses de idade encontra uma bolinha de gude no chão e a coloca na boca. Imediatamente apresenta enorme dificuldade para respirar, não consegue tossir, balbuciar e chorar. Qual alternativa apresenta a conduta correta?

ALTERNATIVA CORRETA
- ☐ A Aplicar 5 golpes nas costas e 5 no tórax, repetindo essa sequência se a bolinha não for eliminada.
- ☐ B Fazer a manobra de Heimlich, ou seja, golpes no abdome até que a criança volte a respirar.
- ☐ C Colocar o dedo na boca da criança para tentar retirar a bolinha.
- ☐ D Abrir a via aérea, realizar respiração artificial e compressões no tórax.
- ☐ E Nenhuma das anteriores.

QUESTÃO 8
Em uma consulta de rotina de acompanhamento de um lactente, a mãe da criança solicita opinião sobre o uso do andador. Qual é a melhor conduta?

ALTERNATIVA CORRETA
☐ A Desaconselhar o uso do andador por prejuízo no desenvolvimento neurológico.
☐ B Aconselhar o uso do andador pelo benefício que traz à aquisição antecipada da marcha.
☐ C Desaconselhar o uso do andador pelo risco de traumatismo craniano.
☐ D Aconselhar o uso do andador pelos seus benefícios na prevenção de quedas.
☐ E Desaconselhar o uso do andador pelo reduzido benefício na aquisição da marcha.

QUESTÃO 9
Criança do sexo masculino, 4 meses de idade, chega ao pronto-socorro trazida pela mãe, que refere não saber o que aconteceu com a criança, com alteração do nível de consciência, choro irritado alternado com sonolência, sem fraturas ou lesões de pele e afebril. Ao exame de fundo de olho, são detectadas hemorragias retinianas. Qual a possibilidade diagnóstica?

ALTERNATIVA CORRETA
☐ A Intoxicação por descongestionante sistêmico.
☐ B Queda da cama.
☐ C Meningite.
☐ D Síndrome do bebê sacudido.
☐ E Desidratação.

QUESTÃO 10
Sobre o *bullying*, qual a alternativa correta?

ALTERNATIVA CORRETA
☐ A São duas as formas de atuação das crianças: como alvos ou autores de *bullying*.
☐ B A escola não precisa se preocupar com ações em sala de aula e individualmente.
☐ C Não costuma causar impactos negativos sobre o relacionamento social, o desempenho acadêmico e o desenvolvimento psicológico dos estudantes.
☐ D Os pais não devem participar da vida escolar de seu filho a partir do Ensino Médio.
☐ E A exposição ao *bullying* mantém relação com o aumento da evasão escolar, deficiência no aprendizado e baixa autoestima.

RESPOSTAS CORRETAS

1. c

A síndrome do bebê sacudido é provocada quando se sacode ou chacoalha uma criança pequena. Esse ato não precisa ser prolongado, pode ser episódio único, bastante breve ou ocorrer repetidas vezes.

Caracteriza-se por lesões do sistema nervoso central (SNC) e hemorragias retinianas, além de lesões esqueléticas, como fraturas em arcos posteriores das costelas, que podem aparecer em até 50% dos casos, e reforçam o diagnóstico da síndrome, mas sua presença não é requerida para o diagnóstico.

2. d

A negligência é a submissão a atos ou atitudes de omissão, de forma crônica, intencionais ou não. Por se tratar do não atendimento às necessidades básicas da criança, com variados níveis de gravidade, acaba sendo a forma mais frequente de violência por omissão. Incluída no cotidiano de muitas famílias, pode fazer parte do que os adultos supõem ser seu direito de escolher, na maioria das vezes sem questionamentos, sobre a qualidade de vida daqueles que deles dependem. Pode provocar desde prejuízos a nutrição, saúde, higiene, educação, estímulo ao desenvolvimento até sequelas físicas e psíquicas graves, causadas pela falta de proteção física e emocional e pela falta de afetividade.

3. c

Embora a violência sexual também seja alvo da atenção dos setores social e jurídico, a prioridade do atendimento em qualquer ocasião é sempre do setor de saúde. A preservação da vida e da integridade física dos envolvidos precede qualquer outra intervenção. O atendimento médico deve ser prestado imediatamente, independentemente de confirmação de violência ou do acionamento de autoridade policial ou judicial.

A gravidade das lesões internas nem sempre está correlacionada às lesões visíveis. Pacientes com pequenas roturas perineais podem apresentar grandes lacerações no fundo de saco vaginal, com consequente hemorragia para a cavidade abdominal. Os sinais de irritação de peritônio têm difícil avaliação em crianças pequenas, sendo necessária a complementação diagnóstica com métodos de imagem.

O registro acurado no prontuário médico, anamnese e exame físico detalhado são fundamentais para a análise do caso pelos setores de proteção e responsabilização.

4. c

Até os 5 a 6 anos de idade, a criança, curiosa e incapaz de reconhecer riscos, possui pensamento mágico (identifica-se com os super-heróis) e tem dificuldade de fazer generalizações a partir de experiências concretas. A melhor orientação é proteger a criança e reduzir as situações de risco de acidentes. As ações preventivas combinam estratégias de educação (quanto à necessidade de supervisão ativa e de tornar seguros os ambientes com que a criança se desenvolve), modificações do ambiente (grades nas janelas, portões nas escadas, etc.), modificações de produtos (tampas de segurança em remédios), economia (maior acesso a equipamentos de segurança), legislação (uso de dispositivos de retenção apropriados no carro) e atendimento de emergência qualificado.

5. c

Segundo a Organização Mundial da Saúde (OMS), o uso de embalagens resistentes a crianças é uma das medidas documentadas de maior sucesso na redução de intoxicações acidentais. Abrir frascos com tampas de segurança exige ações difíceis para a maioria dos menores de 5 anos, como desenroscar empurrando para baixo. É uma estratégia de proteção primária (visa a prevenir a ocorrência do acidente) e passiva (não requer participação individual para surtir efeito), mas não deve prescindir da orientação de guardar os medicamentos longe do alcance das crianças e nem substituir a supervisão contínua. Quanto ao sabor amargo, as intoxicações acidentais acometem principalmente os menores de 5 anos, que tendem a colocar qualquer coisa na boca, mesmo que o sabor não seja bom.

6. d

Segundo o Sistema de Informações sobre Mortalidade (SIM) do Ministério da Saúde, em 2013 morreram 6.027 crianças brasileiras de 5 a 14 anos, das quais 1.268 (21%) pelos chamados acidentes de transporte e 1.243 (20,6%) por neoplasias. Portanto, os cânceres, que não estão entre as opções da questão, causaram quase tantas mortes quanto o trânsito. A terceira causa de morte nessa faixa etária são as agressões, com 817 casos (13,6%). A seguir, por ordem decrescente, as causas de morte foram: doenças respiratórias (11,2%), afogamento (11,1%), doenças infecciosas (8,5%), mortes violentas com intenção indeterminada (2,9%), suicídios (2%), quedas (1,6%) e queimaduras (1%). Como se vê, 7 das 10 principais causas de morte na idade escolar e início da adolescência são externas, o que dá uma dimensão do foco preventivo do pediatra.

7. a

Devem-se prontamente realizar manobras de desobstrução das vias aéreas quando a aspiração de corpo estranho (CE) é presenciada ou há forte suspeita e a criança está consciente e com sinais de obstrução total de vias aéreas (tosse ineficaz, nenhum som, dificuldade respiratória). Em menores de 1 ano, consiste em alternar 5 golpes no dorso e 5 compressões torácicas. A manobra de Heimlich é recomendada para maiores de 1 ano. A procura com o dedo, às cegas, não deve ser feita pelo risco de empurrar ainda mais o CE para dentro das vias aéreas. Na criança inconsciente, mesmo com pulso palpável, deve-se iniciar a reanimação cardiorrespiratória (RCP) pelas compressões torácicas, que podem ajudar a desalojar o CE.

8. c

O andador é considerado pelos especialistas em desenvolvimento e segurança de crianças o equipamento infantil mais perigoso, pois causa número excessivo de quedas, que podem resultar em traumatismos cranianos graves e mortes. Além disso, atrasa o desenvolvimento da marcha, ainda que esse prejuízo não seja muito marcante. No Brasil, desde 2013, uma liminar da Justiça proíbe a comercialização de andadores infantis em todo o território nacional, mas a fiscalização do cumprimento da lei depende da conscientização e da vigilância atenta dos pais. Assim, todo pediatra tem que incluir na sua lista de tópicos de orientação antecipatória, desde as primeiras consultas do lactente, o desaconselhamento severo do uso de andadores.

9. d

Os sintomas apresentados pela criança são inespecíficos e pode-se inicialmente pensar em meningite, intoxicação exógena, desidratação e mesmo traumatismo cranioencefálico decorrente de queda da cama. No entanto, não é comum nessas patologias a presença de hemorragia retiniana. Embora não seja patognomônica dessa síndrome, a presença de hemorragia retiniana levanta a possibilidade diagnóstica de síndrome do bebê sacudido. Movimentos de aceleração, desaceleração e rotação produzidos pelo ato de chacoalhar o bebê, fazem com que a massa encefálica movimente-se na calota craniana, ocasionando rupturas de vasos. Quando a hemorragia retiniana está associada a hematoma subdural em um lactente ou criança pequena, na ausência de uma justificativa plausível, aumenta-se o grau de suspeita de lesão abusiva.

10. e

Bullying compreende todas as atitudes agressivas, intencionais e repetidas, que ocorrem sem motivação evidente, adotadas por um ou mais estudantes contra outro(s), causando dor e angústia, e executadas dentro de uma relação desigual de poder. Essa assimetria de poder associada ao *bullying* pode ser consequente da diferença de idade, tamanho, desenvolvimento físico ou emocional ou do maior apoio dos demais estudantes.

As crianças e adolescentes podem ser identificados como autores (agressores), alvos (vítimas), alvos/autores (agressores/vítimas) e testemunhas, de acordo com sua atitude diante de situações de *bullying*. Não há evidências que permitam prever que papel adotará cada criança ou adolescente, uma vez que ele pode ser alterado de acordo com as circunstâncias.

As consequências do *bullying* são muito variadas e emocionais, relacionadas a autoestima baixa, dificuldades de sono, alimentação, relacionamentos escolares, entre outras.

CAPÍTULO

9

DERMATOLOGIA

Kerstin Taniguchi Abagge
Jandrei Rogério Markus

QUESTÃO 1
Com relação às infecções bacterianas na infância, qual é a alternativa incorreta?

ALTERNATIVA CORRETA

☐ A O impetigo é comum e divide-se classicamente em bolhoso e crostoso. Atualmente, ambas as formas têm sido mais relacionadas ao *Staphylococcus aureus*.

☐ B A furunculose é uma infecção da unidade pilossebácea que evolui frequentemente com necrose.

☐ C A celulite é uma infecção aguda que atinge tecidos profundos e sua etiologia varia com a idade do paciente.

☐ D A neomicina associada à bacitracina é medicação de uso frequente para a erradicação de bactérias Gram-negativas e raramente causa dermatite de contato.

☐ E A erisipela é infecção causada pelo *Streptococcus* beta-hemolítico e provoca eritema, edema e formação de bolhas.

QUESTÃO 2
Em relação às micoses superficiais na criança, qual a alternativa correta?

ALTERNATIVA CORRETA

☐ A A tinha do corpo caracteriza-se por placas bem delimitadas, com prurido ocasional e descamação na periferia, devendo ser tratada com antifúngicos sistêmicos.

☐ B A pitiríase versicolor é comum nos adolescentes, principalmente em locais próximos à implantação dos cabelos, e é causada pela *Malassezia furfur*.

☐ C Na tinha da cabeça, as lesões são bem delimitadas, com cabelos tonsurados e descamação, e o tratamento deve ser feito com antifúngicos tópicos.

☐ D Na candidíase da área das fraldas, são comuns descamação e infecção secundária bacteriana, e o tratamento deve ser feito com as associações de antifúngicos, corticosteroides e antibióticos.

☐ E A onicomicose é muito frequente em crianças e os medicamentos de escolha são os imidazólicos tópicos.

QUESTÃO 3

Escolar do sexo feminino, 7 anos de idade, apresenta há 5 dias pápulas pruriginosas distribuídas aos pares, que evoluem em um dia com a presença de uma vesícula ou bolha central e posterior formação de crosta. Há episódios recorrentes, principalmente nos meses de verão. Considerando as assertivas verdadeiras e falsas, qual a alternativa correta?

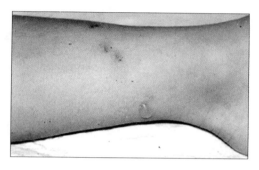

Figura 9.1

( ) O diagnóstico é de larva *migrans* cutânea e é causada pelo ancilóstomo de cães e gatos que defecam sobre terrenos arenosos.
( ) O diagnóstico é prurigo estrófulo ou urticária papular, causado por insetos.
( ) O manejo envolve a prevenção das picadas e utilização de corticosteroide ou anti-histamínico tópico.
( ) O tratamento pode ser feito com tiabendazol sistêmico.
( ) O diagnóstico é de herpes simples, causado pelo *Herpes simplex virus*.

ALTERNATIVA CORRETA
☐ A F – V – V – F – F.
☐ B F – V – F – F – F.
☐ C V – F – V – F – V.
☐ D V – F – V – F – F.
☐ E V – V – V – F – F.

QUESTÃO 4

Criança do sexo feminino, 3 meses de idade, é levada pela mãe ao pediatra por causa de uma lesão avermelhada elevada na região palpebral superior direita. Diz que a criança não nasceu com a lesão, mas que, com 15 dias de vida, uma pápula eritematosa, que cresceu rapidamente, já era notada. A coloração é vermelho viva e tem cerca de 2 cm, com ptose da pálpebra desse lado. Tendo como base essa descrição, qual a alternativa correta?

ALTERNATIVA CORRETA

☐ A O diagnóstico é hemangioma da infância e o tratamento é expectante.
☐ B O diagnóstico é hemangioma da infância e deve ser tratado pela possibilidade de alteração visual.
☐ C O diagnóstico é malformação venosa e deve ser tratada cirurgicamente por causa da localização.
☐ D O diagnóstico é hemangioma da infância e deve ser tratado pelo risco de hemorragia.
☐ E O diagnóstico é malformação arterial e deve ser tratada com *laser*.

QUESTÃO 5
Com relação à pele do recém-nascido (RN), qual a alternativa incorreta?

ALTERNATIVA CORRETA
☐ A Hiperplasia sebácea são lesões amareladas e cômedos abertos na região dorsal do nariz e são um indicativo de acne na adolescência. Podem ser tratadas com comedolíticos tópicos.

☐ B Eritema tóxico neonatal é o exantema mais comum no recém-nascido a termo e inicia-se entre o 3º dia e a 3ª semana de vida. Caracteriza-se por máculas e pápulas que se tornam pústulas estéreis sobre uma base eritematosa e tem regressão espontânea em 2 ou 3 semanas.

☐ C Os cistos de milia são comuns no RN e correspondem a cistos de inclusão epidérmica, geralmente não sendo necessário nenhum tratamento.

☐ D A miliária resulta da obstrução da saída do suor e se caracteriza por microvesículas claras, vermelhas ou pústulas, localizadas em áreas com maior concentração de glândulas, como face, pescoço e tronco.

☐ E A melanose pustulosa neonatal caracteriza-se por lesões micropustulosas disseminadas que duram vários dias, tornam-se crostosas e depois descamam, deixando pequenas máculas cicatriciais hipercrômicas que desaparecem em alguns dias.

REFERÊNCIA BIBLIOGRÁFICA
Campos Júnior D, Burns DAR, Lopez FA. Tratado de Pediatria. 3.ed. Barueri: Manole, 2014. p.815-887.

QUESTÃO 6
Qual a alternativa correta em relação à acne?

ALTERNATIVA CORRETA

☐ A   A acne infantil surge, geralmente, ao redor do terceiro mês de vida e é mais frequente nos meninos.

☐ B   A acne é determinada unicamente pela obstrução dos ductos da glândula sebácea e consequente retenção de sebo na pele.

☐ C   A principal bactéria envolvida na fisiopatologia da acne é o *Staphylococcus aureus*.

☐ D   A acne na adolescência é fisiológica e não requer investigação.

☐ E   As dietas restritivas na acne são de indicação frequente.

QUESTÃO 7
Sobre a dermatite de contato nas crianças, qual a alternativa incorreta?

ALTERNATIVA CORRETA

☐ A   A dermatite por saliva é uma das formas mais comuns de dermatite de contato por irritante primário.

☐ B   A dermatite causada pelo limão é um exemplo de fitofotodermatose.

☐ C   A dermatite de contato por aroeira é uma forma de dermatite de contato por irritante primário.

☐ D   Entre os medicamentos, uma das principais substâncias a causar dermatite de contato alérgica é a neomicina.

☐ E   O teste de contato pode auxiliar na identificação do contactante nas dermatites de contato alérgicas.

QUESTÃO 8

Com relação às dermatoviroses, qual é a alternativa correta?

ALTERNATIVA CORRETA

☐ A   O molusco contagioso é frequente em crianças e tem sua transmissão relacionada ao contato sexual.

☐ B   A verruga vulgar é causada pelo papilomavírus humano (HPV), e alguns subtipos que causam lesão em criança são oncogênicos.

☐ C   O herpes simples caracteriza-se por vesículas agrupadas em cacho e é causado pelo *Herpesvirus hominis* tipo VI.

☐ D   O herpes-zóster é causado pelo vírus *varicella-zoster* e em crianças não é frequente o pródromo doloroso, sendo geralmente benigno e autolimitado.

☐ E   A doença mão-pé-boca não é contagiosa e é causada pelo vírus coxsackie.

QUESTÃO 9

Sobre as zooparasitoses, comuns na infância, qual é a alternativa incorreta?

ALTERNATIVA CORRETA

☐ A   A escabiose no lactente pode causar erupção mais disseminada, inclusive com acometimento do couro cabeludo.

☐ B   Na pediculose, a erradicação das lêndeas pode ser facilitada pela aplicação de água com vinagre.

☐ C   A larva *migrans* cutânea decorre da introdução de larvas através da pele e pode evoluir para a larva *migrans* visceral.

☐ D   A miíase furunculoide é causada pela larva da mosca e também é chamada de berne.

☐ E   A tungíase é causada por uma pulga e é frequente em áreas rurais ou de criação de porcos.

QUESTÃO 10

Lactente apresenta há 7 dias irritação na região coberta pelas fraldas, seguindo disposição em "W" e poupando as pregas. Não tem história de troca dos produtos habituais (fralda, pomada para assadura), não fez uso de medicações sistêmicas recentes e não teve quadro diarreico prévio nem lesões em outros locais. Com base nessa história e na foto a seguir, qual a alternativa correta?

Figura 9.2

ALTERNATIVA CORRETA

☐ A O diagnóstico é candidíase e o tratamento baseia-se na aplicação tópica de imidazólicos tópicos 4 vezes/dia.

☐ B O diagnóstico é dermatite de fraldas com infecção secundária e o tratamento deve ser feito com associações do tipo nistatina + corticosteoide + antibiótico.

☐ C O diagnóstico é de dermatite de contato alérgica e o tratamento é troca da fralda e utilização de corticosteroide tópico de média potência.

☐ D O diagnóstico é dermatite de fraldas e a conduta é orientação quanto a trocas mais frequentes, limpeza suave e utilização de pastas à base de óxido de zinco.

☐ E O diagnóstico é de psoríase invertida e o diagnóstico é clínico e pela associação de lesões em outros locais, como joelhos e cotovelos.

RESPOSTAS CORRETAS:

1. d

O impetigo é uma infecção de pele superficial muito contagiosa. Antigamente, acreditava-se que suas apresentações clínicas eram causadas especificamente pelo *Staphylococcus*, no caso do bolhoso, e pelo *Streptococcus*, nas formas crostosas. Nos últimos anos, demonstrou-se que o *Staphylococcus aureus* é o mais frequente em ambas as formas clínicas e que uma associação com *Streptococcus* pode ocorrer eventualmente: dessa forma, a alternativa A está correta.
A furunculose é uma infecção da unidade pilossebácea que pode ser bastante dolorosa e evoluir para necrose, o que faz da alternativa B a correta.
A celulite é uma infecção aguda e profunda da pele, que não apresenta limites definidos com a pele sem infecção e de que o *Staphylococcus* é o principal agente. No entanto, em crianças menores de 2 anos, o *Haemophilus influenzae* do tipo B e o pneumococo também podem ser causadores de doença. Cabe lembrar que ambos apresentam vacinas eficazes na rede pública e houve redução significativa no número de casos associado a esses agentes nos últimos anos. Dessa forma, a alternativa C está correta.
A neomicina associada à bacitracina é um dos principais causadores de dermatites de contato alérgica, sendo que até 10% dos pacientes que a utilizam podem apresentar reações, embora seja muito utilizada para o tratamento dos impetigos e erradicação do *Staphylococcus aureus*. Portanto, a alternativa D é incorreta. Já a erisipela é uma infecção profunda da pele, que apresenta limites bem definidos com a pele sem infecção. O *Streptococcus* apresenta predisposição para destruição dos tecidos linfáticos e desencadeamento de linfangite local e formação de bolhas.

2. b

A tinha ou *tinea* do corpo é uma infecção fúngica superficial da pele do corpo, que pode ser causada por fungos *Microsporum, Trichophyton* e *Epidermophyton*. Por se tratar de uma infecção superficial, o antifúngico tópico deve ser a primeira escolha e o tratamento sistêmico é reservado para doenças graves ou disseminadas, ou ainda para pacientes imunodeprimidos – dessa forma, a alternativa A está incorreta.
A pitiríase versicolor é causada pela *Malassezia furfur*, um saprófita do couro cabeludo humano, que apresenta característica lipofílica e é mais comum nos adolescentes pelo aumento da secreção sebácea nessa faixa etária. Por se lo-

calizar no couro cabeludo, quando se torna patogênica, a *Malassezia* acomete principalmente os locais próximos à implantação dos cabelos, como a região frontal, pescoço e tronco superior, ou seja, a alternativa B está correta.

A tinha do couro, no Brasil, é mais comumente causada pelo *Microsporum canis,* um fungo zoofílico encontrado em cães e gatos. Como o fungo penetra na haste do cabelo, há necessidade de tratamento sistêmico, uma vez que a medicação deve penetrar o folículo piloso para erradicar o fungo. As medicações tópicas apresentam pequena eficácia na redução da transmissão da doença ou no seu tratamento curativo, o que faz da alternativa C incorreta.

As infecções fúngicas pelo gênero *Candida* podem ocorrer na área do períneo, geralmente apresentando-se sob a forma de eritema intenso, com pápulas satélites. Pode haver descamação periférica, mas raramente apresentam infecção secundária bacteriana. Também é contraindicado o uso de associações na região das fraldas, pois elas geralmente contêm corticosteroides de alta potência, aplicados em uma região que permite grande absorção pela oclusão, e os antibióticos podem provocar dermatite de contato. Portanto, a alternativa D está incorreta.

As onicomicoses são muito frequentes em adultos, mas não são comuns nas crianças, provavelmente por elas possuírem a lâmina ungueal mais fina, o crescimento da unha mais rápido e menor contato com os patógenos envolvidos. Os fungos mais comuns são os *Trichophyton rubrum* e *mentagrophytes* e *Epidermophyton,* e o tratamento pode ser feito com antifúngicos tópicos em esmalte, se menos da metade da unha estiver acometida, ou medicação sistêmica, como o fluconazol, itraconazol ou terbinafina. Os antifúngicos em creme ou solução são pouco efetivos por sua baixa penetração na lâmina ungueal. Assim, a alternativa E está incorreta.

3. a

O diagnóstico é prurigo estrófulo ou urticária papular, em que se observam lesões aos pares, com formação de pápulas, vesículas (pápulas de Tomazoli) e, posteriormente, crostas devido ao intenso prurido e escoriação, como observado na figura. As lesões ocorrem por causa de uma reação de hipersensibilidade à picada dos insetos e seu tratamento é realizado com o controle do contato com os insetos e a aplicação de corticosteroides ou anti-histamínicos tópicos por curtos períodos e, eventualmente, anti-histamínicos sistêmicos, se as lesões forem mais disseminadas.

A larva *migrans* cutânea é uma erupção autolimitada causada por ancilóstomos de cães e gatos que penetram na pele provocando lesões papulares, serpiginosas, muito pruriginosas, que aumentam de 1 a 2 mm por dia pela progressão do parasita. Seu tratamento pode ser feito com tiabendazol tópico ou sistêmico, porém a lesão da figura não é compatível com esse diagnóstico. O herpes simples caracteriza-se pela presença de vesículas agrupadas sobre uma base eritematosa que lembra um "cacho de uva". É causado pelo *Herpesvirus hominis* tipo 1 (na maioria das vezes) e pode ser recidivante. O local da lesão é o local da inoculação do vírus, sendo mais comum na região da face, perioral ou perinasal. A ardência é mais comum do que o prurido nesses casos.

4. b

O hemangioma da infância é o tumor vascular mais comum na criança. É benigno, afeta mais meninas, prematuros e ocorre mais na cabeça e no pescoço. Possui história muito típica de não estar presente ao nascimento ou ocorrer como lesão precursora mínima (telangiectasia, mácula ou pápula eritematosa ou área anêmica) que cresce muito rapidamente nas primeiras semanas de vida até próximo dos 3 meses e mais lentamente até o 8º ou 9º mês, para então entrar em um período de involução espontânea lenta. A lesão é vermelho-vinhosa, elevada e pode ser classificada em superficial, profunda e mista. A indicação de tratamento deve ser precoce, principalmente nos hemangiomas que interferem com alguma função, como a visão, a alimentação, a respiração, ou quando são lesões potencialmente desfigurantes. Os hemangiomas não costumam sangrar e, quando o fazem, geralmente o sangramento é secundário à ulceração (principal complicação) e de pequeno porte, sendo a hemorragia extremamente rara nesse tipo de tumor. O tratamento atual preconizado é o propranolol. As malformações venosas geralmente já estão presentes ao nascimento, são azuladas e não tendem à regressão espontânea. As malformações arteriovenosas ou arteriais são um dilema terapêutico e devem ser manejadas por equipe experiente, multiprofissional, geralmente de tratamento cirúrgico. O *laser* geralmente não está indicado nas malformações arteriais, mas pode ser utilizado nas malformações capilares, também chamadas manchas "vinho do porto".

5. a

A hiperplasia sebácea é formada por múltiplas lesões papulares amareladas com 1 mm de diâmetro, localizadas no dorso nasal e na região malar. É dermatose frequente e estima-se que ocorra em 50% dos RN a termo, visto que tem como causa a estimulação das glândulas sebáceas por hormônios maternos androgênicos. As lesões desaparecem no primeiro mês de vida de forma espontânea. Diferentemente da acne neonatal, que se caracteriza por cômedos abertos e fechados e que pode necessitar de tratamento tópico ou mesmo sistêmico, a hiperplasia sebácea no RN não se correlaciona com acne no período da adolescência e é considerada uma dermatose transitória do período neonatal.

O eritema tóxico neonatal é uma erupção autolimitada, benigna e assintomática, que incide em 20 a 60% dos RN a termo e geralmente aparece no segundo ou terceiro dia de vida. As lesões são vesículas, pápulas e pústulas com 1 a 3 mm de diâmetro, rodeadas por halo eritematoso de 1 a 2 cm e seu início ocorre entre 24 e 72 horas de vida. Pode acometer todo o tegumento, poupa as palmas e plantas e apresenta involução espontânea em aproximadamente 7 dias. A etiologia é desconhecida. Como o desaparecimento é espontâneo, é necessário apenas assegurar a mãe quanto à benignidade dessa alteração cutânea neonatal.

Os cistos de milia ocorrem em aproximadamente 50% dos RN. São cistos de inclusão epidérmica e podem persistir por vários meses. Trata-se de lesão benigna e nenhuma terapia é necessária. São caracterizados na clínica por pápulas peroladas, levemente endurecidas, localizadas na região frontal e/ou mento, mas podem ocorrer em outras localizações, como na região genital. A miliária é causada pela sudorese associada à obstrução das glândulas sudoríparas que ainda não estão totalmente desenvolvidas na criança, sobretudo no período neonatal. Ocorre com maior frequência nas crianças que habitam em regiões de clima quente, nos estados febris, nos RN colocados em incubadoras e com o uso excessivo de agasalhos. As lesões podem ser vesículas de conteúdo claro (miliária cristalina), eritematosas (rubra) ou pústulas (pustulosa). Tem início em geral depois da primeira semana de vida. Para melhora, deve-se evitar aquecimento excessivo que promove a sudorese, utilizar roupas adequadas ao clima e manter a criança em local fresco.

A melanose pustulosa transitória neonatal é uma dermatose benigna e autolimitada, que acomete menos de 1 a 4% dos RN e é mais observada em crianças com fototipo V e VI. As lesões estão presentes já ao nascimento e são vesico-pústulas com milímetros de diâmetro, que podem ocorrer em qualquer região do corpo, inclusive nas palmas e nas plantas. Na evolução, as lesões rompem-se e deixam uma descamação em colarete que evolui com mancha hipercrômica com melhora espontânea, sem lesões residuais e, portanto, não requer tratamento.

6. a

A acne infantil surge, geralmente, ao redor do 3º mês de vida e é mais frequente nos meninos. A apresentação clínica inclui comedões, pápulas inflamatórias, pústulas e nódulos e pode persistir até o 3º ano de vida. A patogênese da acne apresenta quatro fatores relevantes: hiperqueratinização folicular, aumento da produção do sebo, presença e atividade da bactéria *Propionibacterium acnes* e liberação de mediadores inflamatórios na pele. Os principais micro-organismos isolados na superfície da pele acneica e nas glândulas sebáceas são: *Propionibacterium acnes*, *Staphylococcus epidermidis* e *Malassezia furfur*. Entre eles, o mais importante é a bactéria anaeróbia *Propionibacterium acnes*, um difteroide anaeróbio saprófita, cujas propriedades, como a liberação de enzimas que contribuem para a ruptura do comedão, lipases e fatores quimiotáticos e a estimulação da resposta inflamatória, são significantes na patogênese da acne. Alterações hormonais como síndrome do ovário policístico, hiperplasia congênita de suprarrenal, uso de medicamentos (lítio, anticonvulsivantes) e uso de produtos tópicos podem causar acne. Os quadros mais arrastados ou de pouca resposta ao tratamento devem ser devidamente investigados. Na maioria dos casos, não há comprovação científica inequívoca de relação direta entre dieta e gravidade da acne; dietas restritivas são de pouca valia e os casos devem ser avaliados um a um.

7. c

A dermatite de contato por saliva é uma das formas mais comuns de dermatite de contato por irritante primário em crianças e pode ocorrer no lactente durante o período de erupção dentária, nas crianças maiores nos meses de inverno, devido ao hábito de "molhar" os lábios que ressecam (dermatite do lambedor de lábios), ou nas crianças com hábito de chupar o dedo. A saliva contém enzimas que iniciam o processo de digestão e sua ação na pele íntegra é irritativa, causando eritema, descamação e fissuras. O tratamento envolve proteger a criança com cremes de barreira ou bastões de silicone e lavar com sabonetes de pH fisiológico, como os *syndets*.

A fitofotodermatose decorre da exposição a uma substância "psoralênica", que, em contato com a radiação ultravioleta, desencadeia uma reação foto-

tóxica com inflamação, eritema e até bolhas e, posteriormente, hipercromia. Várias plantas podem causar esse tipo de reação, como os cítricos, as plantas leitosas, o alho e a salsinha, e a hipercromia pode tardar a desaparecer.
A aroeira, "pau de bugre" ou "bugreiro" é o análogo do *poison ivy* americano. É uma planta que libera um pó que sensibiliza a pele e, em exposições subsequentes, causa dermatite de contato alérgica. Ocorre edema, a pele fica com aspecto de "casca de laranja", acompanhado de prurido e ardência. Usualmente é necessária a administração de corticosteroide sistêmico por 3 a 5 dias nos casos mais graves.
A neomicina é um dos principais contactantes em crianças. Também o níquel, a lanolina, os perfumes são contactantes comuns. O teste de contato é o padrão-ouro para o diagnóstico das dermatites de contato alérgicas e deve ser realizado em todas as dermatites crônicas localizadas, de difícil controle ou não responsivas ao tratamento habitual.

8. d

O molusco contagioso é uma infecção viral aguda, comum em crianças, que é causado por um poxvírus. Na idade adulta, é relacionado a imunodeficiências e transmissão sexual, porém não apresenta essa característica em crianças. Cabe ressaltar que lesões predominantes na região perineal em crianças podem ser um indício de abuso sexual. Dessa forma, a alternativa A está errada.
As verrugas vulgares são tumores benignos causados pelo HPV, apresentando incidência estimada em 10% das crianças e adultos jovens. As cepas de HPV que causam as verrugas vulgares em crianças provocam uma doença benigna e autolimitada, mas existem cepas do HPV que causam outras lesões e apresentam potencial oncogênico bem definido, como é o caso do câncer de colo uterino. Dessa forma, a alternativa B está incorreta.
O herpes simples é uma doença viral causada pelo herpes simples vírus do tipo 1 ou do tipo 2, com formação de vesículas agrupadas em cachos bastante características. O herpes vírus do tipo VI, assim como o tipo VII, é relacionado ao exantema súbito ou *roseola infantum*. Dessa forma, a alternativa C está incorreta.
O herpes-zóster e a varicela são causados pelo vírus *varicella-zoster*, a primo-infecção normalmente desencadeia a varicela e a reativação do herpes-zóster. Diferentemente do adulto, a criança raramente apresenta pródromo doloroso e a neuralgia pós-herpética é incomum abaixo de 40 anos. O curso da doença é benigno e autolimitado, não sendo necessária investigação de

imunodeficiência, porém um segundo episódio de herpes-zóster ou mesmo um primeiro episódio ocupando mais de um dermátomo indica investigação. Assim, a alternativa D está correta.

A doença mão-pé-boca é um exantema viral que afeta mais comumente a faixa de 1 a 4 anos e que é causada pelos vírus coksackie, principalmente o *Coksackie* A16, e pelo enterovírus 71. A doença é contagiosa, transmitida por via feco-oral e pode causar epidemias. Dessa forma, a alternativa E está errada. Apesar de ser considerada uma doença benigna, existem relatos de maior gravidade desencadeando hemorragia pulmonar, meningites, miocardites e mesmo óbitos nos casos de epidemia. Ainda se observa que pode ocorrer onicomadese após a resolução do quadro inicial, com crescimento normal das unhas após a resolução.

9. C

A escabiose é uma doença contagiosa transmitida pelo contato com outra pessoa infestada pelo agente *Sarcoptes scabiei*. O lactente pode apresentar formas disseminadas, atingindo, inclusive, o couro cabeludo. O tratamento deve incluir todos os contatos para evitar reinfestações. A droga mais utilizada é a permetrina a 1 ou 5% em forma de loção cremosa, que pode ser aplicada durante a noite, a partir dos 2 meses de idade, com remoção da medicação na manhã seguinte, troca da roupa de cama e repetição do tratamento após 7 a 10 dias. Assim, a alternativa A está correta.

A alternativa B está correta, pois, na pediculose, o piolho coloca seus ovos firmemente aderidos à lateral dos fios do couro cabeludo, o que pode ser um fator de perpetuação da infestação, uma vez que as medicações atualmente utilizadas não possuem ou apresentam restrito potencial em eliminar os ovos. O uso de vinagre em associação com água, ou mesmo com um condicionador, reduz a aderência dos ovos ao cabelo, facilitando sua remoção.

A larva *migrans* cutânea é uma erupção autolimitada causada por ancilóstomos dos cachorros ou de gatos, que são incapazes de completar o seu ciclo de vida no ser humano. A larva *migrans* visceral é causada por um helminto – o mais comum é o *Toxocara canis* –, não tendo relação com a larva *migrans* cutânea. Dessa forma, a alternativa C está incorreta.

A miíase furunculoide é causada pela larva de uma mosca (*Dermatobia hominis*) que deposita seus ovos, e outros artrópodes (mosquitos ou mesmo carrapatos) funcionam como vetores, transmitindo-as aos humanos. Essas larvas penetram na pele e formam nódulos furunculoides que drenam secreção serosa por uma abertura central, que serve para a respiração da larva. Popularmente é chamado de berne. A alternativa D está correta.

A tungíase é causada pela *Tunga penetrans*, uma pulga largamente encontrada em áreas rurais, principalmente em chiqueiros e currais. A alternativa E está correta.

10. d

A dermatite da área de fraldas é um dos tipos mais frequentes de dermatite de contato por irritante primário na criança. Caracteriza-se pela disposição em W, poupando a região das pregas e acometendo a área convexa do períneo. Sua etiologia é multifatorial e estão presentes maceração, hiperidratação, oclusão, ação de enzimas proteolíticas resultantes da degradação das fezes e da transformação da ureia em amônia, além da ação de micro-organismos. O tratamento baseia-se em limpeza suave, trocas frequentes e aplicação de creme de barreira. A candidíase perineal costuma acometer as pregas, ter coloração vermelho-intensa e caracteriza-se pela presença de pápulas satélites. É comum após a utilização de antibióticos sistêmicos para o tratamento de infecções bacterianas de trato respiratório ou otites e amidalites. O tratamento da candidíase é a nistatina tópica aplicada 4 vezes/dia, por 14 dias. A utilização de derivados imidazólicos tópicos deve ser reservada a casos não responsivos à nistatina pelo seu potencial sensibilizante e a aplicação deve ser 1 vez/dia. A dermatite de contato alérgica decorre da sensibilização a um determinado contactante, que usualmente se encontra na parte "não tecido" da lateral da fralda, que pode conter corantes, costuras com material sintético ou fita adesiva. É também chamada de dermatite do *cowboy* ou do vaqueiro, pela localização lateral. As associações de medicamentos (corticosteroide + antibiótico + antifúngico) são contraindicadas nessa localização, pois antibiótico e antifúngico podem atuar como sensibilizantes e os corticosteroides existentes na maioria das associações são de potência alta, sujeitos à absorção em razão de oclusão e aplicações repetidas, podendo levar a efeitos colaterais locais e sistêmicos. Os corticosteroides tópicos, quando indicados, devem ser aplicados apenas 1 vez/dia, preferencialmente os de baixa potência e por curtos períodos. A psoríase da área de fraldas deve ser suspeitada em dermatites crônicas da área de fraldas sem melhora com os tratamentos habituais. Pode haver associação com lesões em pregas (psoríase invertida) e o diagnóstico usualmente é comprovado por biópsia.

CAPÍTULO

10

ENDOCRINOLOGIA

Gil Guerra Junior
Luiz Claudio Gonçalves Castro
Ricardo Fernando Arrais

QUESTÃO 1

História clínica e exame físico cuidadoso são fundamentais para o paciente que se apresenta com precocidade sexual. A exclusão do diagnóstico de puberdade precoce central pode ser feita clinicamente se ocorrer qual das seguintes alternativas?

ALTERNATIVA CORRETA

- [ ] A Virilização no sexo feminino e feminização no sexo masculino.
- [ ] B Aceleração da velocidade de crescimento.
- [ ] C Mimetização do processo puberal normal, porém em idade inadequada.
- [ ] D Aumento do volume testicular no sexo masculino.
- [ ] E Sinais puberais antes dos 2 anos de idade.

QUESTÃO 2

Adolescente de sexo masculino, 15 anos de idade, é avaliado por atraso puberal. Tem história de ter iniciado a puberdade aos 12 anos de idade, mas sem progressão. Ao exame físico, constataram-se estatura no percentil 95, com relação do segmento superior/inferior de 0,85, e envergadura proporcional à estatura. Visão normal. Apresentava ginecomastia (Tanner 3). Volume testicular de 4 a 5 mL, com pelos púbicos Tanner 4. Qual o melhor exame para confirmar seu diagnóstico?

ALTERNATIVA CORRETA

☐ A Teste genético para FBN1.
☐ B Cariótipo.
☐ C Teste de tolerância à glicose para avaliação de GH.
☐ D Dosagem de testosterona, estradiol e prolactina.
☐ E Teste de estímulo com GnRH.

QUESTÃO 3

Bebê do sexo masculino, 22 dias, deu entrada no pronto-socorro. Pais relatam que ele não havia ganhado peso após a alta hospitalar, além de apresentar vômitos frequentes há 2 dias, sem diarreia. No último dia, evoluiu com choro constante e diminuição das lágrimas. Antecedentes: 1º filho de casal de primos em 1º grau. Peso ao nascimento = 3,3 kg; comprimento ao nascimento: 49 cm. Alimentação: leite materno exclusivo. Ao exame: peso = 3,1 kg; comprimento = 52 cm. Irritado, choro com pouca lágrima, mucosas secas, turgor da pele diminuído, fontanela deprimida, pulso fino. Genitália: pênis medindo 3,2 x 1,2 cm, com meato uretral na extremidade, testículos não palpáveis. Exames laboratoriais iniciais: Na = 126 mEq/L (VR: 130 a 145); K = 6,3 mEq/L (VR: 3,5 a 5,5 mEq/L); glicemia = 54 mg% (VR > 60 mg%); ureia = 88 mg% (VR < 10 a 38 mg%); creatinina = 1 mEq/L (VR: < 0,25 a 0,85). Qual a impressão diagnóstica?

ALTERNATIVA CORRETA

☐ A Estenose hipertrófica de piloro e insuficiência renal aguda.
☐ B Hiperplasia adrenal congênita por deficiência de 21-hidroxilase.
☐ C Hiperplasia adrenal por deficiência de 3-beta-hidroxiesteroide desidrogenase.
☐ D Deficiência isolada ou resistência aos mineralocorticosteroides.
☐ E Hiperplasia adrenal congênita por deficiência da 11-hidroxilase.

QUESTÃO 4

Qual das afirmativas a seguir é incorreta em relação à massa óssea na síndrome de Turner?

ALTERNATIVA CORRETA

☐ A A massa óssea volumétrica é geralmente normal.
☐ B O pico de massa óssea ocorre mais tardiamente.
☐ C Existe prevalência de fratura de osso cortical.
☐ D A avaliação da massa óssea areal é mais indicada para a síndrome.
☐ E A massa óssea deve ser corrigida para a altura.

QUESTÃO 5

Sobre o raquitismo em crianças, qual a alternativa incorreta?

ALTERNATIVA CORRETA

☐ A Na investigação, é importante realizar gasometria venosa, pois o raquitismo associado à acidose metabólica pode ter como causa tubulopatia renal.
☐ B O critério de cura do raquitismo carencial é a normalização sérica de cálcio, fósforo e fosfatase alcalina após a administração de colecalciferol (vitamina D3), sendo a normalização do fósforo em 7 a 10 dias o parâmetro preferível para esse controle de cura.
☐ C O raquitismo dependente de vitamina D tipo 1 decorre de mutações no gene que codifica a 1-alfa-hidroxilase (*CYP27B1*).
☐ D O medicamento de primeira escolha no tratamento do raquitismo carencial por deficiência de vitamina D é o metabólito ativo da vitamina D, o calcitriol.
☐ E O raquitismo carencial deve ser pesquisado e tratado em doenças que comprometem a absorção intestinal.

QUESTÃO 6

Paciente do sexo masculino, 14 anos de idade, obeso, apresenta resistência à insulina e está em uso regular de metformina. Apresenta o seguinte resultado no teste de tolerância à glicose (GTT) oral (G = glicose em mg/dL; I = insulina em micro UI/mL) :

	0	30	60	90	120
G	90	171	143	148	146
I	3,9	5,8	41	54,5	45,1

Como interpretar este exame?

ALTERNATIVA CORRETA

- ☐ A Exame normal, com melhora da resistência à insulina.
- ☐ B Resistência à insulina mantida.
- ☐ C Glicemia de jejum alterada.
- ☐ D Intolerância à glicose.
- ☐ E Diabete melito.

QUESTÃO 7

Em relação aos distúrbios metabólicos apresentados pelo paciente em cetoacidose diabética (CAD) à sua admissão no serviço de emergência, qual a alternativa correta?

ALTERNATIVA CORRETA

- ☐ A A hipernatremia é frequente por causa do movimento osmótico da água entre os compartimentos intra e extracelular.
- ☐ B A acidemia presente na CAD aumenta a conversão do ácido acetoacético em ácido beta-hidroxibutírico, prejudicando a excreção renal de cetoácidos.
- ☐ C A hiperosmolalidade presente na CAD protege o paciente de uma grande depleção volumétrica.
- ☐ D Acidose metabólica com ânion *gap* < 12 mEq/L é frequente.
- ☐ E A hiperpotassemia deve ser sempre tratada.

QUESTÃO 8
No hipotireoidismo central, qual a alternativa correta?

ALTERNATIVA CORRETA
☐ A É necessário verificar a reserva hipofisária para os outros hormônios.
☐ B O primeiro exame subsidiário a ser solicitado é a ressonância magnética.
☐ C A primeira conduta é realizar o tratamento com levotiroxina.
☐ D Geralmente, é necessária dose maior de levotiroxina, pois o hipotireoidismo é mais grave.
☐ E Se congênito, em geral não causa retardo neuromotor.

QUESTÃO 9
No tratamento das hipercolesterolemias primárias na criança com colestiramina, os cuidados na sua prescrição incluem a reposição de quê?

ALTERNATIVA CORRETA
☐ A Ferro e vitamina D.
☐ B Cálcio, vitamina D e ácido fólico.
☐ C Vitaminas do complexo B, vitamina C e vitamina E.
☐ D Vitaminas A, D e K.
☐ E Apenas ferro.

QUESTÃO 10
Qual o distúrbio da diferenciação do sexo (DDS) mais provável em um recém-nascido (RN) com genitália ambígua, cariótipo 46,XY e presença de útero na genitália interna?

ALTERNATIVA CORRETA
☐ A Disgenesia gonadal parcial.
☐ B Disgenesia gonadal mista.
☐ C DDS ovário-testicular.
☐ D DDS 46,XY testicular.
☐ E DDS 46,XY ovariano.

RESPOSTAS CORRETAS

1. a

Os sinais clássicos iniciais da puberdade precoce central são o aparecimento de broto mamário em meninas abaixo de 8 anos de idade (caracterizando o estágio 2 de mamas, segundo os critérios de Tanner) ou o aumento de volume testicular de 3 para 4 cm³ em pelo menos um dos testículos em meninos abaixo de 9 anos. Não fazem parte do quadro clínico de puberdade central os sinais de virilização em meninas ou feminização em meninos, que são sempre sugestivos de puberdade de causa periférica, e não central.

2. b

As características descritas do paciente, que incluem puberdade de início mais tardio, de início e progressão lentos, proporções eunucoides e ginecomastia, além de testículos de volume diminuídos para a média esperada na faixa etária considerada, são altamente sugestivas de síndrome de Klinefelter, em que o cariótipo 47,XXY é o mais frequentemente encontrado.

3. b

É fundamental, tanto pela importância do diagnóstico precoce, como pelo risco da descompensação metabólica grave, descartar o diagnóstico de hiperplasia adrenal congênita (HAC), em que a deficiência da 21-hidroxilase representa a maior proporção de casos. No caso em questão, a própria atribuição de gênero deve ser revista, pois como o neonato não apresenta testículos palpáveis, existe a possibilidade de se estar diante de uma menina com virilização intensa (Prader V). A deficiência da 3-beta-hidroxiesteroide desidrogenase, bem mais rara, promove a virilização incompleta de fetos masculinos, que apresentam genitália externa feminizada. A deficiência da 11-hidroxilase não pode ser descartada totalmente, pois a hipertensão arterial normalmente não é evidente em neonatos. A deficiência da 21-OH se impõe como impressão diagnóstica mais provável.

4. d

A avaliação da massa óssea pela absorciometria por dupla emissão de raio-X (DXA) avalia a densidade areal do osso, e não a densidade volumétrica. Essa avaliação sofre influência do tamanho do osso, subestimando a real densidade volumétrica em ossos menores, como acontece na síndrome de Turner, e superestimando em ossos maiores, como na alta estatura. Nesses casos, deve-se ajustar a densidade areal obtida pela DXA para a altura da paciente. Na síndrome de Turner, a densidade óssea volumétrica é normal, apesar de haver deficiência seletiva na formação do osso cortical (não relacionada ao hipoestrogenismo), tornando-o mais vulnerável a fraturas.

5. d

A base fisiopatológica do raquitismo nutricional é a deficiência dos precursores da forma ativa da vitamina D, da ingestão de cálcio ou de ambas as situações. Assim, o tratamento dessa condição requer administração de vitamina D2 (ergocalciferol) ou D3 (colecalciferol), uma vez que a atividade das enzimas envolvidas na conversão em 25-hidróxi-vitamina D (calcidiol, enzima 25-hidroxilase) e, posteriormente, em 1,25-diidroxivitamina D (calcitriol, enzima 1-alfa-hidroxilase), está preservada. Reserva-se o tratamento com calcitriol a situações nas quais a síntese do calcitriol está comprometida, como nos raquitismos dependentes e nos resistentes à vitamina D.

6. d

Não há um parâmetro bem estabelecido pelo GTT em relação a valores de insulinemia que permitam definir claramente qual adolescente tem quadro de resistência insulínica ou apenas uma resistência fisiológica normal durante a puberdade. Já em relação à glicemia, apenas valores de segunda hora (120 min) acima de 200 mg/dL permitiriam fechar o diagnóstico de diabete melito. Valores entre 140 e 200, como foi o caso do paciente em questão, situam-no na faixa de intolerância à glicose.

7. b

Na CAD, encontra-se habitualmente sódio plasmático baixo, normal ou até mesmo elevado, mas com sódio total diminuído. O aumento da produção de corpos cetônicos, por causa da intensa lipólise, e seu efeito na acidemia sistêmica promovem maior conversão do ácido acetoacético em hidroxibutírico, que tem menor taxa de excreção renal. A hiperosmolaridade provocada pela hiperglicemia aumenta a diurese osmótica, que leva à piora da depleção volumétrica. Em população pediátrica, em que as causas de CAD, após a 1ª descompensação, são a omissão de insulina ou transgressão alimentar, o ânion *gap* < 12 mEq/L é pouco frequente. A hiperpotassemia não é frequente, pois há depleção de potássio, trocado pelo íon hidrogênio durante a instalação da CAD, e, na verdade, a hipocalemia deve ser prevenida com reposição precoce, antes mesmo da instituição da insulinoterapia.

8. a
O hipotireoidismo central pode estar associado a outras deficiências hormonais hipofisárias, devendo-se avaliar os demais hormônios hipofisários. Independentemente de o hipotireoidismo ser central ou primário, não há diferença na gravidade e na dose de levotiroxina utilizada no tratamento. Se for congênito e não diagnosticado a tempo, pode levar a retardo neuromotor irreversível. Antes de se iniciar o tratamento com levotiroxina, é mandatório avaliar o eixo hipotálamo-hipofisário-adrenal, uma vez que se o paciente com deficiência adrenocorticotrófica for medicado com levotiroxina antes de a reposição de glicocorticosteroide ser iniciada, ele pode evoluir com insuficiência adrenal aguda.

9. d
A colestiramina é uma resina sequestrante de ácidos biliares, que age por meio da adsorção desses ácidos no intestino, formando um complexo insolúvel, que é excretado nas fezes. Essa eliminação fecal de ácidos biliares promove a diminuição das concentrações séricas de LDL-colesterol. Assim, principalmente quando utilizado em doses elevadas, esse medicamento pode causar também diminuição da absorção das vitaminas lipossolúveis (A, D, E e K), as quais devem ser cuidadosamente avaliadas quanto à sua reposição.

10. d
A ambiguidade genital externa, acompanhada da presença de útero em um indivíduo 46,XY, reflete insuficiência parcial da função das células de Leydig e de Sertoli, podendo decorrer de algumas das situações listadas, e, para seu diagnóstico, é necessário estudo histopatológico gonadal. Testículos disgenéticos são encontrados tanto na disgenesia gonadal mista (o cariótipo mais frequente é o mosaicismo 45,X/46,XY), como na disgenesia gonadal parcial (cariótipo 46,XY). DDS,XY ovotesticular é causa rara de DDS e o cariótipo mais frequente é 46,XX.

CAPÍTULO

11

GASTROENTEROLOGIA

Marisa Buriche Liberato
Marise Helena Cardoso Tofoli

QUESTÃO 1
Quanto à doença de Crohn, qual é a alternativa correta?

ALTERNATIVA CORRETA
☐ A Os sintomas variam de acordo com o local do tubo digestivo acometido, e as queixas mais frequentes são dor abdominal, diarreia, anemia sem causa definida, perda de peso, parada de crescimento e atraso no desenvolvimento puberal.
☐ B As manifestações extraintestinais só ocorrem após anos de evolução da doença.
☐ C Crianças com menos de 5 anos de idade nunca são acometidas pela doença de Crohn.
☐ D Diarreia com sangue é imprescindível para o diagnóstico.
☐ E Nenhuma das alternativas anteriores.

REFERÊNCIAS BIBLIOGRÁFICAS
Day AS, Ledder O, Leach ST, Lemberg DA. Crohn's and colitis in children and adolescents. World J Gastroenterol 2012; 18(41):5862-9.
Jose FA, Garnett EA, Vittinghoff E, Ferry GD, Winter HS, Baldanasso RN et al. Development of Extraintestinal Manifestations in Pediatric. Inflamm Bowel Dis 2009; 15(1):63-8.
Levine A, Koletzko S, Turner D, Escher JC, Cucchiara S, de Rider L et al. ESPGHAN revised criteria for the diagnosis of inflammatory bowel disease in children and adolescents. J Pediatr Gastroenterol Nutr 2014; 58(6):795-806.

QUESTÃO 2
Quanto ao lactente ictérico, qual a alternativa correta?

ALTERNATIVA CORRETA
☐ A Todo recém-nascido (RN) que persistir ictérico com 14 dias de vida ou mais deve ser avaliado do ponto de vista clínico (global e coloração das fezes e urina) e laboratorial (bilirrubinas).
☐ B Colúria ocorre quando existe elevação da bilirrubina indireta.
☐ C Fezes esbranquiçadas são características dos distúrbios de conjugação da bilirrubina.
☐ D Tanto o exame clínico quanto a dosagem da bilirrubina só devem ser realizados nos RN de baixo peso ou que se apresentem hipoativos e com aspecto de doente.
☐ E No RN com obstrução total das vias biliares, a urina costuma ficar tão amarelo-escura como nas crianças mais velhas.

REFERÊNCIA BIBLIOGRÁFICA
Benchimol EI, Walsh CM, Ling SC. Early diagnosis of neonatal cholestatic jaundice. Can Fam Physician 2009; 55:1184-92.

QUESTÃO 3
Em relação à atresia extra-hepática das vias biliares, qual a alternativa correta?

ALTERNATIVA CORRETA
☐ A O paciente portador de atresia biliar apresenta melhor prognóstico se a correção cirúrgica for realizada precocemente, nos primeiros 60 dias de vida.
☐ B A atresia biliar consiste na obstrução completa da totalidade das vias biliares extra-hepáticas.
☐ C A maioria dos casos se apresenta desde o primeiro dia de vida com acolia fecal e icterícia.
☐ D A presença de sinais associados como vômitos, diarreia, distúrbios neurológicos e hipoglicemia são sugestivos de atresia biliar.
☐ E O uso de corticosteroide, antibióticos e ácido ursodeoxicólico garantem a boa evolução do paciente, de modo independente da época da cirurgia.

REFERÊNCIAS BIBLIOGRÁFICAS
Carvalho E, Ivantes CA, Bezerra J. Atresia das vias biliares extra-hepáticas: conhecimentos atuais e perspectivas futuras. J Pediatr (Rio J) 2007; 83(2):105-20.
Carvalho E, Ivantes CA, Bezerra JA. Extrahepatic biliary atresia: current concepts and future directions. J Pediatr (Rio J) 2007; 83(2)105-20.

QUESTÃO 4
Em relação à intolerância à lactose, qual a alternativa correta?

ALTERNATIVA CORRETA
☐ A A hipolactasia tipo adulto é o tipo de deficiência de lactase mais comum, geneticamente determinada, com prevalência variada entre diferentes raças e populações, podendo ter início dos 2 aos 20 anos de idade.
☐ B A intolerância secundária à lactose só ocorre em casos de ressecção extensa do intestino.
☐ C Todo paciente mau absorvedor de lactose nos testes de tolerância a esse dissacarídeo apresenta sintomas como diarreia, flatulência e dor abdominal.
☐ D O teste do H2 expirado é caro, invasivo e não tem boa especificidade para ser indicado na avaliação diagnóstica.
☐ E Na hipolactasia tipo adulto (intolerância ontogenética), o único tratamento é a retirada total da lactose da dieta.

REFERÊNCIAS BIBLIOGRÁFICAS
Farias FF, Fagundes U Neto. Intolerância aos carboidratos. Eletronic J Pediatric Gastroenterol, Nutr Liver Dis 2004;8.
Rollán A, Cial C, Quesada S, Espinoza K, Hatton K, Puga A. Diagnóstico de intolerancia a la lactosa en adultos: rendimiento comparativo de la clínica, test de hidrógeno espirado y test genético. Rev Med Chile 2012; 140(9):1101-8.
Szilagyi A, Shrier I, Heilpern D, Je J, Parks S, Chong G. Differential impact of lactose/lactase phenotype on colonic microflora. Gastroenterol 2010; 24(6):373-9.
Usai-Satta P, Scarpa M, Oppia F, Cabras F. Lactose malabsorption and intolerance: What should be the best clinical management? World J Gastrointest Pharmacol Ther 2012; 3(3):29-33.

QUESTÃO 5
Em relação aos marcadores sorológicos para hepatite B, qual a alternativa correta?

ALTERNATIVA CORRETA

☐ A Pode-se considerar que uma criança com esquema vacinal completo para hepatite B e anticorpo anti-HBs > 10 mIU/L respondeu satisfatoriamente à vacina contra o vírus da hepatite B (VHB).

☐ B HBs Ag negativo, anti-HBs = 300mIU/L e anti-HBc total negativo representam risco de infecção e merecem maior investigação.

☐ C Criança com esquema vacinal contra hepatite B incompleto, isto é, sem as três doses deverá refazer todo o esquema proposto.

☐ D Paciente imunodeprimido não pode receber a vacina contra o VHB, pelo risco de contrair a doença.

☐ E Com o passar do tempo, os títulos dos anticorpos anti-HBs caem e, sendo assim, mesmo um indivíduo saudável, não pertencente a grupo de risco, tem chance muito grande de se infectar caso entre em contato com VHB.

REFERÊNCIAS BIBLIOGRÁFICAS
Brasil. Ministério da Saúde. Boletim Epidemiológico – Hepatites Virais – Ano III – número 1. Brasília: Ministério da Saúde, 2012.

Ferreira CT, Silveira TR. Hepatites virais: aspectos da epidemiologia e da prevenção. Rev Bras Epidemiol 2004; 7(4):473-87.

Madaliński K, Kołakowska A, Godzik P. Current views on the persistence of immunity following hepatitis B vaccination. Przegl Epidemiol 2015; 69(1):147-50.

Towell V, Cowie B. Hepatitis B serology. Australian Family Physician 2012; 41(4).

SBP, participação Scaramuzzi DR. Diretrizes em foco. Vacina contra Hepatite B. Rev Assoc Med Bras 2006; 52(5):281-91.

QUESTÃO 6

Lactente, 3 meses de vida, apresenta regurgitações e vômitos frequentes, com boa aceitação alimentar e ganho ponderal adequado. Qual dos exames a seguir é imprescindível para a investigação diagnóstica?

ALTERNATIVA CORRETA

- ☐ A   Lactente não deve ser submetido a qualquer exame subsidiário.
- ☐ B   Esôfago, estômago, duodeno contrastado com bário.
- ☐ C   Cintilografia gastroesofágica.
- ☐ D   Monitoração do pH intraesofágico de 24 horas.
- ☐ E   Impedâncio-pH-metria esofágica prolongada.

REFERÊNCIAS BIBLIOGRÁFICAS

Davies I, Burman-Roy S, Murphy MS; Guideline Development Group. Gastro-oesophageal reflux disease in children: NICE guidance. BMJ 2015; 350:g7703.

Lightdale JR, Gremse DA; Section on Gastroenterology, Hepatology, and Nutrition. Gastroesophageal reflux: management guidance for the pediatrician. Pediatr 2013; 131(5):e1684-95.

Vandenplas Y, Rudolph CD, Di Lorenzo C, Hassall E, Liptak G, Mazur L et al. American Society for Pediatric Gastroenterology Hepatology and Nutrition, European Society for Pediatric Gastroenterology Hepatology and Nutrition. J Pediatr Gastroenterol Nutr 2009; 49(4):498-547.

QUESTÃO 7

No megacólon congênito, observa-se ausência do reflexo desencadeado pela insuflação de balão alocado na ampola retal que se caracteriza pelo quê?

ALTERNATIVA CORRETA

- ☐ A   Relaxamento do esfíncter interno do ânus.
- ☐ B   Relaxamento do esfíncter externo do ânus.
- ☐ C   Contração do esfíncter interno do ânus.
- ☐ D   Contração do esfíncter externo do ânus.
- ☐ E   Contração seguida por relaxamento do esfíncter interno do ânus.

REFERÊNCIA BIBLIOGRÁFICA

Hong J. Clinical applications of gastrointestinal manometry in children. Pediatr Gastroenterol Hepatol Nutr 2014; 17(1):23-30.

QUESTÃO 8

Lactente, um mês de idade, teve fórmula infantil com leite de vaca introduzida em substituição ao aleitamento materno exclusivo. Após 30 dias, apresenta diariamente laivos de sangue misturados nas fezes, sem alteração da frequência das evacuações e da consistência das fezes, que são pastosas e amareladas. Não apresenta febre ou vômitos. Qual o provável mecanismo envolvido?

ALTERNATIVA CORRETA

☐ A   Imunológico não mediado por IgE.
☐ B   Imunológico mediado por IgE.
☐ C   Infeccioso por bactérias presentes no leite de vaca.
☐ D   Infeccioso por vírus presentes no leite de vaca.
☐ E   Infeccioso por *Clostridium*.

REFERÊNCIAS BIBLIOGRÁFICAS

Koletzko S, Niggemann B, Arato A, Dias JA, Heuschkel R, Husby S et al. European Society of Pediatric Gastroenterology, Hepatology, and Nutrition. Diagnostic approach and management of cow's milk protein allergy in infants and children: ESPGHAN GI Committee practical guidelines. J Pediatr Gastroenterol Nutr 2012; 55(2):221-9.

Muraro A, Werfel T, Hoffmann-Sommergruber K, Roberts G, Beyer K, Bindslev-Jensen C et al. EAACI food allergy an anaphylaxis guidelines: diagnosis and management of food allergy. Allergy 2014; 69(8):1008-25.

QUESTÃO 9

Qual o principal motivo de resultado falso-negativo do anticorpo antitransglutaminase da classe imunoglobulina A (IgA) ou do anticorpo antiendomísio da classe IgA?

ALTERNATIVA CORRETA

- [ ] A Deficiência da IgA.
- [ ] B Deficiência de complemento.
- [ ] C Deficiência de CH50.
- [ ] D Deficiência do fator de necrose tumoral.
- [ ] E Deficiência de interferon gama.

REFERÊNCIAS BIBLIOGRÁFICAS

Giersiepen K, Lelgemann M, Stuhldreher N, Ronfani L, Husby S, Koletzko S et al. Accuracy of diagnostic antibody tests for coeliac disease in children: summary of an evidence report. ESPGHAN Working Group on Coeliac Disease Diagnosis. J Pediatr Gastroenterol Nutr 2012; 54(2):229-41.

Kumar V, Jarzabek-Chorzelska M, Sulej J, Karnewska K, Farrell T, Jablonska S. Celiac disease and immunoglobulin a deficiency: how effective are the serological methods of diagnosis? Clin Diagn Lab Immunol 2002; 9(6):1295-300.

QUESTÃO 10
Lactente jovem apresenta sinais de esforço, choro e sons guturais de incômodo para evacuar e elimina fezes macias. Qual o diagnóstico mais provável?

ALTERNATIVA CORRETA
- ☐ A Disquesia do lactente.
- ☐ B Pseudoconstipação.
- ☐ C Pseudodiarreia.
- ☐ D Constipação crônica.
- ☐ E Doença de Hirschsprung.

REFERÊNCIAS BIBLIOGRÁFICAS
Gijsbers CF, Benninga MA, Schweizer JJ, Kneepkens CM, Vergouwe Y, Büller HA. Validation of the Rome III criteria and alarm symptoms for recurrent abdominal pain in children. J Pediatr Gastroenterol Nutr 2014; 58(6):779-85.

Hyman PE, Milla PJ, Benninga MA, Davidson GP, Fleisher DF, Taminiau J. Childhood Functional Gastrointestinal Disorders: Neonate/Toddler. Gastroenterology 2006; 130(5):1519-26.

RESPOSTAS CORRETAS

1. a
A doença de Crohn é um processo inflamatório crônico, transmural, não contínuo, que pode acometer qualquer parte do trato gastrointestinal, da boca ao ânus. Sua prevalência vem aumentando mundialmente. Apesar de ser mais comum na segunda década de vida, pode incidir em qualquer faixa etária. Na criança, a região ileocolônica é o principal segmento acometido. O quadro clínico varia de acordo com região acometida, gravidade e cronicidade da inflamação e queixas frequentes são dor abdominal, diarreia, anemia sem causa definida, perda de peso, retardo ou parada de crescimento e atraso no desenvolvimento puberal. A tríade clássica dor abdominal, diarreia e perda de peso só ocorre em 25% dos pacientes. Diarreia com sangue ocorre mais comumente quando há acometimento extenso do cólon. Manifestações extraintestinais podem surgir antes ou depois do diagnóstico da doença inflamatória intestinal e as mais comuns são articulares, oculares, cutâneas e hepáticas.

2. a
É consenso entre várias sociedades de pediatria e gastroenterologia pediátrica que o neonato com 2 a 3 semanas de vida que ainda esteja ictérico seja submetido a avaliação clínica e dosagem da bilirrubina total e frações. Bilirrubina direta > 20% da total ou > 1 mg/dL indica colestase. Observação das fezes também é importante. Fezes hipocoradas ou acólicas indicam obstrução da passagem da bile. A urina do RN costuma ser incolor e, nessa faixa etária, não se pode esperar sempre encontrar urina escura para suspeitar de colestase. Causas anatômicas, infecciosas, metabólicas, genéticas e idiopáticas estão entre as principais causas de colestase no RN. Na suspeita de colestase, deve-se proceder a uma investigação sistemática, possibilitando o diagnóstico precoce de causas tratáveis e, assim, melhor prognóstico.

3. a
A atresia das vias biliares extra-hepáticas (AVBEH) é um processo inflamatório, esclerosante, progressivo que se inicia em qualquer ponto da via biliar extra-hepática. A AVBEH é a principal causa de indicação de transplante hepático na criança. É de suma importância a investigação precoce e sistemática dos casos suspeitos de colestase, já que o prognóstico da criança com AVBEH é melhor se o tratamento cirúrgico (portoenterostomia de Kasai ou modificado)

for realizado até a 8ª semana de vida. Em 20% dos casos, as alterações da árvore biliar ocorrem no período fetal (forma embrionária), sendo comum, nesses casos, a associação com malformações estruturais, como síndrome da poliesplenia. Entretanto, 80% dos RN têm as vias biliares pérvias ao nascimento e, algum dano (infecção viral?) desencadeia o processo inflamatório (forma perinatal). O quadro clínico característico compreende icterícia (com predomínio de bilirrubina direta), acolia fecal, colúria e hepatomegalia, que se instala de forma gradativa a partir da segunda ou terceira semana de vida. O peso ao nascer é normal e o estado geral é bom. Como a icterícia pode ser leve, algumas vezes não é valorizada, retardando o diagnóstico. Na forma fetal ou embrionária (20% dos casos), o quadro clínico é precoce. Para evitar a colangite bacteriana, deve-se melhorar a inflamação e estimular a drenagem biliar. Antibiótico, corticosteroide e ácido ursodeoxicólico são indicados após a portoenterostomia, mas, mesmo conseguindo drenagem da bile, mais de 50% das crianças necessitam de transplante hepático.

4. a

A deficiência de lactase pode ser secundária a doenças que causem lesão da mucosa intestinal e após cirurgias do aparelho digestivo ou genética (congênita ou tipo adulto). A deficiência de lactase congênita é rara e expressa-se desde o primeiro contato com qualquer tipo de leite que contenha lactose.

A hipolactasia primária tipo adulto (deficiência ontogenética) é a forma mais comum de deficiência de lactase. Resulta do declínio fisiológico da atividade enzimática, podendo iniciar dos 2 aos 20 anos de idade e apresenta prevalência variável entre diversas etnias e populações. Ocorre má absorção da lactose não digerida, que chega intacta ao cólon, onde sofre ação de bactérias intraluminais. Intolerância à lactose, isto é, a presença de sintomas como dor abdominal, flatulência, distensão abdominal e diarreia, depende da quantidade de lactose ingerida, do nível de atividade da enzima, da flora intestinal e da sensibilidade visceral individual. Portanto, nem todo mau absorvedor será intolerante.

Dos testes diagnósticos disponíveis (substâncias redutoras nas fezes, pH fecal e curva glicêmica após sobrecarga de lactose), o teste do H2 expirado após sobrecarga de lactose é o melhor. Não é invasivo, de técnica pouco dispendiosa e com boa sensibilidade e ótima especificidade. Estudo genético com detecção de polimorfismos específicos para o gene *MCM6*, promotor da lactase, tem sido realizado e estudos com pacientes adultos mostram excelente correlação de ambos os testes (H2 expirado e genético).

O tratamento só está indicado para os casos sintomáticos. Alimentos sem lactose ou com baixo teor de lactose, reposição enzimática, probióticos, consumo de alimentos lácteos com outros alimentos e adaptação colônica são opções terapêuticas disponíveis.

5. a

A vacinação contra o vírus da hepatite B (VHB) é uma das maneiras mais eficazes de prevenir infecção aguda ou crônica e a transmissão do VHB. As vacinas utilizadas no Brasil são produzidas por engenharia genética e o esquema mais utilizado é o de três doses intramusculares 1, 2 e 6 meses após a primeira dose. Títulos de anticorpos anti-HBs > 10 mIU/L são considerados protetores e 90 a 95% dos indivíduos imunocompetentes respondem eficazmente ao esquema vacinal. Portanto, a presença de títulos elevados de anticorpos anti-HBs, na ausência de marcadores para infecção ou estado de portador do vírus, indica resposta à vacina e não precisa de investigação adicional. A interrupção da vacinação não requer que todo o esquema seja recomeçado, basta completá-lo. Como a vacina utilizada é recombinante, não contendo DNA viral, não há risco de causar infecção e pode ser aplicada mesmo nos pacientes imunodeprimidos. Apesar dos níveis de anticorpos caírem ou até se tornarem indetectáveis com o passar do tempo, os indivíduos saudáveis corretamente vacinados apresentam resposta amnéstica quando em contato com o VHB, o que demonstra que a vacina induz uma resposta imunológica. Até o momento, não é recomendada revacinação de pessoas imunocompetentes que não pertençam a grupo de risco.

6. a

A regurgitação é um sintoma frequente em lactentes e faz parte de um conjunto de ocorrências comuns e fisiológicas dessa faixa etária. Vômitos e regurgitações geralmente se iniciam antes de 8 semanas de vida e afetam cerca de 40% dos pacientes. São, na grande maioria das vezes, expressão clínica do refluxo fisiológico.

É importante salientar que o lactente da questão não apresenta sinais de alerta, como vômitos em jato ou biliosos, hematêmese, Sandifer, distensão abdominal, dificuldade para mamar, baixo ganho ponderal e diarreia ou sangue nas fezes. Dessa forma, não há necessidade de investigação.

Nessa situação, o pediatra deve tranquilizar a família explicando a benignidade do quadro, rever e orientar as técnicas de alimentação e medidas posturais após mamada, além de pontuar quais seriam os sinais de alarme indicativos da necessidade de nova avaliação do quadro.

7. a

Após a inserção de maneira correta da sonda de manometria no canal anal, a pressão de repouso do esfíncter anal pode ser avaliada. A pressão de repouso do canal anal é composta pelas contrações dos esfíncteres internos e externos. Normalmente, quando o bolo fecal chega ao reto ou o balão de manometria é insuflado, ocorre reflexo inibitório retoanal com relaxamento do esfíncter interno do ânus. Esse reflexo acontece independentemente da inervação espinhal, porém depende do perfeito funcionamento das células ganglionares. Desse modo, na doença de Hirschsprung ou megacólon congênito, caracterizada pela ausência de células ganglionares, após a insuflação do balão de manometria, não ocorre relaxamento do esfíncter anal interno.

8. c

A proctocolite alérgica é a principal causa do sangramento retal em lactentes. A partir da introdução da fórmula infantil, desencadearam-se os sintomas do enunciado e essa relação de causa e efeito colabora para a suspeição diagnóstica. Além disso, a ausência de febre, vômitos e diarreia, somada ao bom estado geral, torna menos provável a etiologia infecciosa do quadro.

A alergia à proteína do leite de vaca apresenta variados quadros clínicos, sendo assim, é importante diferenciar clinicamente as reações imediatas e as tardias.

As reações imediatas ocorrem minutos ou até 2 horas após a ingestão do alérgeno e geralmente são mediadas por IgE. Reações que se iniciam após 48 horas ou até mesmo após 1 semana da ingestão, ou seja, tardias, são não IgE mediadas. Há, ainda, a possibilidade de reações mistas, nas quais os dois mecanismos, IgE e não IgE, podem estar envolvidos. Nos casos com proctocolite, o mecanismo envolvido é não IgE mediado, portanto possui sintomas tardios, como os descritos no caso clínico.

9. a

A deficiência de IgA é a imunodeficiência mais comum em indivíduos saudáveis e é cerca de 10 a 15 vezes mais comum em pacientes com doença celíaca. Os testes mais indicados para a triagem do diagnóstico de doença celíaca são os anticorpos antiendomíseo e antitransglutaminase do sorotipo IgA, que podem ser falso-negativos na deficiência de IgA. Atualmente, é possível realizar a pesquisa da doença celíaca por meio do anticorpo antigliadina deaminada do sorotipo imunoglobulina G (IgG), que apresenta sensibilidade e especificidade semelhantes ao antitransglutaminase, principalmente em crianças menores de 2 anos. Entretanto, esse teste ainda não se encontra amplamente disponível em nosso meio.

10. a

Os critérios de Roma III classificam as doenças funcionais a partir de suas características clínicas. Portanto, para a definição do diagnóstico da disquesia do lactente, a criança precisa ser menor de 6 meses de idade e apresentar dois dos seguintes critérios: choro ou desconforto intensos, associados à realização de grande esforço evacuatório, de pelo menos 10 minutos de duração, seguidos de eliminação de fezes amolecidas ou macias, como descrito no enunciado da questão.

A constipação intestinal no lactente caracteriza-se principalmente pela presença de fezes endurecidas, história de retenção fecal e evacuações dolorosas. O principal diagnóstico diferencial da constipação intestinal, nessa faixa etária, é a doença de Hirschsprung, na qual pode ocorrer retardo na eliminação de mecônio, início precoce de constipação com menos de 1 mês de vida, ausência de resposta ao tratamento clínico e eliminação de fezes explosivas ao toque retal ou uso de supositórios.

O lactente em aleitamento materno exclusivo pode apresentar variações normais do hábito intestinal, chamados de pseudodiarreia e pseudoconstipação. Na pseudodiarreia, o lactente pode evacuar várias vezes ao dia, após cada mamada, com eliminações de fezes líquidas ou semilíquidas, em razão da exacerbação do reflexo gastrocólico, o que não deve ser considerado diarreia. Por outro lado, na pseudoconstipação, há a possibilidade de espaçamento entre os episódios de evacuação, com intervalo de até 7 a 10 dias, com fezes de consistência pastosas ou semilíquidas, e sem desconforto nesse período ou no processo evacuatório.

CAPÍTULO

12

GENÉTICA

Maria Teresinha de Oliveira Cardoso

QUESTÃO 1
Recém-nascido (RN) nasce de parto (vaginal) normal a termo, com Apgar 9 e 10. Suga adequadamente já nas primeira horas de vida. Com 18 horas, inicia quadro de cianose, movimentos clônicos e desvio do olhar. A administração de anticonvulsivante por mais de 48 horas não apresentou resposta satisfatória. Como a ecotransfontanela e a avaliação cardíaca foram normais e a gasometria e o ânion *gap* não mostraram alterações, é aventada a hipótese de erro inato do metabolismo. Inicia-se a terapia adequada com resposta favorável já nas primeiras horas, inclusive com normalização do eletroencefalograma. Diante desses dados, qual a hipótese diagnóstica e a terapêutica a ser seguida?

ALTERNATIVA CORRETA
☐ A Acidemia propiônica, uso de carnitina, biotina e restrição proteica.
☐ B Defeito de betaoxidação de ácidos graxos, uso de carnitina, restrição de lipídios.
☐ C Crises epilépticas piridoxina dependentes, uso de piridoxina.
☐ D Galactosemia, restrição de derivados da galactose e uso de hidrolisado proteico.
☐ E Defeito do ciclo da ureia, restrição proteica e uso de benzoato de sódio.

QUESTÃO 2

Criança de 9 meses de idade era acompanhada pelo pediatra desde o nascimento, sem intercorrências. Em sua última consulta, verificou-se que o perímetro cefálico aumentou acima do percentil 97% (último percentil) e houve atraso na aquisição motora. Após período de observação, com aumento da macrocrania, foi realizada avaliação por imagem, que mostrou alargamento de sua fissura e sinais de necrose do núcleo estriado. Após discussão com equipe multidisciplinar, iniciou-se imediatamente terapia com L-carnitina e dieta restrita em lisina. Diante desses dados, qual a hipótese diagnóstica correta?

ALTERNATIVA CORRETA

☐ A Síndrome de Menkes.
☐ B Doença de Sandhoff.
☐ C Doença de Canavan.
☐ D Acidemia metilmalônica.
☐ E Acidúria glutárica tipo 1.

REFERÊNCIAS BIBLIOGRÁFICAS

Kölker S, Christensen E, Leonard JV, Greenberg CR, Boneh A, Burlina AB et al. Diagnosis and management of glutaric aciduria type I – revised recommendations. J Inherit Metab Dis 2011; 34(3):677-94.

Nunes J, Loureiro S, Carvalho S, Pais RP, Alfaiate C, Faria A et al. Brain MRI findings as an important diagnostic clue in glutaric aciduria type 1. Neuroradiol J 2013; 26(2):155-61.

QUESTÃO 3

Bebê do sexo feminino, 6 meses de idade, foi encaminhada por um pediatra à equipe multidisciplinar para reavaliação. Na história, havia relato de baixo peso ao nascimento, sem outras intercorrências. Ao exame físico, a criança apresentava microcefalia, hipotonia, micropênis, criptorquidia e sindactilia de segundo e terceiro pododáctilos. Foi então aventada a hipótese de síndrome de Smith–Lemli–Opitz. Qual teste confirmatório deve ser solicitado e possível diagnóstico?

ALTERNATIVA CORRETA

☐ A Dosagem de 7-de-hidrocolesterol, síndrome dismórfico–metabólica.
☐ B Cariótipo, síndrome cromossômica.
☐ C Dosagem de ácidos orgânicos urinários, doença metabólica.
☐ D Dosagem de ácidos graxos de cadeia muito longa, doença peroxissômica.
☐ E Raio X de ossos longos e estudo molecular, displasia óssea com alteração de ossos longos.

REFERÊNCIAS BIBLIOGRÁFICAS

Kapourchali FR, Surendiran G, Goulet A, Moghadasian MH. The role of dietary cholesterol in lipoprotein metabolism and related metabolic abnormalities: a mini-review. Crit Rev Food Sci Nutr 2015; 9:0.

Lee RW, Conley SK, Gropman A, Porter FD, Baker EH. Brain magnetic resonance imaging findings in Smith-Lemli-Opitz syndrome. Am J Med Genet A 2013; 161A(10):2407-19.

QUESTÃO 4

Lactente, 4 meses de idade, foi encaminhado ao pronto-socorro infantil com vômitos, diarreia e quadro convulsivo. O pediatra descreveu uma criança hipotônica, distrófica com hepatomegalia, lesões de pele e cabelos secos e muito escassos. A gasometria mostrou acidose metabólica e, após coleta de sangue e urina para confirmar a hipótese diagnóstica, iniciou-se tratamento baseado na hipótese, com excelente resposta após uma semana de observação.

ALTERNATIVA CORRETA

- ☐ A Leucinose, dieta pobre em leucina, isoleucina e valina.
- ☐ B Defeito no ciclo da ureia, uso de benzoato e arginina.
- ☐ C Fenilcetonúria, fórmula isenta de fenilalanina.
- ☐ D Deficiência de biotinidase, tratamento com biotina.
- ☐ E Deficiência de 21-hidroxilase, tratamento com hidrocortisona.

REFERÊNCIAS BIBLIOGRÁFICAS

Jay AM, Conway RL, Feldman GL, Nahhas F, Spencer L, Wolf B. Outcomes of individuals with profound and partial biotinidase deficiency ascertained by newborn screening in Michigan over 25 years. Genet Med 2015; 17(3):205-9.

Zempleni J, Hassan YI, Wijeratne SS. Biotin and biotinidase deficiency. Expert Rev Endocrinol Metab 2008; 3(6):715-24.

QUESTÃO 5

Criança de 3 anos de idade, com atraso neuromotor discreto, baixo ganho ponderal e episódios frequentes de vômitos e baixo nível de consciência, com dosagens de glicemia de 300 a 450 mg/dL. A gasometria mostrou ânion *gap* de 27. Foi então coletado sangue e urina para confirmação diagnóstica e iniciada terapia com cianocobalamina (vitamina B12) e L-carnitina. Qual o provável diagnóstico?

ALTERNATIVA CORRETA

☐ A Cetoacidose diabética e família com diabete melito.
☐ B Cetoacidose diabética em acidemia metilmalônica.
☐ C Diabete por resistência periférica à insulina.
☐ D Defeito de betaoxidação e quadros de hiperglicemia.
☐ E Deficiência de betacetotiolase e hiperglicemia episódica.

REFERÊNCIAS BIBLIOGRÁFICAS

Guven A, Cebeci N, Dursun A, Aktekin E, Baumgartner M, Fowler B. Methylmalonic acidemia mimicking diabetic ketoacidosis in an infant. Pediatr Diabetes 2012; 13(6):e22-5.

Kumar S. Methylmalonic acidemia and diabetic ketoacidosis: an unusual association. Indian J Crit Care Med 2015; 19(5):292-3.

QUESTÃO 6

Criança de 40 dias de idade apresenta, ao exame dismorfológico, fissuras palpebrais oblíquas para cima, perfil facial achatado, braquicefalia (occipital plano), prega palmar única (simiesca), aumento da distância entre o primeiro e o segundo dedos dos pés, cútis marmorata, hipotonia e atraso no desenvolvimento neuropsicomotor. É o segundo filho de casal não consanguíneo. O exame de cariótipo de sangue periférico com bandas revela constituição cromossômica normal em 20 células analisadas. Qual seria a conduta mais adequada?

I. Tranquilizar os pais e aguardar a evolução clínica, já que o resultado do cariótipo de sangue periférico foi normal.
II. Investigar erro inato do metabolismo, pois o quadro clínico é sugestivo de fenilcetonúria clássica.
III. Investigar citogeneticamente a possibilidade de síndrome de Down por mosaicismo.
IV. Solicitar o *array CGH* para afastar microdeleções ou microduplicações se a evolução clínica for desfavorável.

ALTERNATIVA CORRETA
☐ A I.
☐ B II.
☐ C III.
☐ D IV.
☐ E I e IV.

QUESTÃO 7

Uma das indicações previstas em bula do hormônio do crescimento é para pessoas com síndrome de Prader-Willi. Qual a principal indicação do uso do hormônio do crescimento nessa situação clínica?

ALTERNATIVA CORRETA
☐ A Aumentar a velocidade de crescimento, pois um dos sinais físicos da síndrome é a baixa estatura.
☐ B Proporcionar melhora da relação entre a massa magra e a massa gorda.
☐ C Permitir que a criança atinja a estatura alvo-familiar.
☐ D Tratar somente pacientes com deficiência comprovada de GH.
☐ E As alternativas A e C estão corretas.

QUESTÃO 8

Em relação à síndrome do X frágil, podemos afirmar que:

I. A síndrome do X frágil é a principal causa de deficiência cognitiva em mulheres.
II. A deficiência cognitiva é menos comum em mulheres com síndrome do X frágil do que em homens com a síndrome.
III. Os homens com síndrome do X frágil são socialmente interativos, prestativos, mas tímidos. São sintomas típicos de meninos com síndrome do X frágil: pouco contato visual e evitar contato táctil.
IV. As mães de meninos com síndrome do X frágil têm risco aumentado em relação à população em geral de apresentarem falência ovariana precoce.

Qual das alternativas a seguir está correta?

ALTERNATIVA CORRETA
☐ A I e II.
☐ B III.
☐ C III e IV.
☐ D I, III e IV.
☐ E I, II, III e IV.

QUESTÃO 9

Em relação ao consumo de bebidas com álcool etílico durante a gravidez e a amamentação, qual a alternativa correta?

ALTERNATIVA CORRETA

☐ A Em algumas culturas, o uso moderado de bebida com álcool etílico é um hábito saudável e faz parte da vida das mulheres, logo não há que se proibir; inclusive, algumas nutrizes utilizam "cerveja escura" para aumentar o leite materno.

☐ B Os estudos demonstram que prevalência de uso de álcool etílico durante a gravidez é muito baixo, quase desprezível.

☐ C A ingesta materna de álcool etílico nos dois últimos trimestres gestacionais não causa síndrome do álcool fetal.

☐ D Em relação a sinais físicos da síndrome do álcool fetal, algumas dismorfias faciais são lábio superior fino, apagamento do filtro nasal, hipoplasia da face média, fendas palpebrais estreitas, pregas epicânticas, ponte nasal baixa e baixa implantação de orelhas.

☐ E A síndrome do álcool fetal não causa alterações fenotípicas, apenas comportamentais, como transtorno de déficit de atenção com ou sem hiperatividade.

QUESTÃO 10

A síndrome de Williams é causada por um deleção de aproximadamente 1,5 megabases no braço longo do cromossomo 7 (7q11.23). Essa região do cromossomo 7 contém aproximadamente 28 genes. Qual das alternativas a seguir está incorreta?

ALTERNATIVA CORRETA

☐ A Na suspeita clínica da síndrome de Williams, o primeiro exame a ser solicitado é o cariótipo com bandas de sangue periférico.

☐ B Preocupações, obsessões e comportamento estereotipado são características presentes na síndrome de Williams e podem ser decorrentes de transtorno de ansiedade.

☐ C A principal cardiopatia congênita encontrada na síndrome de Williams é a estenose supravalvar aórtica.

☐ D A morte súbita é mais prevalente em pacientes com síndrome de Williams associada com estenose supravalvar aórtica do que em pessoas da população em geral com estenose supravalvar aórtica sem a síndrome.

☐ E Em geral, os casos são isolados nas famílias e o risco para a irmandade do propósito é muito baixo; entretanto, o risco de recorrência para a prole de pessoas com a síndrome de Williams é de 50%.

RESPOSTAS CORRETAS

1. c

Crises epilépticas no período neonatal são a primeira manifestação de disfunção do sistema nervoso central (SNC). Noventa por cento dos RN a termo apresentam uma causa identificável para elas. Após afastar infecções, síndrome hipóxico-isquêmica, malformações cerebrais, hipoglicemia e distúrbios eletrolíticos, as causas metabólicas herdadas devem ser sempre consideradas no diagnóstico diferencial. Crises epilépticas isoladas são o principal e, muitas vezes, o único sinal de crises dependentes de piridoxina.

Epilepsia dependente de piridoxina é uma doença autossômica recessiva tratável, caracterizada por crises recorrentes no período perinatal, resistente aos anticonvulsivantes convencionais e responsiva a doses farmacológicas de piridoxina. A acidemia propiônica cursa com quadro grave de acidose e alterações hematológicas associadas a crises epilépticas.

Defeitos de betaoxidação cursam com hipoglicemia, arritmia cardíaca e alterações hepáticas. Galactosemia também cursa com grave disfunção hepática, discrasia sanguínea e hipoglicemia associada a quadro séptico por *Escherichia coli.*

Defeitos do ciclo da ureia cursam com quadro grave de hiperamonemia, alcalose metabólica e crises epiléticas.

2. e

Acidúria glutárica tipo I é uma acidemia orgânica rara autossômica recessiva que apresenta grande variabilidade fenotípica, podendo manifestar-se como um quadro tipo encefalite precipitado por infecções, cirurgias, imunizações, e evoluir para quadro distônico grave. Frequentemente, a única anormalidade precedendo esses episódios é a macrocefalia. Embora as imagens também sejam variáveis, o alargamento da fissura silviana e as anormalidades dos gânglios basais em criança com macrocefalia reforçam a hipótese de acidemia ou acidúria glutárica. O tratamento deve ser iniciado imediatamente com dieta pobre em lisina e suplementação de carnitina.

Menkes é uma doença metabólica ligada ao X, que apresenta baixos níveis séricos de cobre e ceruloplasmina. A tricorexia nodosa é clássica e as crises convulsivas têm difícil controle.

Doença de Sandhoff é uma doença neurodegenerativa com face grosseira, macrocrania e mancha vermelho-cereja na retina e crises epilética de difícil controle.

Doença de Canavan é uma doença neurometabólica de início precoce, que cursa com macrocrania decorrente de degeneração esponjosa cerebral característica. Acidemia metilmalônica é uma acidemia tratável que se manifesta com grande variabilidade fenotípica, desde lesões na pele a insuficiência renal e crises convulsivas.

3. a

A síndrome de Smith-Lemli-Opitz é uma doença de etiologia autossômica recessiva, com múltiplas malformações, como hipotonia, microcefalia, deficiência intelectual, genitália ambígua (em um amplo espectro de leve, moderado a grave) e defeitos digitais característicos, como sindactilia de segundo e terceiro artelhos. Defeitos cerebrais, como agenesia de corpo caloso e malformação de Dandy-Walker, podem ser encontrados.

Decorre de bloqueio enzimático, na via da síntese do colesterol com deficiência de 17-de-hidrocolesterol de etiologia autossômica recessiva, com cariótipo sem alteração numérica ou estrutural e o diagnóstico baseia-se no exame físico dismorfológico e na dosagem da relação 7-de-hidrocolesterol/colesterol.

4. d

A biotina é uma vitamina hidrossolúvel essencial como coenzima de cinco carboxilases. A biotinidase desempenha papel central no transporte de biotina no intestino, no fígado e nos tecidos. A deficiência de biotina causa hipotonia, ataxia, dermatite, perda de cabelo, deficiência intelectual e cetoacidose.

É um erro inato do metabolismo, tratável e já incluído na triagem neonatal. Portanto, é responsabilidade médica, em especial do neonatologista e do pediatra em geral, sua suspeição precoce para início imediato do tratamento. Manifesta-se como forma completa ou parcial dentro da sua variabilidade fenotípica e o tratamento com biotina possibilita a regressão dos sintomas. Pacientes tratados precocemente em geral levam vida dentro da normalidade e sem restrição alimentar.

A leucocinose é um erro inato que se manifesta com alterações neurológicas, edema cerebral e poucas alterações dermatológicas iniciais. A fenilcetonúria também apresenta sintomas predominantemente neurológicos.

No defeito do ciclo da ureia, predomina o quadro de intoxicação metabólica cerebral, sem manifestações dermatológicas, e a deficiência de 21-hidroxilase é responsável pelo maior percentual de casos de hiperplasia adrenal. A princípio não apresenta alterações dermatológicas.

5. b
A acidemia metilmalônica é um erro inato de metabolismo, de etiologia autossômica recessiva, tratável, que se manifesta com episódios de cetonúria, hálito cetônico, alteração de ritmo respiratório, vômitos, acidose, desidratação e letargia e, na ausência de medidas agressivas, leva ao óbito. A hiperglicemia é pouco responsiva à insulinoterapia. Apresenta ânion *gap* elevado, hiperamonemia durante as crises e a determinação de acilcarnitinas plasmáticas, assim como a dosagem de ácidos orgânicos urinários, sela o diagnóstico.

Há relatos de acidose metabólica persistente com hiperglicemia a despeito de grandes doses de insulina e de acidemia metilmalônica associada a formas precoces de diabete melito insulinodependente e ausência completa de células betapancreáticas.

Cetoacidose no diabete melito familiar e resistência insulínica não apresentam ânion *gap* alterado.

Defeitos de betaoxidação, embora possam manifestar-se com alterações de glicemia, cursam com alterações hepáticas e cardíacas e musculares.

Deficiência de betacetotiolase cursa com cetoacidose intermitente, e o diagnóstico diferencial é feito pelas acilcarnitinas plasmáticas e os ácidos orgânicos urinários.

6. c
Os sinais clínicos são muito sugestivos de síndrome de Down, especialmente associados à presença de hipotonia. Dessa forma, a investigação deve prosseguir. A fenilcetonúria clássica não apresenta sinais dismorfológicos e a presença de hipotonia costuma ser mais tardia. A solicitação do *array CGH* para investigar microduplicações ou microdeleções cromossômicas não identificadas em cariótipos convencionais não se justifica nessa etapa da investigação clínica.

7. b
Apesar de se reconhecer que um número importante de pacientes com síndrome de Prader-Willi apresenta deficiência de hormônio do crescimento (GH), a principal razão para o seu uso é proporcionar melhora da relação entre a massa magra e a massa gorda, com restabelecimento da atividade física, da força muscular e da qualidade de vida, mesmo em casos sem a deficiência do hormônio. Embora um dos sinais físicos da síndrome seja a baixa estatura, aumentar a velocidade de crescimento não é a principal indicação do hormônio de crescimento.

8. e

A síndrome do X frágil acomete homens e mulheres e é a causa mais comum de retardo mental herdado em ambos os sexos. A síndrome é transmitida como herança ligada ao X dominante com reduzida penetrância. Antigamente, acreditava-se, com base em estudos citogenéticos, que a prevalência era de 1:1.000, mas com o início dos testes moleculares (*Southern blot*), a prevalência estimada na população em geral é de 1:4.000 para homens e de 1:8.000 para mulheres. Mulheres portadoras de pré-mutações, assim como as com mutações completas, têm risco aumentado de falência ovariana prematura (antes dos 40 anos de idade), mas a fisiopatologia desse fenômeno é desconhecida.

9. a

Não existe dose segura de álcool nem durante a gravidez nem durante a amamentação, e o uso em qualquer momento da gestação pode ser danoso ao desenvolvimento embrionário e fetal. Em alguns estudos, a prevalência de uso de álcool em algum momento da gravidez é superior a 40%. A síndrome do álcool fetal causa as alterações fenotípicas descritas na alternativa C, e também comportamentais, como transtorno de déficit de atenção com ou sem hiperatividade, retardo mental e epilepsia.

10. a

Por se tratar de uma microdeleção de 1,5 megabases, o cariótipo das pessoas com síndrome de Williams é normal. O exame padrão-ouro é o *fluorescence in situ hybridization* (FISH), mas outros exames de menor custo estão sendo estudados, como o *multiplex ligation-dependent probe amplification* (MLPA).

CAPÍTULO

13

NEFROLOGIA

Nilzete Liberato Bresolin
Ana Karina da Costa Dantas

QUESTÃO 1

Paciente do sexo masculino, 4 anos de idade, chega à emergência queixando-se de edema em face e tosse há 2 dias. Ao exame, encontra-se em bom estado geral, com edema bipalpebral bilateral. Ausculta cardíaca normal. Pressão arterial em membro superior direito: 130 x 90 mmHg (PA > p 95%). Pulmões: estertores subcrepitantes em bases. Abdome normotenso, fígado a 2 cm do rebordo costal direito. Pernas com edema de uma cruz e pequenas lesões com crostas. Exames laboratoriais demonstram parcial de urina com densidade de 1.025, pH = 5,5; leucócitos 6.000/mL; hemácias 55.000/mL; albumina +. Ureia 20 mg/dL e creatinina 0,5 mg/dL. Raio X de tórax demonstra aumento discreto de área cardíaca. Qual a principal hipótese diagnóstica?

ALTERNATIVA CORRETA

- [ ] A Glomerulonefrite difusa aguda.
- [ ] B Traqueobronquite.
- [ ] C Hipertensão arterial essencial.
- [ ] D Síndrome nefrótica.
- [ ] E Infecção urinária.

REFERÊNCIAS BIBLIOGRÁFICAS

Neto JPMR, Pontual MP. Glomerulonefrite difusa aguda pós-estreptocócica. In: Campos D Jr, Burns DAR, Lopez FA (eds.). Tratado de pediatria. 3.ed. Barueri: Manole, 2014. p.1713-18.

Rodriguez-Iturbe B, Mezzano S. Acute post infectious glomerulonephritis. In: Avner ED, Harmon WE, Niaudet P, Yoshikawa N (eds.). Pediatric nephrology. 6.ed. Nova Iorque: Springer-Verlag, 2009. p.743-55.

QUESTÃO 2
Em relação à infecção do trato urinário (ITU), qual é a alternativa correta?

ALTERNATIVA CORRETA
☐ A As crianças com ITU e refluxo vesicoureteral (RVU) grau V apresentam maior risco de comprometimento renal que as crianças com ITU sem RVU.
☐ B O adenovírus é o principal agente causal de ITU em lactentes.
☐ C As uroculturas com *Staphylococcus saprophyticus* devem ser consideradas contaminadas, independentemente da idade do paciente.
☐ D Não há correlação entre a presença de uropatias e a incidência de ITU.
☐ E Em adolescentes, o principal agente causal de ITU é o *Pseudomonas*.

REFERÊNCIA BIBLIOGRÁFICA
Silva JMP, Cardoso LSB, Oliveira EA. Infecção do trato urinário. In: Campos D Jr, Burns DAR, Lopez FA (eds.). Tratado de pediatria. 3.ed. Barueri: Manole, 2014. p.1647-57.

QUESTÃO 3
Paciente de 14 anos de idade, assintomático (peso e estatura no percentil 50%). Medida da pressão arterial em membro superior direito, sentado, em ambiente tranquilo é de 138 x 90 mmHg (em 3 medidas com intervalo de 7 dias entre elas). Antecedentes familiares: pai e avô são hipertensos. Como classificar o paciente?

ALTERNATIVA CORRETA
☐ A Pressão arterial (PA) normal alta.
☐ B Hipertensão arterial.
☐ C Normotenso.
☐ D Pré-hipertenso.
☐ E Hipertensão maligna estágio 3.

REFERÊNCIAS BIBLIOGRÁFICAS
Koch VHK, Furusawa E, Silva ACS. Hipertensão arterial. In: Campos D Jr, Burns DAR, Lopez FA (eds.). Tratado de pediatria 3.ed. Barueri: Manole, 2014. p.1697-712.
National High Blood Pressure Education Program Working Group on High Blood Pressure in Children and Adolescents. The Fourth Report on Diagnosis, Evaluation and Treatment of High Blood Pressure in Children and Adolescents. Pediatr 2004; 114:555-76.

QUESTÃO 4
Em relação à insuficiência renal aguda (IRA), qual é a alternativa correta?

ALTERNATIVA CORRETA

☐ A A dopamina deve ser utilizada com objetivo de reduzir a necessidade de terapia dialítica.

☐ B A hipofosfatemia é comum por causa do aumento da excreção tubular de fosfatos.

☐ C A hiponatremia é comum e os casos sintomáticos ou com níveis séricos < 120 mEq/L devem ser corrigidos com cloreto de sódio hipertônico a 3%.

☐ D O tratamento dialítico somente está indicado se níveis de ureia forem superiores a 200 mg/dL.

☐ E Os casos de IRA pré-renal devem ser manuseados com vasodilatadores.

REFERÊNCIAS BIBLIOGRÁFICAS

Bandeira MFS, Zagury A. Insuficiência renal aguda (IRA). In: Silva JMP, Cardoso LSB, Oliveira EA. In: Campos D Jr, Burns DAR, Lopez FA (eds.). Tratado de pediatria. 3.ed. Barueri: Manole, 2014. p.1741-50.

Bresolin NL. Insuficiência renal aguda (IRA) no período neonatal. In: Silva JMP, Cardoso LSB, Oliveira EA. In: Campos D Jr, Burns DAR, Lopez FA (eds.). Tratado de pediatria. 3.ed. Barueri: Manole, 2014. p.1729-39.

QUESTÃO 5

Recém-nascido (RN), 12 dias de vida, em pós-operatório de cirurgia cardíaca (cardiopatia complexa), encontra-se edemaciado e em anúria há 12 horas, embora esteja recebendo furosemida endovenosa contínua 2 mg/kg. Necessita receber volume para administração de inotrópicos e suporte nutricional. Dados laboratoriais demonstram: creatinina = 1,5mg/dL, K = 7,5mEq/L e Na = 135 mEq/L. Qual a melhor conduta terapêutica?

ALTERNATIVA CORRETA

- [ ] A Restrição hídrica e aumentar a dose de furosemida.
- [ ] B Diálise peritoneal, aumentar furosemida e resina de troca.
- [ ] C Apenas aumentar furosemida.
- [ ] D Restrição hídrica, aumentar furosemida e dopamina.
- [ ] E Dopamina e aumentar furosemida.

REFERÊNCIAS BIBLIOGRÁFICAS

Bandeira MFS, Zagury A. Insuficiência renal aguda (IRA). In: Silva JMP, Cardoso LSB, Oliveira EA. In: Campos D Jr, Burns DAR, Lopez FA (eds.). Tratado de pediatria. 3.ed. Barueri: Manole, 2014. p.1741-50.

Bresolin NL. Insuficiência renal aguda (IRA) no período neonatal. In: Silva JMP, Cardoso LSB, Oliveira EA. In: Campos D Jr, Burns DAR, Lopez FA (eds.). Tratado de pediatria. 3.ed. Barueri: Manole, 2014. p. 1729-39.

QUESTÃO 6

Entre as causas de hematúria, qual é a alternativa correta?

ALTERNATIVA CORRETA

☐ A A hematúria macroscópica é frequentemente observada na apresentação do quadro dos pacientes com síndrome nefrótica idiopática.

☐ B O tumor de Wilms é uma causa comum de hematúria na infância.

☐ C Nas crianças com hematúria microscópica assintomática, é essencial a investigação de distúrbios metabólicos, mesmo sendo uma causa bastante rara de hematúria na infância.

☐ D Uma criança de 6 anos com hematúria microscópica recorrente e com história familiar de litíase (pai e avó) apresenta em 3 exames de urina de 24 horas: calciúria de 4 mg/kg/dia, 5 mg/kg/dia e 4,5 mg/kg/dia. O provável diagnóstico é hipercalciúria idiopática.

☐ E A infecção do trato urinário é causa incomum de hematúria microscópica não glomerular.

REFERÊNCIAS BIBLIOGRÁFICAS

Gessullo ADV, Schvartsman BGS. Avaliação da criança com hematúria. In: Andrade MC, Carvalhaes JTA. Nefrologia para pediatras. São Paulo: Atheneu, 2010. p.295-300.

Penido MGMG. Hematúrias na infância. In: Penido MGMG, Tavares MS. Nefrologia pediátrica – manual prático. São Paulo: Livraria Balieiro, 2015. p.110-8.

QUESTÃO 7
Em relação à síndrome nefrótica idiopática da infância, qual é a alternativa correta?

ALTERNATIVA CORRETA
☐ A Comumente, apenas anormalidades histológicas mínimas estão visíveis à microscopia óptica.

☐ B A maioria dos casos ocorre com lesões glomerulares específicas relacionadas com alguma patologia de base.

☐ C A chamada "lesão mínima" apresenta relação íntima com infecção estreptocócica.

☐ D Na eletroforese de proteína, observam-se, frequentemente, hipoalbuminemia e hipergamaglobulinemia.

☐ E Por definição, cursa com proteinúria maciça, isto é, > 5 mg/kg/dia.

REFERÊNCIAS BIBLIOGRÁFICAS
Mello VR, Guersoni AC, Andrade OVB. Síndrome nefrótica idiopática na infância. In: Toporovski J, Mello VR, Filho DM, Benini V, Andrade OVB. Nefrologia pediátrica 2.ed. Rio de Janeiro: Guanabara, 2006. p.151-62.

Zagury A, Mariz LA, Tavares MS. Síndrome nefrótica na criança e no adolescente. In: Penido MGMG, Tavares MS. Nefrologia pediátrica – manual prático. São Paulo: Livraria Balieiro, 2015. p.138-61.

QUESTÃO 8

Na avaliação de um paciente adolescente com doença policística autossômica dominante (DRPAD), qual das seguintes considerações é correta?

ALTERNATIVA CORRETA

☐ A A presença de hipertensão arterial é incomum.

☐ B A DRPAD é a menos comum das doenças císticas hereditárias.

☐ C Geralmente, ocorre grave comprometimento da função renal nos primeiros meses de vida.

☐ D Os pacientes com cistos cerebrais apresentam risco de hemorragia intracraniana.

☐ E Hematúria microscópica é incomum nas crianças portadoras de doença policística autossômica dominante.

REFERÊNCIAS BIBLIOGRÁFICAS

Dias NF, Lanzarini V, Onuchic LF, Koch VH. Doença renal policística recessiva. In: Andrade MC, Carvalhaes JTA. Nefrologia para pediatras. São Paulo: Atheneu, 2010. p.135-40.

Miorin LA, MastrocinqueTH. Doença renal policística autossômica dominante. In: Toporovski J, Mello VR, Filho DM, Benini V, Andrade OVB. Nefrologia pediátrica. 2.ed. Rio de Janeiro: Guanabara, 2006. p.375-8.

QUESTÃO 9
Qual a alternativa com fator de risco para a formação de cálculos urinários?

ALTERNATIVA CORRETA
☐ A Baixa ingesta de sal.
☐ B Baixa ingesta de proteína animal.
☐ C Restrição dietética de cálcio.
☐ D Alto aporte hídrico.
☐ E Exercícios físicos regulares.

REFERÊNCIAS BIBLIOGRÁFICAS
Bresolin NL, Penido MGMG. Urolitíase na infância. In: Programa Nacional de Educação Continuada em Pediatria (PRONAP) da Sociedade Brasileira de Pediatria. Ciclo XVI número 1. 2013; 39-67.
Cançado MA. Calculose renal. In: Andrade MC, Carvalhaes JTA. Nefrologia para pediatras. São Paulo: Atheneu, 2010. p.453-8.
Penido MGMG. Urolitíase pediátrica. In: Penido MGMG, Tavares MS. Nefrologia pediátrica – manual prático. São Paulo: Livraria Balieiro, 2015. p.119-37.

QUESTÃO 10
Em relação à proteinúria, qual a alternativa correta?

ALTERNATIVA CORRETA
☐ A A proteinúria glomerular é sempre seletiva.
☐ B A proteinúria tubular resulta do aumento da excreção de proteínas de alto peso molecular.
☐ C A proteinúria ortostática ocorre mais comumente em adolescentes.
☐ D Na maioria dos casos, a proteinúria ortostática evolui para insuficiência renal crônica terminal.
☐ E Considera-se como proteinúria normal valores até 8 mg/m^2/hora.

REFERÊNCIA BIBLIOGRÁFICA
Andrade OVB, Dantas AKC, Toporovski. Proteinúria: diagnóstico e tratamento. In: Campos D Jr, Burns DAR, Lopez FA. Tratado de pediatria. 3.ed. Barueri: Manole, 2014. p.1669-78.

RESPOSTAS CORRETAS

1. a

O termo glomerulonefrite aguda define um processo patológico que pode apresentar-se clinicamente como uma síndrome nefrítica caracterizada pela tríade: hematúria, edema e hipertensão, que são os sinais e sintomas apresentados por este paciente. A hipervolemia é uma complicação nesses pacientes que podem apresentar, além de edema e hipertensão arterial, quadro clínico de congestão cardiocirculatória com edema agudo de pulmão e aumento do fígado. Além disso, a presença da lesão crostosa em pernas sugere possível estreptococcia prévia, reforçando ainda mais o diagnóstico.

2. a

O RVU é causado por anormalidade estrutural da junção ureterovesical que permite refluxo da urina da bexiga até os ureteres e os rins. Em relação ao comprometimento renal, os pacientes com RVU podem ser classificados em três grupos: baixo, médio e alto risco. Esses riscos incluem: aparecimento de cicatriz renal, surgimento de hipertensão arterial e evolução para comprometimento progressivo da função renal. O grupo de alto risco para ITU é composto por portadores de RVU grau IV bilateral e grau V uni ou bilateral com lesão renal moderada ou grave, de rim único, e, também, os lactentes, porque nessa fase o risco de ocorrência de pielonefrite e, consequentemente, de cicatriz renal é maior.

O adenovírus é um dos principais, mas não o principal agente causal de ITU em lactentes. O *Staphylococcus saprophyticus* é o agente causal de ITU em 20 a 30% dos adolescentes de ambos os sexos.

As uropatias, especialmente quando associadas à estase urinária, facilitam a ocorrência de ITU.

A maioria das ITU é causada por enterobactérias (*E. coli, Klebsiella, Enterobacter, Citrobacter, Proteus, Serratia* e outras menos frequentes). A *E. coli* é o agente mais frequentemente identificado e responsável por 80 a 90% dos casos de ITU no primeiro episódio.

3. b

Define-se hipertensão arterial pediátrica a partir de valores de PA ≥ percentil 95 para idade, sexo e percentil de estatura, confirmados em três ocasiões subsequentes.

Define-se como pré-hipertensão (anteriormente definida como PA normal alta) valores de PA ≥ percentil 90 e < percentil 95 para idade, sexo e percentil de estatura ou para o adolescente, com valores ≥ 120/80 mmHg e < percentil 95 para idade, sexo e percentil estatural.

Define-se HA estágio 2 a partir de valores de pressão sistólica e/ou diastólica além de 5 mmHg acima do percentil 99 para idade, sexo e percentil da estatura.

Idade (anos)	Percentil (PA)	PAS						
		Percentil de estatura						
		5	10	25	50	75	90	95
14	50	106	107	109	111	113	114	115
	90	120	121	123	125	126	128	128
	95	124	125	127	128	130	132	132
	99	131	132	134	136	138	139	140

Idade (anos)	Percentil (PA)	PAD						
		Percentil de estatura						
		5	10	25	50	75	90	95
14	50	60	61	62	63	64	65	65
	90	75	76	77	78	79	79	80
	95	80	80	81	82	83	84	84
	99	87	88	89	90	91	92	92

PA: pressão arterial; PAS: pressão arterial sistólica; PAD: pressão arterial diastólica.

4. C

Embora o paciente com IRA possa apresentar níveis séricos de sódio normal elevado ou reduzido, é mais comum observar hiponatremia diluicional e/ou secundária a perdas anormais.

A hiperfosfatemia é comum em IRA e resulta da diminuição da excreção renal de fósforo.

Em relação à indicação da terapia de substituição renal (TSR), embora não exista um consenso sobre sua indicação, sabe-se que é mais clínica que laboratorial e inclui situações de distúrbios metabólicos que não respondem ao tratamento conservador, sobrecarga hídrica, dificuldade para adequar suporte nutricional em pacientes com oligúria/anúria, intoxicações e uremia sintomática.

As evidências científicas disponíveis não permitem indicar a administração de dopamina para reduzir a necessidade de terapia dialítica.

Os casos de IRA pré-renal devem ser manuseados visando à correção do fator causal: hipovolemia absoluta e/ou relativa e comprometimento hemodinâmico que altere a pressão de perfusão renal. A correção desses fatores pode incluir reposição volêmica, adequação do débito cardíaco, administração de drogas vasoativas e adequação da oferta de oxigênio.

5. b

Sabe-se que não existe um consenso sobre o melhor momento para indicações de diálise e que as indicações podem ser clínicas e/ou laboratoriais. Este paciente encontra-se edemaciado, em anúria há 12 horas (não responsiva a furosemida) e com hipercalemia. Além disso, há necessidade de administração de volume para infusão de drogas vasoativas e, também, necessidade de adequação de suporte nutricional. Portanto, deve-se indicar instalação de diálise e, paralelamente, medidas terapêuticas para hipercalemia até que se tenham controles séricos de potássio satisfatórios. O balanço hídrico deve ser rigoroso (a cada 4 horas). É importante observar que, caso não haja resposta ao aumento da furosemida, ela deve ser suspensa.

6. d

A hipercalciúria idiopática é definida como a excreção urinária de cálcio ≥ 4 mg/kg/dia, e é considerada fator de risco para a formação de cálculos urinários, aparecendo como a principal alteração metabólica responsável pela sua formação em adultos e crianças. A presença de calciúria elevada em pelo menos duas amostras de urina de 24 horas associada a história familiar positiva para litíase renal reforça esse diagnóstico.

Na apresentação do quadro de pacientes com síndrome nefrótica idiopática, a hematúria macroscópica está presente em apenas 1 a 3% dos casos.

Entre os tumores renais, que são raros na infância, o tumor de Wilms é o mais comum, podendo cursar com hematúria em apenas 20% dos casos, não sendo, portanto, uma causa comum de hematúria em crianças.

As infecções urinárias, as alterações metabólicas idiopáticas (especialmente a hipercalciúria) e a urolitíase correspondem às principais causas de hematúria não glomerular em crianças.

7. a

Na infância, 80 a 90% dos casos de síndrome nefrótica (SN) correspondem à síndrome nefrótica idiopática (SNI), cujo padrão histológico mais comum é representado pela lesão histológica mínima (LHM), que apresenta, à microscopia óptica, rim com padrão histológico praticamente normal.

Como a maioria dos casos de SN na infância é de origem idiopática (80 a 90%, como já descrito anteriormente), as causas secundárias, associadas a doenças sistêmicas, metabólicas, infecciosas ou iatrogências, são raras.

A infecção estreptocóccica prévia está relacionada à síndrome nefrítica.

Na eletroforese de proteínas dos pacientes com SNI, os níveis plasmáticos de proteína total, albumina e gamaglobulina estão baixos, enquanto alfa-2--globulina e betaglobulina estão aumentados.

A definição de SN na criança caracteriza-se pela associação de proteinúria maciça (40 mg/m² superfície corpórea/hora ou 50 mg/kg/dia) e hipoalbuminemia (albumina sérica < 2,5 g/L), mas no quadro completo ainda podem coexistir edema, hipercolesterolemia e lipoidúria.

8. d

As manifestações extrarrenais da DRPAD correspondem aos cistos hepáticos, doença diverticular dos cólons, disfunção das válvulas cardíacas, hérnias abdominais e aneurisma de artéria comunicante anterior, o qual é o maior fator de risco para hemorragias subaracnóideas.

A DRPAD é a mais comum das doenças hereditárias do ser humano, com prevalência aproximada de 1:1.000, afetando todas as etnias de ambos os sexos. Caracteriza-se por aumento cístico progressivo dos rins e é considerada uma doença sistêmica, acompanhada de complicações cerebrais, cardíacas e infecciosas, das quais destacam-se hipertensão arterial e hematúria como os achados mais frequentes.

Embora haja casos de descrição de cistos em fetos e no primeiro ano de vida, o diagnóstico de certeza da DRPAD antes dos 20 anos de idade é exceção, devendo, nesses casos, haver história familiar.

Hipertensão arterial, dor lombar, hematúria, calculose renal e infecção urinária são as principais manifestações renais da doença.

Outra forma de doença renal cística geneticamente determinada é a doença renal policística autossômica recessiva (DRPAR), que afeta os rins e o trato biliar, sendo essa forma mais comum em crianças. É frequentemente grave na população pediátrica, com incidência estimada em aproximadamente 1:20.000 nascidos vivos.

9. c

A litíase renal é um problema mundial, que afeta crianças de todas as idades e tem etiologia multifatorial, sendo vários os fatores envolvidos em sua fisiopatologia. Entre os fatores epidemiológicos envolvidos, tem-se os ambientais (como o clima), os anatômicos, os infecciosos, os genéticos, os metabólicos, a atividade física e os nutricionais. Com relação à dieta, restrições alimentares severas são contraindicadas, pois podem dificultar a adesão ao tratamento, além de poder determinar deficiências nutricionais eventualmente mais significativas que a própria urolitíase. A dieta deve ser corrigida e adequada às necessidades da criança ou adolescente e recomenda-se dieta normal para cálcio e proteínas de acordo com o Recommended Dietary Allowance (RDA), restrição de sódio (2 a 2,5 g/dia) e suplementação de potássio (3 a 3,5 g/dia) com frutas (3 unidades por dia) e vegetais.

A oferta hídrica generosa (30 a 40mL/kg/dia, sem, no entanto, exceder 2 litros/dia) deve ser mantida em todos os pacientes portadores de litíase renal, com a finalidade de diluir a concentração das substâncias litogênicas na urina.

Exercícios físicos devem ser regulares, uma vez que a incidência de cálculos é diretamente proporcional ao sedentarismo, assim como a obesidade. No entanto, é necessário dar ênfase ao cuidado com a reposição de líquidos após a atividade física, a fim de não favorecer a concentração e saturação urinárias.

10. c

A excreção anormal de proteínas na urina, didaticamente referida como proteinúria, pode ser transitória (como em situações de estresse, febre, exercícios e desidratação – tipicamente não relacionada à doença renal), ou pode estar relacionada patologicamente a uma doença renal. A proteinúria postural (ou ortostática) é observada mais comumente em adolescentes e, por definição, evidenciada em situações de posição ortostática, desaparecendo na posição deitada ou recumbente. Raramente excede 1 g/1,73 m^2/dia e a maioria dos estudos demonstra prognóstico benigno para essa condição.

O aumento na excreção urinária de proteínas resulta do aumento em sua carga filtrada (devido a alterações na permeabilidade ou seletividade da barreira de filtração glomerular) e a defeitos na sua reabsorção tubular. A proteinúria glomerular pode ser seletiva ou não seletiva.

A proteinúria tubular resulta do aumento da excreção de proteínas de baixo peso molecular que são livremente filtradas pelo glomérulo e reabsorvidas em grande escala pelo túbulo proximal. Em geral, sob condições normais, a excreção urinária de proteína em crianças é < 4 mg/m^2/hora ou < 150 mg/dia ou < 100 mg/m^2/dia.

CAPÍTULO 14

NEONATOLOGIA

Adauto Dutra Moraes Barbosa
Renato Soibelmann Procianoy

QUESTÃO 1
Qual é o procedimento mais efetivo na reanimação neonatal?

ALTERNATIVA CORRETA
- [ ] A Massagem cardíaca.
- [ ] B Uso de adrenalina endovenosa.
- [ ] C Aspiração de vias aéreas.
- [ ] D Ventilação pulmonar.
- [ ] E Oxigênio a 100% inalatório.

REFERÊNCIA BIBLIOGRÁFICA
Almeida MFB, Guinsburg R; Membros do International Liason Committee on Resuscitation (ILCOR) Neonatal Task Force. Reanimação neonatal em sala de parto: Documento Científico do Programa de Reanimação Neonatal da Sociedade Brasileira de Pediatria. Disponível em: www.sbp.com.br. Acessado em: 23/07/2015.

QUESTÃO 2

Entre os fatores de risco relacionados a seguir, qual é o mais importante para o aumento da perda insensível de água no recém-nascido (RN)?

ALTERNATIVA CORRETA

- ☐ A Prematuridade extrema.
- ☐ B Hiperventilação.
- ☐ C Fototerapia.
- ☐ D Incubadora.
- ☐ E Vapor de água aquecido.

REFERÊNCIAS BIBLIOGRÁFICAS

Doyle LW, Sinclair JC. Insensible water loss in newborn infants. Clin Perinatol 1982; 9(3):453-82.
Kwak JR, Gwon M, Lee JH, Park MS, Sung Hwan Kim SH. Non-oliguric hyperkalemia in extremely low birth weight infants. Yonsei Med J 2013; 54(3):696-701.
Oh W. Fluid and electrolyte management of very low birth weight infants. Pediatr Neonatol 2012; 53(6):329-33.

QUESTÃO 3

O hiperinsulinismo é causa de hipoglicemia em quais pacientes?

ALTERNATIVA CORRETA

- ☐ A RN pré-termo extremos.
- ☐ B RN pequenos para a idade gestacional.
- ☐ C Filhos de diabéticas.
- ☐ D RN com baixa ingesta calórica.
- ☐ E Hipotermia.

REFERÊNCIA BIBLIOGRÁFICA

Departamentos de Neonatologia e de Endocrinologia Pediátrica. Hipoglicemia no período neonatal. Diretrizes da SBP, 2014. Disponível em: http://www.sbp.com.br/src/uploads/2015/02/diretrizessbp-hipoglicemia2014.pdf. Acesso em: 23/07/2015.

QUESTÃO 4

RN de mãe com diagnóstico de lues no final da gestação. Fez tratamento por 15 dias antes do parto e o companheiro não foi tratado. Qual a conduta com o RN?

ALTERNATIVA CORRETA

- ☐ A Considerar infectado somente se o *venereal disease research laboratory* (VDRL) for positivo.
- ☐ B Acompanhar no ambulatório e só tratar se apresentar clínica.
- ☐ C Tratar sem fazer qualquer exame prévio.
- ☐ D Solicitar VDRL, radiografia de ossos e liquor e tratar.
- ☐ E Observar pela presença de clínica.

REFERÊNCIA BIBLIOGRÁFICA

Brasil. Ministério da Saúde. Diretrizes para o controle das sífilis congênita. Brasília: Ministério da Saúde, 2006.

QUESTÃO 5

Qual é o anticonvulsivante de primeira escolha para o RN?

ALTERNATIVA CORRETA

- ☐ A Fenitoína.
- ☐ B Ácido valproico.
- ☐ C Clonazepam.
- ☐ D Midazolam.
- ☐ E Fenobarbital.

REFERÊNCIA BIBLIOGRÁFICA

Barbosa ADM. Convulsões no período neonatal. In: Campos D Jr, Burns DAR, Lopez FA. Tratado de pediatria 3.ed. Barueri: Manole, 2014. p.1887-95.

QUESTÃO 6

Entre as estratégias descritas a seguir, qual é a mais efetiva como neuroprotetora no RN a termo asfixiado?

ALTERNATIVA CORRETA

☐ A Hipoglicemia.
☐ B Hipotermia.
☐ C Hipertermia.
☐ D Fenobarbital.
☐ E Fenitoína.

REFERÊNCIAS BIBLIOGRÁFICAS

Lai M-C, Yang S-N. Perinatal hypoxic-ischemic encephalopathy. J Biomed Biotechnol 2011; 2011:609813.

Procianoy RS. Documentos científicos SBP. Hipotermia terapêutica. Disponível em: http://www.sbp.com.br/src/uploads/2015/02/hipotermia-terapeutica.pdf. Acessado em: 27/07/2015.

QUESTÃO 7

A diminuição dos níveis de protrombina faz pensar em qual das seguintes alternativas?

ALTERNATIVA CORRETA

☐ A Doença hemorrágica do RN.
☐ B Coagulação intravascular disseminada.
☐ C Trombocitopenia aloimune.
☐ D Trombocitopenia autoimune.
☐ E Hemofilia.

REFERÊNCIA BIBLIOGRÁFICA

Martín-López JE, Carlos-Gil AM, Rodríguez-López R, Villegas-Portero R, Luque-Romero S, Flores-Moreno S. Prophylactic vitamin K for vitamin K deficiency bleeding of the newborn. Farm Hosp 2011; 35(3):148-55.

QUESTÃO 8
Qual dos germes a seguir é o que mais comumente causa sepse neonatal precoce?

ALTERNATIVA CORRETA
- [ ] A Estreptococo grupo B.
- [ ] B Hemófilo.
- [ ] C Brucela.
- [ ] D Listeria.
- [ ] E Estafilococo coagulase negativo.

REFERÊNCIA BIBLIOGRÁFICA
Cagno CK, Pettit JM, Weiss BD. Prevention of perinatal group B streptococcal disease: updated CDC guideline. Am Fam Physician 2012; 86(1):59-65.

QUESTÃO 9
RN a termo, de parto cesariana, bolsa rota no momento do parto, líquido amniótico claro. Iniciou com dificuldade respiratória logo após o nascimento, necessitando de 35% de oxigênio. Radiografia de tórax com leve hiperinsuflação e congestão peri-hilar. No final de 72 horas de vida, estava eupneico e sem necessidade de oxigênio. Qual o diagnóstico?

ALTERNATIVA CORRETA
- [ ] A Doença de membrana hialina.
- [ ] B Síndrome de aspiração de mecônio.
- [ ] C Pneumonia congênita.
- [ ] D Taquipneia transitória do RN (TTRN).
- [ ] E Cardiopatia congênita

REFERÊNCIAS BIBLIOGRÁFICAS
Derbent A, Tatli MM, Duran M, Tonbul A, Kafali H, Akyol M et al. Transient tachypnea of the newborn: effects of labor and delivery type in term and preterm pregnancies. Arch Gynecol Obstet 2011; 283(5):947-51.
Reuter S, Moser C, Baack M. Respiratory distress in the newborn. Pediatr Rev 2014; 35(10):417-28.
Tutdibi E, Gries K, Bücheler M, Misselwitz B, Schlosser RL, Gortner L. Impact of labor on outcomes in transient tachypnea of the newborn: population-based study. Pediatr 2010; 125(3):e577-83.

QUESTÃO 10
Qual a causa mais frequente de convulsão no RN a termo?

ALTERNATIVA CORRETA
☐ A Erro inato do metabolismo.
☐ B Uso errôneo de medicações na mãe.
☐ C Encefalopatia hipóxico-isquêmica (EHI).
☐ D Encefalopatia bilirrubínica.
☐ E Uremia.

REFERÊNCIAS BIBLIOGRÁFICAS
Fatemi A, Wilson MA, Johnston MV. Hypoxic ischemic encephalopathy in the term infant. Clin Perinatol 2009; 36(4): 835-vii.

Lai M-C, Yang S-N. Perinatal hypoxic-ischemic encephalopathy. J Biomed Biotechnol 2011; 1-6: 2011:609813.

Volpe JJ, Neurology of the newborn. 5.ed. St. Louis: Saunders, 2008.

Weeke LC, Groenendaal F, Benders MJ, Nievelstein RA, van Rooji LG, de Vries LS. The aetiology of neonatal seizures and the diagnostic contribution of neonatal cerebral magnetic resonance imaging. Dev Med Child Neurol 2015; 57(3):248-56.

RESPOSTAS CORRETAS

1. d

A ventilação pulmonar adequada é o ponto crítico para o sucesso da reanimação neonatal, pois permite que os pulmões do recém-nascido (RN) se inflem, promovendo dilatação vascular pulmonar e hematose adequadas. A ventilação pulmonar é considerada o procedimento mais simples, importante e efetivo na reanimação do RN em sala de parto.

2. a

A prematuridade extrema é o fator de risco mais importante para o aumento da perda insensível de água (PIA) no RN. A PIA pode ocorrer por evaporação através da pele imatura e pelo trato respiratório. A perda por essa via é diretamente proporcional à idade gestacional.

3. c

O mecanismo pelo qual o RN filho de diabética apresenta hipoglicemia é o hiperinsulinismo, que pode ser explicado da seguinte forma: durante a gravidez, o diabete apresenta e evolui com glicemia elevada, caso não haja controle adequado. Essa maior concentração de glicose é, então, passada ao feto que, ao seu tempo, promove elevação da concentração de sua insulina, para compensar aquela glicose em excesso fornecida pela gestante. Com o nascimento, o suprimento de glicose que era fornecido pela mãe cessa. Entretanto, o RN ainda apresenta elevada concentração de insulina, gerando um quadro de hipoglicemia, às vezes duradoura e intensa.

4. d

Nos RN de mães com sífilis não tratada ou inadequadamente tratada, independentemente do resultado de seu VDRL, devem-se realizar: hemograma, radiografia de ossos longos, punção lombar (na impossibilidade de realizar esse exame, tratar o caso como neurossífilis) e outros exames, quando clinicamente indicados.

5. e

A fácil administração (via endovenosa ou via oral), a eficácia e o efeito de longa duração fazem do fenobarbital o anticonvulsivante de primeira escolha para o RN. Ele age potencializando a ação do ácido gama aminobutírico (GABA) e, provavelmente, inibindo a excitação mediada pelo glutamato (prolongamento da abertura dos canais de cloro, dos receptores $GABA_A$ e consequente hiperpolarização da membrana pós-sináptica). É utilizado na dose de ataque de 15 a 20 mg/kg, via intravenosa, e na dose de manutenção de 3,5 a 5 mg/kg/dia (máximo de 40 mg/dia).

6. b

Sugere-se que a hipotermia aplicada no período de latência (entre a fase de reanimação e a fase de reperfusão neuronal), nas primeiras 6 horas, iniba os mecanismos de lesão do sistema nervoso central, decorrentes da fase tardia da encefalopatia hipóxico-isquêmica, quando ocorre severa apoptose neuronal, principalmente antes da ocorrência de convulsão.

7. a

A doença hemorrágica do RN decorre da deficiência da atividade dos fatores de coagulação dependentes da vitamina K [fatores II (protrombina), VII, IX , X e proteínas C, S e Z], da qual a criança pode carecer desde os primeiros dias de vida. A coagulação sanguínea ocorre normalmente quando o fibrinogênio é convertido à fibrina pela ação proteolítica da trombina, que, por sua vez, resulta da protrombina por um processo enzimático que envolve a interação dos fatores VII, X e V.

A aplicação intramuscular de 1 mg de vitamina K, em dose única, previne efetivamente sua ocorrência.

8. b

O estreptococo do grupo B (GBS) é a bactéria que mais frequentemente causa sepse precoce no RN. Pode também causar pneumonia e meningite. Cerca de 25% das gestantes carregam o GBS no reto ou na vagina sem qualquer sintomatologia. Dessa forma, é recomendado que as gestantes sejam testadas para o GBS entre a 35ª e a 37ª semana de gestação para iniciarem seus tratamentos. Estima-se que a chance de o RN apresentar doença pela GBS de mãe não tratada com antibiótico é de 1:4.000, caindo para 1:200 no caso de a mãe receber tratamento para GBS.

9. d

A TTRN é um quadro respiratório considerado adaptativo, de evolução benigna, observado com maior frequência em crianças nascidas a termo, por via operatória. Desenvolve desconforto respiratório logo após ao nascer e regride em torno de 72 horas, sem deixar sequelas. A TTRN é explicada como sendo causada pelo atraso na eliminação de líquido intrapulmonar, que normalmente é, em parte, reabsorvido pelo organismo e, em parte, expulso do pulmão durante a passagem pelo canal de parto. Por isso sua grande incidência entre os nascidos de parto cesariana. Com o passar das horas, o líquido pulmonar é reabsorvido e a criança torna-se eupneica. Radiografia de tórax geralmente é normal. Muito raramente acontece de a evolução clínica do quadro de TTRN não ser satisfatória, observando-se congestão pulmonar considerável, revelada à radiografia de tórax, e necessidade de monitoração.

10. C

A EHI é a causa mais frequente de convulsão no RN a termo, com etiologia confirmada pelo diagnóstico por ressonância magnética (RM). As convulsões ocorrem nas primeiras horas de vida. Diversos mecanismos contribuem para sua ocorrência; entre eles, pode ser citado o dano neurológico que resulta da hipoxemia/isquemia ou de ambos, primariamente ocasionado pela privação da glicose e do suprimento de oxigênio, que causam falha na produção de energia e geram uma cascata bioquímica de eventos que desencadeiam disfunção celular e, em última instância, morte.

CAPÍTULO 15

NUTROLOGIA

Elza Daniel de Mello
Virgínia Resende Silva Weffort

QUESTÃO 1

Bebê do sexo feminino, 10 meses de idade, foi atendida em sua casa pelo médico de família, que identificou condições precárias da moradia, insegurança alimentar – principalmente no preparo das mamadas – e abandono do aleitamento materno aos 2 meses de vida. Atualmente, recebe 3 mamadas/dia de leite integral diluído, volume de 100 mL/mamada e sopa bem líquida (apenas uma vez por semana com carne) no almoço e no jantar. A criança encontrava-se deitada; segundo a mãe, é a posição preferida dela, pois não consegue ficar sentada por muito tempo. Emagrecimento acentuado, baixa atividade, atrofia muscular e subcutânea, com desaparecimento da bola de Bichat e aspecto envelhecido. Naquele momento, apresentava diarreia líquida em vários episódios/dia e temperatura de 34ºC. Qual dos fatores a seguir demonstra gravidade e necessita de intervenção imediata?

ALTERNATIVA CORRETA

☐ A Hipotermia.
☐ B Insegurança alimentar.
☐ C Condições precárias de moradia.
☐ D Leite integral diluído.
☐ E Ingestão de carne uma vez por semana.

REFERÊNCIAS BIBLIOGRÁFICAS

Brasil. Ministério da Saúde. Secretaria de Atenção à Saúde. Coordenação Geral da Política de Alimentação e Nutrição. Manual de atendimento da criança com desnutrição grave em nível hospitalar. Brasília: Ministério da Saúde, 2005. p.144.

Sociedade Brasileira de Pediatria. Departamento de Nutrologia. Manual de orientação: alimentação do lactente, alimentação do pré-escolar, alimentação do escolar, alimentação do adolescente, alimentação na escola. São Paulo: Sociedade Brasileira de Pediatria. Departamento de Nutrologia, 2006. p.64.

QUESTÃO 2
Qual comportamento não deve ser estimulado para que a criança adquira comportamento alimentar adequado?

ALTERNATIVA CORRETA
☐ A Comer quanto lhe apetecer.
☐ B Experimentar novos alimentos.
☐ C Comer com as mãos.
☐ D Brincar durante as refeições.
☐ E Comer sentada à mesa junto com os familiares.

REFERÊNCIAS BIBLIOGRÁFICAS
Chatoor I. Diagnosis and treatment of feeding disorders in infants, toddlers and young children. Washington: National Center for Clinical Infant Programs, 2009.

Chatoor I, Surles J, Ganiban J, Beker L, Paez LM, Kerzner B. Failure to thrive and cognitive development in toddlers with infantile anorexia. Pediatrics 2004; 113(5):e440-7.

Kerzner B. Clinical investigation of feeding difficulties in young children: a practical approach. Clin Pediatr (Phila) 2009; 48(9):960-5.

Jaballas E, Clark-Ott D, Clasen C, Stolfi A, Urban M. Parents' perceptions of their children's weight, eating habits, and physical activities at home and at school. J Pediatr Health Care 2011; 25:294-301.

Jansen PW, Roza SJ, Jaddoe VW Mackenbach JD, Raat H, Hofman A et al. Children's eating behavior, feeding practices of parents and weight problems in early childhood: results from the population-based Generation R Study. Int J Behav Nutr Phys Act 2012; 9:130.

Mascola AJ, Bryson SW, Agras WS. Picky eating during childhood: a longitudinal study to age 11 years. Eat Behav 2010; 11(4):253-7.

Nogueira-de-Almeida CA, Mello ED, Maranhão HS, Vieira MC, Barros R, Fisberg M et al. Dificuldades alimentares na infância: revisão da literatura com foco nas repercussões à saúde. Pediatr Mod 2012; 48(9):1-10.

QUESTÃO 3

Nas glicogenoses, cuja manifestação clínica mais proeminente é a hipoglicemia, as dietas sem açúcar são indicadas com qual finalidade?

ALTERNATIVA CORRETA

☐ A Evitar as hipoglicemias.
☐ B Diminuir a ação da insulina e evitar a hipoglicemia reativa.
☐ C Reduzir o acúmulo de glicogênio no fígado.
☐ D Reduzir a ação das enzimas do complexo piruvato-desidrogenase.
☐ E Chamar a atenção da mãe para o fato de que a criança não pode viver sem açúcar.

REFERÊNCIAS BIBLIOGRÁFICAS

American Academy of Pediatrics Committee on Nutrition. Inborn errors of metabolism. In: Leinmain RE, Greer FR (eds.). Pediatric nutrition. 7.ed. Elk Grove Village: American Academy of Pediatrics, 2014. p.727-67.

Trahms CM, Ogata BN. Medical nutrition therapy for genetic metabolic disorders. In: Mahan LK, Escott-Stump S, Raymond JL (eds.). Krause's food and the nutrition care process. 13.ed. St Louis: Elsevier, 2012. p.996-1019.

QUESTÃO 4

Sobre os cuidados importantes nas recomendações a respeito da hidratação nas atividades físicas dos adolescentes e das crianças, qual a alternativa incorreta?

ALTERNATIVA CORRETA

☐ A A temperatura da solução deve variar de 6 a 20°C para facilitar a ingestão.

☐ B A regra "beba mesmo sem sede" deve ser adotada apenas nos dias quentes.

☐ C Uma solução contendo entre 6 e 10% de carboidrato tem osmolalidade que facilita o esvaziamento gástrico e a absorção intestinal.

☐ D A relação carboidrato:sódio deve ser semelhante à dos fluidos corpóreos: 12:1. A relação de 5:1, que facilita o esvaziamento gástrico, é intolerável.

☐ E Em ambientes quentes e úmidos, a necessidade de ingestão de líquidos é maior do que em ambientes quentes e secos, nos quais a termorregulação é mais eficiente.

REFERÊNCIAS BIBLIOGRÁFICAS

American Academy of Pediatrics Committee on Nutrition. Sports nutrition. In: Leinmain RE, Greer FR (eds.). Pediatric nutrition. 7.ed. Elk Grove Village: American Academy of Pediatrics, 2014. p.265-326.

Hernandez AJ, Nahas RM. Modificações dietéticas, reposição hídrica, suplementos alimentares e drogas: comprovação de ação ergogênica e potenciais riscos para a saúde. Rev Bras Med Esporte 2009; 15(2):S1-12.

QUESTÃO 5
Nos casos cuja hipótese diagnóstica é alergia ao leite de vaca mediada por imunoglobulina E (IgE), qual exame comprova o diagnóstico?

ALTERNATIVA CORRETA
- ☐ A   Teste cutâneo de hipersensibilidade imediata.
- ☐ B   *Radioallergosorbent test* (RAST).
- ☐ C   ImmunoCAP.
- ☐ D   Teste de provocação oral.
- ☐ E   Dosagem de IgE.

REFERÊNCIAS BIBLIOGRÁFICAS
American Academy of Pediatrics Committee on Nutrition. Food Allergies. In: Kleinman RE, Greer FR. Pediatric nutrition. 7.ed. Elk Grove Village: American Academy of Pediatrics, 2014.

Fiocchi A, Brozek J, Schünemann H, Bahna SL, von Berg A, Beyer K et al. World Allergy Organization (WAO) diagnosis and rationale for action against cow's milk allergy (DRACMA) guidelines. Pediatr Allergy Immunol 2010; 21(Suppl 21):1-125.

Koletzko B, Niggemann A, Arato JA, Dias R, Heuschkel S, Husby et al. Diagnostic approach and management of cow's-milk protein allergy in infants and children: ESPGHAN GI Committee Practical Guidelines. J Pediatr Gastroenterol Nutr 2012; 55:221-9.

Sociedade Brasileira de Pediatria e Associação Brasileira de Alergia e Imunopatologia. Alergia alimentar. Rev Med Minas Gerais 2008; 18(1 Supl):S1-44.

Venter C, Brown T, Shah N, Walsh J, Fox AT. Diagnosis and management of non-IgE-mediated cow's milk allergy in infancy - a UK primary care practical guide. Clin Transl Allergy 2013; 3(1):23.

QUESTÃO 6
Qual a alternativa correta?

ALTERNATIVA CORRETA
☐ A Durante o aleitamento materno exclusivo, deve-se orientar a oferta de água nos dias de calor.
☐ B O uso de chás é liberado no período de aleitamento materno exclusivo.
☐ C O consumo precoce dos alimentos complementares facilita a aceitação dos vários sabores pela criança.
☐ D A papa deve ser amassada com o garfo; a carne e as fibras devem ser retiradas.
☐ E Desde a primeira vez, a papa deve ser preparada com misturas múltiplas, ou seja, com tubérculo ou cereal associado à leguminosa, proteína de origem animal e hortaliça (legumes e verduras).

QUESTÃO 7
Segundo o Ministério da Saúde do Brasil, uma criança com idade entre 0 e 2 anos, com escore Z do índice de massa corpórea (IMC) entre +1 e +2, apresentará qual dos problemas a seguir?

ALTERNATIVA CORRETA
☐ A Eutrofia.
☐ B Baixo peso.
☐ C Risco de sobrepeso.
☐ D Sobrepeso.
☐ E Obesidade.

QUESTÃO 8

No tratamento de crianças e adolescentes com dislipidemias, qual a melhor indicação?

ALTERNATIVA CORRETA

☐ A Reduzir o consumo de gorduras saturadas (< 7% do valor energético total da dieta) e de colesterol (< 200 mg/dia) nos casos com aumento de triglicérides.

☐ B Intervenções farmacológicas para crianças com elevações isoladas de triglicérides (a partir de 200 mg/dL).

☐ C Diminuir a ingestão de carboidratos simples e aumentar o consumo de alimentos fonte de ômega 3, quando o LDL-colesterol estiver aumentado.

☐ D Terapêutica farmacológica para crianças com LDL-colesterol igual a 160 mg/dL, sem outros fatores de risco para doenças cardiovasculares.

☐ E Promover mudanças no estilo de vida e controle do peso quando houver aumento de triglicérides e diminuição do HDL-colesterol.

QUESTÃO 9

Qual das alternativas a seguir é encontrada na anemia ferropriva?

ALTERNATIVA CORRETA

☐ A Microcitose, ferro sérico baixo e normocromia.
☐ B Microcitose, ferritina baixa e ferro sérico baixo.
☐ C Microcitose, saturação de transferrina normal e hipocromia.
☐ D Microcitose, ferro sérico baixo e capacidade de ligação do ferro normal.
☐ E Microcitose, ferritina aumentada e hipocromia.

QUESTÃO 10

Sobre as manifestações clínicas da deficiência de vitamina A, qual a alternativa incorreta?

ALTERNATIVA CORRETA

☐ A   As estruturas oculares mais diretamente afetadas pela hipovitaminose A são a conjuntiva, a córnea e a retina.

☐ B   Na córnea e na conjuntiva, as alterações são predominantemente somáticas e na retina, funcionais.

☐ C   Uma manifestação da hipovitaminose A é o aumento dos linfócitos T.

☐ D   A xeroftalmia ("olho seco"), que acarreta cegueira noturna ou nictalopia, xerose conjuntival, mancha de Bitot e xerose corneal, pode ser reversível. A úlcera de córnea gera uma cicatriz como sequela (leucoma).

☐ E   Ceratinização das papilas gustativas acarreta diminuição do paladar.

REFERÊNCIAS BIBLIOGRÁFICAS

American Academy of Pediatrics. Fat-soluble vitamins. Pediatric Nutrition Handbook. 6.ed., 2009. p.461-74.

American Heart Association Nutrition Committee, Lichtenstein AH, Appel LJ, Brands M, Carnethon M, Daniels S, Franch HA et al. Diet and lifestyle recommendations revision 2006: a scientific statement from the American Heart Association Nutrition Committee. Circulation 2006; 114(1):82-96.

Braga JAP, Barbosa TNN. Anemia ferropriva. In: Morais MB, Campos SO, Hilário MOE. Pediatria: diagnóstico e tratamento. Barueri: Manole, 2013. p.873-6.

Brasil. Ministério da Saúde. Secretaria de Atenção à Saúde. Departamento de Atenção Básica. Manual de condutas gerais do Programa Nacional de Suplementação de Vitamina A. 2.ed. Brasília: Ministério da Saúde, 2013. p.38.

Fields DA, Gilchrist JM, Catalano PM, Gianni ML, Roggero PM, Mosca F. Longitudinal body composition data in exclusively breast-fed infants: a multicenter study. Obesity (Silver Spring) 2011; 19(9):1887-91.

Hoddinott P, Tappin D, Wright C. Breast feeding. BMJ 2008; 336:881-7.

Oliveira FL, Patin RV, Escrivão MA. Atherosclerosis prevention and treatment in children and adolescents. Expert Rev Cardiovasc Ther 2010; 8(4):513-28.

Palou A, Picó C. Leptin intake during lactation prevents obesity and affects food intake and food preferences in later life. Appetite 2009; 52(1):249-52.

Sociedade Brasileira de Pediatria. Avaliação nutricional da criança e do adolescente: Manual de Orientação. São Paulo: Sociedade Brasileira de Pediatria. Departamento de Nutrologia, 2009. p.112.

Sociedade Brasileira de Pediatria. Manual de orientação para a alimentação do lactente, do pré-escolar, do escolar, do adolescente e na escola. 3.ed. Rio de Janeiro: Sociedade Brasileira de Pediatria. Departamento de Nutrologia, 2012. p.148.

RESPOSTAS CORRETAS

1. a

Insegurança alimentar, condições precárias de moradia, leite integral diluído e ingestão de carne uma vez por semana compreendem condições que podem levar à desnutrição. A questão descreve uma criança com desnutrição, cujas causas são condições precárias de moradia, insegurança alimentar, em especial no preparo das mamadeiras, e suspensão do aleitamento materno aos 2 meses de idade. A oferta calórica e proteica é deficiente, uma vez que recebe 300 mL de mamadeira com leite diluído (no primeiro ano de idade, deve-se ofertar fórmula infantil, mas, caso seja leite de vaca, nessa idade já deveria ser na forma integral, embora sua ingestão possa causar anemia, sobrecarga renal, maior risco de desenvolver alergia e, posteriormente, obesidade) e sopa líquida (já se trocou o nome para papa, pela necessidade de ela ser pastosa e com maior densidade calórica) e carne apenas uma vez por semana (crianças devem receber de 70 a 100 g/dia de carne, pois ela é fonte de proteína, zinco e ferro, elementos importantes nessa faixa etária). A criança apresenta perda de massa magra e gorda em grau acentuado, uma vez que a bola de Bichat é a última reserva de gordura a desaparecer. No momento da consulta, apresentava diarreia, afecção comum na criança desnutrida e que pode ser fator desencadeante de morte. Assim, uma criança desnutrida grave deve ser rapidamente avaliada quanto ao risco de morte, e os principais sinais de alerta são: hipoglicemia, desidratação, hipotermia, anemia grave e sinais de infecção. Com esses sinais, a internação deve ser indicada para que o tratamento/manejo do desnutrido grave comece o mais rapidamente possível.

2. d

A questão aborda um tema muito importante em pediatria: comportamento alimentar. Dependendo de como as crianças são orientadas e abordadas durante o ato da alimentação, podem surgir dificuldades alimentares – distúrbios duradouros que se apresentam nos primeiros meses de vida e persistem durante anos, causando ansiedade e preocupação para os adultos responsáveis. Cerca de 20 a 60% dos pais relatam que seus filhos não se alimentam bem e 25 a 40% dos lactentes e crianças saudáveis apresentam algum sintoma de problema alimentar. Entre crianças com doenças gastrointestinais e problemas de desenvolvimento, como prematuridade e baixo peso ao nascer, a prevalência pode chegar a 80%.

As dificuldades alimentares podem prejudicar o desenvolvimento infantil inicial e têm sido relacionadas com prejuízos posteriores, como falhas no desenvolvimento cognitivo, problemas comportamentais, desordens de ansiedade e dificuldades alimentares na infância, na adolescência e no início da vida adulta.

Kerzner propôs uma classificação baseada em características organizadas em categorias que norteiam o diagnóstico: a) interpretação equivocada dos pais: os pais acreditam que a criança come pouco, mas, na verdade, sua alimentação está de acordo com suas necessidades; b) criança agitada com pouco apetite: estão mais interessadas nos estímulos do ambiente (brincar e relacionar-se com pessoas) do que propriamente na alimentação; quando apresentam fome, saciam-se rapidamente e se "desligam da refeição" após poucas garfadas e é difícil mantê-las à mesa; é o perfil que mais frequentemente pode levar a comprometimento nutricional e à deficiência de macro e micronutrientes; c) criança emocionalmente comprometida ou negligenciada: quadro de apatia ou problemas de vínculo com a mãe e/ou com a família; a apatia determina desinteresse pela comida e pelo processo de se alimentar; d) doença orgânica de base: pode atuar como fator desencadeante; a diminuição do apetite é uma condição frequente de qualquer afecção clínica e esse sintoma pode persistir até depois da cura da doença; e) ingestão altamente seletiva: recusa total ou parcial a determinado(s) tipo(s) de alimento(s) em função de características como cheiro, sabor, textura, aparência ou consistência; outros aspectos sensoriais costumam estar envolvidos, como baixa tolerância a ruídos ou a sujeira e desconforto em manipular produtos de determinadas consistências, como massas de modelar ou cera, pisar em areia e sentir o toque de determinados tecidos ou materiais. A criança mostra-se, com frequência, muito contrariada, reagindo de forma negativa e hostil, quando exposta forçosamente aos alimentos que não tolera; a seletividade pode expressar-se de maneira mais grave, com seleção de uma única forma de preparação, marca comercial ou local de ingestão da refeição, apego excessivo à maneira como os alimentos são arrumados no prato, lentidão para comer, extrema resistência em experimentar alimentos novos (neofobia alimentar) e restrições amplas; f) fobia alimentar: habitualmente acomete crianças que sofreram algum tipo de trauma relacionado ao sistema digestório, como procedimentos invasivos, entubação, sondagem, acidentes como engasgo, asfixia, sufocação ou outras situações de grande desconforto (como vômitos, que aparecem especialmente quando são alimentadas de maneira forçada). Portanto, para o manejo das dificuldades alimentares, devem-se preconizar as seguintes orientações para as famílias: adotar uma resposta neutra durante as refeições, diante de recusas ou preferências alimentares; iniciar pelos alimentos de que a criança gosta e gradativamente acrescentar novos; incentivar a comer o quanto se quiser comer, e nunca forçar ou chantagear, mas manter horários; insistir para que a criança sente à mesa com a família; incentivar a pinçar alimentos e a interagir; posicionar a criança sentada corretamente; estimular a autonomia; não incentivar demais; não recompensar e aceitar comportamentos normais para a faixa etária.

Para a prevenção de comportamentos alimentares inadequados, é importante orientar, por ocasião da introdução da alimentação complementar, os princípios gerais para alimentação: 1) Evitar distrações na hora da refeição; 2) Alimentar para encorajar a fome; 3) Limitar o tempo das refeições; 4) Servir alimentos com textura apropriada para a idade; 5) Tolerar a bagunça própria para a idade; 6) Incentivar a autoalimentação; 7) Manter uma atitude neutra durante as refeições; 8) Oferecer novos alimentos sistematicamente; 9) Respeitar a fase de desenvolvimento da criança.

3. C

Glicogenose é uma doença de depósito que reflete a inabilidade de metabolizar o glicogênio em glicose. Os tipos mais comuns são glicogenoses tipo I e III. Os sintomas são: baixo crescimento linear, hipoglicemia, hepatomegalia e aumento de triglicerídeos e colesterol séricos. Na glicogenose tipo Ia, o defeito enzimático está na enzima glicose-1-6-fosfatase, que compromete a gliconeogênese e a glicogenólise. A criança afetada é incapaz de metabolizar o glicogênio do fígado. Com isso, pode ocorrer hipoglicemia grave com dano cerebral irreversível. Na glicogenose tipo III, a enzima envolvida é a amido-1,6-glicosidase. Ocorre também glicogenólise ineficiente, mas a neoglicogênese está amplificada e auxilia na manutenção da glicemia. Os sintomas são menos graves e variam de hepatomegalia a grave hipoglicemia. Com tratamento, os episódios de hipoglicemia são menos graves, assim como o comprometimento do crescimento linear e a hepatomegalia. O risco de disfunção renal progressiva não é totalmente eliminado com o tratamento, e o transplante hepático tem sido uma boa opção em alguns casos.

O tratamento baseia-se em: não ofertar carboidratos de rápida absorção, como glicose, sacarose e lactose, pois eles são acumulados de forma progressiva, contínua e irreversível no fígado na forma de glicogênio; e usar carboidratos crus de forma intermitente ou de baixo índice glicêmico contínuo para manter a glicemia sérica. Os protocolos de tratamento incluem a oferta de vários tipos de carboidratos em diversas quantidades durante o dia e a noite. Tolerância individual, peso corporal, estado de saúde, temperatura ambiente e grau de atividade física têm papel importante na prescrição da quantidade e do tipo de carboidrato. A administração de amido de milho cru em intervalos regulares e de dieta baseada em carboidratos complexos e pobre em gordura é necessária para prevenir hipoglicemia. Algumas crianças evoluem bem com a administração oral de amido de milho, no entanto, outras necessitam da administração contínua de polímeros de glicose por gastrostomia durante a noite para prevenir episódios de hipoglicemia noturnos. A dose do amido de milho deve ser individualizada: 1,6 a 2,5 g/kg, a cada 4 a 6 horas, geralmente é efetiva.

4. b

Hidratação apropriada durante a atividade física de caráter recreativo ou competitivo pode garantir que o desempenho esperado seja atingido e que problemas de saúde sejam evitados. O estresse do exercício é acentuado pela desidratação, que aumenta a temperatura corporal, prejudica as respostas fisiológicas e o desempenho físico, com riscos para a saúde. Esses efeitos podem ocorrer mesmo que a desidratação seja leve ou moderada, com até 2% de perda do peso corporal, agravando-se à medida que ela se acentua. Com 1 a 2% de desidratação, inicia-se o aumento da temperatura corporal em até 0,4ºC para cada percentual subsequente de desidratação. Em torno de 3%, há redução importante do desempenho; com 4 a 6% pode ocorrer fadiga térmica; a partir de 6%, existe risco de choque térmico, coma e morte. Como o suor é hipotônico em relação ao sangue, a desidratação provocada pelo exercício pode resultar em aumento da osmolaridade sanguínea. Tanto a hipovolemia como a hiperosmolaridade aumentam a temperatura interna e reduzem a dissipação de calor pela evaporação e convecção.

O reconhecimento dos sinais e dos sintomas da desidratação é fundamental. Quando leve a moderada, ela se manifesta com fadiga, perda de apetite e sede, pele vermelha, intolerância ao calor, tontura, oligúria e aumento da concentração urinária. Quando grave, ocorre dificuldade para engolir, perda de equilíbrio, pele seca e murcha, olhos afundados e visão fosca, disúria, pele dormente, delírio e espasmos musculares. Quando comparadas com os adultos, as crianças apresentam menor taxa de sudorese para esforços que se assemelham em intensidade e duração e em condições térmicas idênticas, em ambiente laboratorial. No entanto, elas se desidratam à semelhança do adulto. Portanto, a hidratação durante o exercício é muito importante.

A palatabilidade é fator importante no estímulo à reposição de água, visto que pesquisas mostram que sua ingestão voluntária aumenta quando são adicionados sabor: sódio (20 a 25 mEq/L) e carboidrato (6%), evitando a desidratação. Existem estudos que indicam que bebida com 8% de carboidrato ocasiona maior lentidão na absorção e no esvaziamento gástrico em comparação com água e bebidas que contêm até 6% de carboidrato. Preferencialmente, deve ser utilizada uma mistura de glicose, frutose e sacarose. O uso isolado de frutose pode causar distúrbios gastrointestinais e retardar sua absorção. O esvaziamento gástrico é facilitado com a ingestão de líquidos com baixo teor calórico e a absorção intestinal é otimizada com líquidos isosmóticos, entre 200 e 260 mOsmol/kg. A ingestão de líquidos hipertônicos poderia causar a secreção de água do organismo para a luz intestinal. Vários outros fatores referentes à palatabilidade do líquido afetam a ingestão voluntária, como temperatura, doçura, intensidade do gosto e acidez, além da sensação de sede e das preferências pessoais. A ingestão de bebidas geladas influi apenas na palatabilidade, facilitando sua ingestão. Não existem evidências atuais de que bebidas geladas facilitem a absorção da água.

Uma das manifestações da desidratação leve a moderada é a perda da sensação de sede, por isso é muito importante que, durante o exercício, independentemente do clima, tenha-se a consciência de que "se deve beber mesmo sem sede", para prevenir a progressão da desidratação. As outras alternativas da questão, que são corretas, abordam aspectos relevantes e muito estudados em relação à palatabilidade das soluções de reidratação e características que estimulam o esvaziamento gástrico.

5. d

A abordagem diagnóstica da alergia à proteína do leite de vaca inicia-se com a suspeita pelas manifestações clínicas, que são diversas e dependem dos mecanismos envolvidos (IgE-mediados ou não) e do órgão acometido.

Nas reações de hipersensibilidade imediata, mediadas por anticorpos IgE, os sinais e os sintomas ocorrem de modo agudo, minutos ou até 2 horas após a ingestão do alérgeno. De modo diferente, as manifestações mediadas por células (não mediadas por IgE) apresentam sintomas subagudos ou crônicos e a reação ocorre 24, 48 horas ou mais tempo após a exposição ao alérgeno. Quanto ao órgão, a maioria das crianças desenvolve sintomas relacionados ao trato digestório (50 a 60%), à pele (50 a 60%) e ao trato respiratório (20 a 30%), com grau de intensidade que vai desde alterações leves até graves, com risco de morte (anafilaxia e edema laríngeo) e alta morbidade (insuficiência do crescimento). As alergias IgE-mediadas estão relacionadas ao maior risco de alergias múltiplas e à associação com outras doenças atópicas, como asma, mais tardiamente.

O diagnóstico da alergia alimentar (AA) é muitas vezes difícil, pois é basicamente clínico, não existem exames laboratoriais adequados e fidedignos. Inclui dieta de restrição e teste de desencadeamento (teste de provocação oral). Em relação à avaliação laboratorial, os exames acessíveis estão, em sua maior parte, direcionados à avaliação de manifestações mediadas por IgE. A pesquisa de IgE específica pode ser realizada de duas maneiras: teste *in vivo* (denominado teste de puntura ou *prick test*) ou teste *in vitro* de dosagem de IgE específica por diversas técnicas, das quais o RAST é a mais comum. É importante salientar que testes positivos só indicam sensibilização e que a relação causal entre alimento e sintoma somente pode ser estabelecida pela anamnese e pelo teste de provocação oral.

6. e

Durante o aleitamento materno exclusivo, não deve ser oferecido outro alimento ao lactente além do leite materno, nem mesmo água, chás ou sucos. A composição do leite materno é adequada para nutrir e hidratar a criança, assegurando crescimento e desenvolvimento normais. O consumo precoce dos alimentos complementares não facilita a aceitação dos vários sabores pela criança, mas o leite materno sim. Os alimentos complementares devem ser iniciados após o período de aleitamento materno exclusivo (primeiros 6 meses de vida). Desde o início de sua introdução, a papa deve ser preparada com misturas múltiplas, a carne deve ser desfiada após o cozimento e mantida na preparação e os demais ingredientes devem ser amassados com o garfo.

7. c

De acordo com esse critério, o estado nutricional de uma criança abaixo de 5 anos, com escore Z do IMC entre +1 e +2, é classificado como risco de sobrepeso; entre +2 e +3, sobrepeso, e acima de +3, obesidade. Valores de escore Z do IMC entre +1 e -2 são classificados como eutrofia e, entre -2 e -3, magreza.

8. e

Nos casos com aumento de triglicérides e diminuição do HDL-colesterol, estão indicadas mudanças no estilo de vida (aumento da atividade física, diminuição do tempo gasto com atividades sedentárias) e modificações na dieta, com o objetivo de adequar o peso corporal. A diminuição no consumo de gorduras saturadas (< 7% do valor energético total da dieta) e de colesterol (< 200 mg/dia) é recomendada quando há aumento do LDL-colesterol. Intervenção farmacológica está indicada para crianças com elevações isoladas de triglicérides (> 400 mg/dL), as quais apresentam risco para pancreatite (os triglicérides podem se elevar para 1.000 mg/dL ou mais, no pós-prandial). A diminuição na ingestão de carboidratos simples e o aumento no consumo de alimentos fonte de ômega 3 são realizados quando os triglicérides estão elevados. A terapêutica farmacológica pode ser utilizada em crianças com LDL-colesterol igual a 160 mg/dL e outros fatores de risco para doenças cardiovasculares.

9. b

Na anemia ferropriva, encontra-se ferritina baixa, pois ocorre depleção dos estoques de ferro no fígado, no baço e na medula óssea. Há diminuição do ferro de transporte, que se caracteriza pelo declínio na concentração do ferro sérico e aumento na capacidade de ligação do ferro; saturação da transferrina diminuída; microcitose, dada pelo volume corpuscular médio, e hipocromia, definida pela hemoglobina corpuscular média e pela concentração de hemoglobina corpuscular média.

10. c

Na hipovitaminose A, as estruturas oculares mais afetadas são a conjuntiva, a córnea e a retina, e a cegueira noturna é a alteração mais precoce. O pigmento dos bastonetes (rodopsina) é constituído por vitamina A. A xeroftalmia pode ser reversível com o tratamento medicamentoso com vitamina A e dieta, no entanto, quando ocorre ulceração na córnea e ceratomalácia, com necrose e destruição, a cegueira é irreversível. O aumento dos linfócitos T não é uma manifestação da hipovitaminose A.

CAPÍTULO

16

OTORRINOLARINGOLOGIA

Tania Maria Sih

QUESTÃO 1
Na otite média aguda (OMA), quais são os otopatógenos microbianos mais frequentes, por ordem de frequência?

ALTERNATIVA CORRETA

☐ A *Streptococcus pneumoniae, Haemophilus influenzae* não tipável e *Moraxella catarrhalis*.
☐ B *Haemophilus influenzae* não tipável, *Streptococcus pneumoniae* e *Moraxella catarrhalis*.
☐ C *Streptococcus pneumoniae, Haemophilus influenzae* não tipável e *Streptococcus pyogenes*.
☐ D *Streptococcus pneumoniae, Haemophilus influenzae* tipo B e *Moraxella catarrhalis*.
☐ E Todas as alternativas anteriores.

QUESTÃO 2
Sobre dor de ouvido no verão, qual é a alternativa correta?

ALTERNATIVA CORRETA
- ☐ A   Há relação com a exposição à água.
- ☐ B   Geralmente não é acompanhada por febre, coriza ou tosse.
- ☐ C   Os micro-organismos etiológicos mais frequentes são *Staphylococcus aureus* e *Pseudomonas aeruginosa*.
- ☐ D   Todas as alternativas anteriores.
- ☐ E   Nenhuma das alternativas anteriores.

QUESTÃO 3
Sobre dor de ouvido no inverno, qual é a alternativa correta?

ALTERNATIVA CORRETA
- ☐ A   Há relação com a exposição aos vírus respiratórios sazonais.
- ☐ B   Geralmente é acompanhada por febre, coriza, tosse e lacrimejamento.
- ☐ C   Geralmente se trata de OMA.
- ☐ D   Todas as alternativas anteriores.
- ☐ E   Nenhuma das alternativas anteriores.

QUESTÃO 4
Na otite média com efusão, qual é a alternativa correta?

ALTERNATIVA CORRETA
- ☐ A   A audição é normal.
- ☐ B   A secreção é do tipo otorreia.
- ☐ C   O tratamento é feito com descongestionantes e corticosteroide.
- ☐ D   Nenhuma das alternativas anteriores.
- ☐ E   Todas as alternativas anteriores.

QUESTÃO 5
Sobre presença de pus na garganta, qual é a alternativa correta?

ALTERNATIVA CORRETA
☐ A Sempre é amigdalite bacteriana.
☐ B Está justificada a introdução do antibiótico.
☐ C É sugestivo de infecção pelo pneumococo.
☐ D Nenhuma das alternativas anteriores.
☐ E Todas as alternativas anteriores.

QUESTÃO 6
Quando a amigdalite ou tonsilite aguda for causada pelo *Streptococcus pyogenes* do grupo A, qual é a alternativa correta?

ALTERNATIVA CORRETA
☐ A O diagnóstico de certeza é clínico ou empírico.
☐ B Deve-se observar a evolução com medidas de suporte.
☐ C Introduzir antibiótico tipo macrolídeo como primeira escolha.
☐ D Nenhuma das alternativas anteriores.
☐ E Todas as alternativas anteriores.

QUESTÃO 7
Quando a tonsilite (amigdalite) aguda é causada pelo *Streptococcus pyogenes* do grupo A, qual é a alternativa correta?

ALTERNATIVA CORRETA
☐ A A penicilina será o antimicrobiano de escolha.
☐ B Não existe resistência do *Streptococcus pyogenes* aos antimicrobianos betalactâmicos.
☐ C Na prática clínica, substitui-se a penicilina pela amoxicilina.
☐ D Todas as alternativas anteriores.
☐ E Nenhuma das alternativas anteriores.

QUESTÃO 8
Como é feito o diagnóstico da sinusite aguda bacteriana em crianças?

ALTERNATIVA CORRETA
- ☐ A Com radiografia simples de seios da face.
- ☐ B Com cultura da secreção nasal.
- ☐ C Por diagnóstico clínico.
- ☐ D Nenhuma das alternativas anteriores.
- ☐ E Todas as alternativas anteriores.

QUESTÃO 9
O que é importante no tratamento da rinossinusite aguda bacteriana?

ALTERNATIVA CORRETA
- ☐ A Antibiótico.
- ☐ B Corticosteroide tópico nasal.
- ☐ C Higiene (irrigação) nasal com soro fisiológico.
- ☐ D Todas as alternativas anteriores.
- ☐ E Nenhuma das alternativas anteriores.

QUESTÃO 10
Sobre a rinossinusite crônica (RSC), qual é a alternativa correta?

ALTERNATIVA CORRETA
- ☐ A A adenoide é importante.
- ☐ B Pólipos nasais podem estar presentes.
- ☐ C Um dos pilares do tratamento clínico é o corticosteroide nasal.
- ☐ D Todas as alternativas anteriores.
- ☐ E Nenhuma das alternativas anteriores.

RESPOSTAS CORRETAS

1. b

Após o advento da imunização com as vacinas conjugadas para o *Streptococcus pneumoniae*, o micro-organismo bacteriano mais prevalente nas OMA é o *Haemophilus influenzae* não tipável.

2. d

Dor de ouvido causada por otite externa é uma doença típica do verão, em que a exposição à água é mais frequente (banhos de imersão, praia e piscina). A criança não apresenta nenhum sintoma de infecção de vias aéreas (elevação da temperatura, coriza, tosse, lacrimejamento ou obstrução nasal), mas a otalgia é intensa a ponto de, na hora de trocar de roupa, ao encostar na orelha, já manifesta dor intensa e súbita. Não está indicado antibiótico sistêmico, somente gotas de ouvido, tópicas, com corticosteroide e antibiótico (tipo quinolona), que age bem tanto em *Staphylococcus aureus* quanto em *Pseudomonas aeruginosa*. Deve-se recomendar não molhar a orelha no banho durante os dias em que a criança apresentar a doença.

3. d

A maioria das OMA é decorrente de infecções respiratórias virais (em geral mais prevalentes nos meses frios) e, como tal, tem evolução tranquila, autolimitante e sem sequelas. Entretanto, o médico deve fazer a otoscopia para o diagnóstico de certeza. Apenas o achado de congestão de membrana timpânica (leve hiperemia) não indica a necessidade de qualquer outro fármaco que não seja analgésico e antitérmico. Na presença de coriza, fazer higiene nasal com soro fisiológico. Contudo, caso na otoscopia seja visto abaulamento de membrana timpânica, em especial se for bilateral (configurando OMA bilateral e abaulada), ou presença de otorreia súbita, já é sugestivo da existência de contaminação por micro-organismo bacteriano otopatogênico. Nesse caso, é importante o uso do antibiótico.

4. d

Na otite média com efusão, também conhecida como serosa ou secretora, aumento do volume da televisão, comportamento irritadiço, rebelde e até desobediente e agitado e repetição frequente da pergunta "o quê?" são queixas frequentes. A perda auditiva é o que chama mais atenção. Na otoscopia, em conjunto com a pneumo-otoscopia, a membrana timpânica não se movimenta e tem aspecto retraído, coloração mais azulada e presença de bolhas.

A evolução, na maioria da vezes, é tranquila, pois, em geral, a história natural da efusão é benigna, exceto em certo grupo de crianças com risco (portadoras de alterações tipo Robin, dimorfismos faciais, fissura palatina, Down, autismo e deficientes visuais) para o qual um seguimento estreito com tratamento em geral cirúrgico (colocação de tubo de ventilação) se impõe. No entanto, nas crianças que não pertencem a esse grupo de risco, a evolução da história natural da doença é boa, o seguimento clínico e audiométrico é necessário e a conduta, expectante. Em geral, dentro de até 3 meses, a efusão desaparece sem necessidade de tratamento medicamentoso tipo descongestionante sistêmico ou corticosteroide via oral, tão populares no nosso meio. Caso a efusão persista, as alterações estruturais da membrana timpânica continuarem e, no exame audiométrico, a disacusia também continuar, a colocação de um tubo de ventilação deve ser indicada.

5. d

Na amigdalite ou tonsilite aguda, a etiologia mais comum é a viral, quando os parâmetros clínicos também devem ser empregados: a presença de conjuntivite, tosse, coriza, manifestações sistêmicas como diarreia, de maneira geral, está associada com etiologia viral. Portanto, não há indicação de antibiótico, mas de medidas de suporte, como analgésicos e antitérmicos.

6. d

Na tonsilite aguda, para confirmação da etiologia bacteriana, que, na sua quase totalidade, é causada pelo *Streptococcus pyogenes* do grupo A, também conhecido como beta-hemolítico, o diagnóstico etiológico de certeza é feito por meio da cultura da superfície tonsilar (padrão-ouro). O teste rápido para a pesquisa do *Streptococcus pyogenes* do grupo A é um exame que contribui de maneira significativa para melhorar tanto o valor preditivo positivo quanto o valor preditivo negativo, no sentido de utilizar não antimicrobiano na abordagem de criança com tonsilite estreptocócica.

7. d

Tanto no Brasil como no mundo inteiro, não há notícia da resistência do *Streptococcus pyogenes* à penicilina e aos antimicrobianos betalactâmicos. Na prática clínica, substitui-se a penicilina pela amoxicilina, em virtude da sua palatabilidade, facilidade posológica, etc. Portanto, a amoxicilina continua sendo o antibiótico para o tratamento das tonsilites estreptocócicas. Com relação aos macrolídeos, existe a possibilidade de resistência do *Streptococcus pyogenes* a esse grupo de antimicrobianos. Essa resistência está diretamente relacionada à frequência com que se usam os macrolídeos na comunidade. Portanto, os macrolídeos devem ser reservados para situações específicas e só devem substituir a penicilina e os demais antibióticos betalactâmicos em situações nas quais os pacientes tenham de fato história comprovada de alergia a esse grupo de fármacos.

8. c

O diagnóstico de sinusite aguda bacteriana que ocorre após um resfriado comum pode ser realizado diante de três tipos de cenários clínicos. 1) em caso de doença persistente: os sintomas típicos de um resfriado não se resolvem em 10 dias e persistem. 2) em curso de agravamento: inicia com resfriado, e, como esperado, apresenta melhora dos sintomas. No entanto, no quinto ou sexto dia, os sintomas voltam a piorar e tornam-se bastante graves. 3) sintomas agudos graves de imediato, sem necessariamente iniciar o quadro com resfriado. Os pacientes têm febre alta, tosse significativa, secreção nasal e, muitas vezes, dor de cabeça por 2 ou 3 dias.

O diagnóstico da sinusite aguda bacteriana é essencialmente clínico (tosse diurna e noturna que se intensifica a noite, febre, obstrução e secreção nasal verde/amarela anterior e/ou posterior) e não é necessário obter qualquer tipo de imagem para sua confirmação. Alteração em exames radiológicos pode ocorrer durante o curso de rinossinusite viral. Assim, não se devem solicitar exames de imagem para diferenciar sinusite bacteriana aguda de infecção viral do trato respiratório superior.

9. d

Com relação ao tratamento da rinossinusite aguda bacteriana com antibióticos, observa-se que eles parecem levar a uma resolução um pouco mais rápida dos sintomas. Da mesma forma que nas OMA, os micro-organismos bacterianos mais comuns na rinossinusite bacteriana aguda são *Streptococcus pneumoniae, Haemophilus influenzae* e *Moraxella catarrhalis*. O antibiótico acelera a resolução dos quadros em crianças, mas a decisão de tratamento com antibiótico deve ter como base a avaliação clínica do médico. Com relação ao antibiótico, a amoxicilina com ou sem clavulanato é o tratamento de escolha. Fatores de risco para resistência a amoxicilina (com base principalmente em estudos de otite) são: crianças em creches, expostas a bactérias e vírus, que fizeram uso recente de antibióticos e as mais jovens. Portanto, em paciente com mais de 2 anos de idade com infecção não complicada e sem relato de uso recente de antibióticos, pode-se começar com dose regular ou alta de amoxicilina com clavulanato. Se a criança estiver desidratada ou vomitando e não tolerar antibióticos orais, pode-se utilizar ceftriaxona em dose única intramuscular diária de 50 mg/kg por até 3 dias. No caso de alergia (mediada por imunoglobulina E [IgE] ou reatividade) à penicilina, ainda podem ser utilizadas, de forma segura, as cefalosporinas, das quais as três que parecem ser as mais eficazes são cefdinir, cefuroxima e cefpodoxima. Se existir risco elevado de anafilaxia relacionado com a penicilina, tanto a clindamicina quanto a linezolida são boas opções. A linezolida é um antibiótico muito caro e não é utilizada rotineiramente. É importante ter em mente que sulfametoxazol-trimetoprim e azitromicina não são recomendados, em razão da má cobertura para *Haemophilus influenzae* e cobertura ainda pior para *Streptococcus pneumoniae*. O tratamento típico é de 10 ou 7 dias após a melhora dos sintomas. A maioria das crianças começa a apresentar melhora dentro de 3 dias (por isso 10 dias, 7 dias depois dos 3 que ela pode demorar para apresentar melhora). Alguns profissionais dão cursos mais longos, mas sem bom suporte na literatura.

Corticosteroides intranasais mostram benefício. O uso de corticosteroide intranasal associado a antibiótico controla melhor os sintomas nas crianças com rinossinusite aguda. A higiene (irrigação) nasal com soro fisiológico é uma terapia auxiliar que promove *clearance* das secreções e deve ser encorajada.

10. d

O papel da adenoide na rinossinusite crônica é importante. A principal diferença entre adultos e crianças é que as crianças têm adenoide, que parece contribuir significativamente para a doença inflamatória das cavidades sinusais. Ao considerar o quadro clínico, adenoides inflamadas e hipertróficas podem bloquear a coana, na região nasal posterior. Assim, a criança apresenta secreção e congestão nasal, além de roncos noturnos, podendo também chegar à apneia do sono. A presença de biofilme na adenoide é outro fator que contribui para o papel da adenoide na RSC: é maior em crianças com RSC. Em criança com RSC e pólipos nasais, é sempre necessário pesquisar fibrose cística.

Uma vez que o diagnóstico tenha sido realizado e a doença for leve, o tratamento pode ser iniciado com irrigação nasal salina e corticosteroides intranasais. Se essa linha de tratamento falhar ou se a doença for mais grave, podem ser considerados os antibióticos, seguidos da solicitação de tomografia computadorizada (TC) para avaliar a doença residual. Caso a TC mostre doença residual após o tratamento e a criança permaneça sintomática, as opções cirúrgicas podem ser consideradas, incluindo adenoidectomia (com ou sem irrigação salina da cavidade sinusal) e cirurgia endoscópica minimamente invasiva (*mini functional endoscopic sinus surgery* [FESS]).

CAPÍTULO

17

PEDIATRIA AMBULATORIAL

Tadeu Fernando Fernandes
José Gabel
Lucia Margareth Perini Borjaille

QUESTÃO 1
Sobre a consulta de seguimento na pediatria, segundo a idade, qual é a alternativa correta?

ALTERNATIVA CORRETA
- ☐ A De 0 a 5 meses, intervalo bimestral.
- ☐ B De 12 a 23 meses, intervalo semestral
- ☐ C De 6 a 11 meses, intervalo bimestral.
- ☐ D De 2 a 5 anos, intervalo trimestral.
- ☐ E De 6 a 9 anos, intervalo semestral.

REFERÊNCIAS BIBLIOGRÁFICAS
Brasil. Ministério da Saúde. Atenção à saúde do recém-nascido. Departamento de Ações Programáticas Estratégicas 2013. 2.ed. Brasília: Ministério da Saúde, 2013.
Campos D Jr, Burns DAR, Lopez FA. Pediatria ambulatorial. In: Campos D Jr, Burns DAR, Lopez FA. Tratado de pediatria. 3.ed. Barueri: Manole, 2014.

QUESTÃO 2
No segundo ano de vida da criança, qual o seu ganho estatural e ponderal?

ALTERNATIVA CORRETA
- ☐ A Em torno de 10 cm e 4 kg.
- ☐ B Em torno de 8 cm e 6 kg.
- ☐ C Em torno de 6 cm e 8 kg.
- ☐ D Em torno de 12 cm e 2,5 kg.
- ☐ E Em torno de 5 cm e 5 kg.

REFERÊNCIAS BIBLIOGRÁFICAS
Brasil. Ministério da Saúde. Atenção à saúde do recém-nascido. Departamento de Ações Programáticas Estratégicas 2013. 2.ed. Brasília: Ministério da Saúde, 2013.
Campos Júnior D, Burns DAR, Lopez FA. Pediatria ambulatorial. In: Campos D Jr, Burns DAR, Lopez FA. Tratado de pediatria. 3.ed. Barueri: Manole, 2014.

QUESTÃO 3
Qual dos comportamentos a seguir é esperado encontrar nos marcos do desenvolvimento de uma criança de 1 ano de idade?

ALTERNATIVA CORRETA
- ☐ A Rolar no leito e voltar-se para o som.
- ☐ B Transferir objeto de uma mão para outra.
- ☐ C Balbuciar e sentar sem apoio.
- ☐ D Subir escadas e correr.
- ☐ E Ficar em pé e apresentar pinça completa (polpa-polpa).

REFERÊNCIAS BIBLIOGRÁFICAS
Brasil. Ministério da Saúde. Atenção à saúde do recém-nascido. Departamento de Ações Programáticas Estratégicas 2013. 2.ed. Brasília: Ministério da Saúde, 2013.
Halpern R. Manual de pediatria do desenvolvimento e comportamento. Barueri: Manole, 2014.

QUESTÃO 4

Qual das seguintes alternativas descreve o que é possível observar no quadro clínico característico da febre?

ALTERNATIVA CORRETA

- ☐ A Extremidades quentes (mãos e pés).
- ☐ B Aumento da sudorese.
- ☐ C Sensação subjetiva de calor.
- ☐ D Taquicardia e taquipneia.
- ☐ E Ausência de tremores.

REFERÊNCIA BIBLIOGRÁFICA

Fernandes TF. Febre. In: Campos D Jr, Burns DARB, Lopez FA. Tratado de pediatria. 3.ed. Barueri: Manole, 2013.

QUESTÃO 5

Quanto à enxaqueca infantil, qual a alternativa correta?

ALTERNATIVA CORRETA

- ☐ A Ocorre normalmente de 1 a 4 vezes ao mês.
- ☐ B Tem duração de 1 a 72 horas.
- ☐ C É comumente bilateral.
- ☐ D As alternativas A e B são corretas.
- ☐ E Todas as alternativas estão corretas.

REFERÊNCIA BIBLIOGRÁFICA

Campos D Jr., Burns DAR, Lopez FA. Pediatria ambulatorial. In Campos D Jr., Burns DAR, Lopez FA. Tratado de pediatria. 3.ed. Barueri: Manole, 2014.

QUESTÃO 6
Qual das seguintes alternativas apresenta critérios diagnósticos das dores do crescimento (DC)?

ALTERNATIVA CORRETA
- [ ] A Dor articular e contínua.
- [ ] B Dor bilateral nos membros inferiores.
- [ ] C Alteração de exame de laboratório.
- [ ] D Alteração de exame de imagem.
- [ ] E Edema, calor, rubor, limitação dos movimentos.

REFERÊNCIAS BIBLIOGRÁFICAS
Amador EV, Perilla R, Alvarez G. Dolor de crecimiento: revisión de la literatura. Rev Colomb Ortop Traumatol 2008; 22(3):192-5.
Asadi-Pooya AA, Bordbar MR. Are laboratory tests necessary in making the diagnosis of limb pains typical for growing pains in children? Pediatr Int 2007; 49(6):833-5.
Evans AM, Scutter SD. Prevalence of "growing pains" in young children. J Pediatr 2004; 145(2):255-8.
Peterson H. Growing pains. Pediatr Clin North Am 1986; 33(6):1365-72.
Peterson HA. Leg aches. Pediatr Clin North Am 1977; 24(4):731-6.
Uziel Y, Chapnick G, Jaber L, Nemet D, Hashkes PJ. Five-year outcome of children with "growing pains": correlations with pain threshold. J Pediatr 2010; 156(5):838-40.

QUESTÃO 7

Ao examinar um paciente com quadro de adenomegalias occipitais, deve-se tranquilizar a família explicando que o comprometimento desses linfonodos está geralmente associado a quê?

ALTERNATIVA CORRETA

☐ A   Cistos branquiais.
☐ B   Processos inflamatórios da parótida.
☐ C   Gengivoestomatite herpética.
☐ D   Dermatite seborreica.
☐ E   Faringite.

REFERÊNCIAS BIBLIOGRÁFICAS

Leung AK, Robson WL. Childhood cervical lymphadenopathy. J Pediatr Health Care 2004; 18(1):3-7.
Peters TR, Edwards KM. Cervical lymphadenopathy and adenitis. Pediatr Rev 2000; 21(12):399-404.
Swanson DS. Diagnostic approach to and initial treatment of cervical lymphadenitis in children. In: Basow DS. (eds.). UpTo-Date. Waltham, MA, 2010.
Swanson DS. Etiology and clinical manifestations of cervical lymphadenitis in children. In: Basow DS (ed.). UpToDate. Waltham, MA, 2010.
Thorell EA, Chesney PJ. Cervical lymphadenitis and neck infections. In: Long SS, Pickering LK, Prober CG (eds.). Principles and practice of pediatric infectious diseases. London: Churchill Livingstone, 2008.

QUESTÃO 8
Quanto às adenomegalias cervicais, qual a alternativa correta?

ALTERNATIVA CORRETA
☐ A Os linfonodos da região cervical drenam a região temporal.
☐ B Regridem espontaneamente no intervalo de 2 semanas.
☐ C Mais de 75% de massas cervicais são de natureza inflamatória ou infecciosa.
☐ D Aproximadamente 5% tem natureza congênita.
☐ E Aproximadamente 20% é causada por neoplasia maligna.

REFERÊNCIAS BIBLIOGRÁFICAS
Jacob CMA. Adenomegalias. In: Marcondes E et al. Roteiros diagnósticos em pediatria. São Paulo: Sarvier,1987. p.51-6.
Mcclain KL, Fletcher RH. Causes of periferal lymphadenopathy in children. Uptodated 2011.
Okolo SN, Nwana EJ, Mohammed AZ. Histopathologic diagnosis of lymphadenopathy in children. Nigeria East Afr Med 2003; 80(11):559-63.
Sobrinho JG, Oliveira CG, Gabel J, Fernandes TF, Azevedo HR. Queixas frequentes em Ambulatório - adenomegalias. In: Campos D Jr., Burns DARB, Lopez FA. (org.) Tratado de Pediatria. 3.ed. Barueri: Manole, 2013.
Swanson DS. Etiology and clinical manifestations of cervical lymphadenitis in children. In: Basow DS (ed.). UpToDate. Waltham, MA, 2010.

QUESTÃO 9

Paciente de 8 anos de idade apresenta dores nos membros inferiores, recidivante, difusa, sempre no período da tarde ou da noite, que melhoram muito com massagens locais. Diante desse quadro, qual a conduta mais adequada?

ALTERNATIVA CORRETA

☐ A Solicitar hemograma e exame de imagem.
☐ B Tranquilizar a família quanto à benignidade do quadro.
☐ C Prescrever anti-inflamatório oral e retorno em 10 dias.
☐ D Orientar a procura de reumatologista.
☐ E Suspender exercícios físicos.

REFERÊNCIAS BIBLIOGRÁFICAS

Asadi-Pooya A, Bordbar MR. Are laboratory tests necessary in making the diagnosis of limb pains typical for growing pains in children? Pediatr Int 2007; 49(6):833-5.

Barbosa CMPL, Hangai L, Terreri MT, Len CA, Hilário MOE. Dor em membros em um serviço de reumatologia pediátrica. Rev Paul Pediatr 2005; 23(2):63-8.

Bowyer SL, Hollister JR. Limb pain in childhood. Pediatr Clin North Am 1984; 31(5):1053-81.

Eccleston C, Malleson P. Managing chronic pain in children and adolescents. We need to address the embarrassing lack of data for this common problem. BMJ 2003; 326(7404):1408-9.

Horlé B, Wood CH. Growing pains in children: myth or reality? Arch Pediatr 2008; 15(8):1362-5.

QUESTÃO 10
Sobre o perímetro cefálico (PC) no primeiro ano de vida, qual a alternativa correta?

ALTERNATIVA CORRETA
☐ A O PC aumenta aproximadamente 5 cm no 1º ano de vida.
☐ B O PC aumenta aproximadamente 6 cm no 1º ano de vida.
☐ C O PC aumenta aproximadamente 8 cm no 1º ano de vida.
☐ D O PC aumenta aproximadamente 12 cm no 1º ano de vida.
☐ E O PC aumenta aproximadamente 10 cm no 1º ano de vida.

REFERÊNCIA BIBLIOGRÁFICA
Brasil. Ministério da Saúde. Atenção à saúde do recém-nascido. Departamento de Ações Programáticas Estratégicas 2013. 2.ed. Brasília: Ministério da Saúde, 2013.

RESPOSTAS CORRETAS

1. c

O lactente caracteriza-se pelo rápido crescimento ponderoestatural e pelo desenvolvimento neuropsicomotor, que evolui em uma condição de vida dependente do relacionamento com os pais, com o ambiente familiar e escolar, ganhando autonomia progressivamente.

Ele adquire maior movimentação voluntária, amplia seu espaço social e é muito estimulado pelo ambiente. Nessa ocasião, ocorrem, ainda, o início da construção da inteligência e a fase oral do desenvolvimento da personalidade. As crianças nessa faixa etária, que se estende dos 28 dias aos 2 anos de idade (lactentes), devem ser acompanhadas pelo pediatra em consultas mensais de puericultura durante o 1º semestre de vida, bimestrais no 2º semestre e trimestrais entre 12 e 24 meses de idade.

Frequência e regularidade dos procedimentos de puericultura conforme a Classificação Brasileira Hierarquizada de Procedimentos Médicos (CBHPM) (desde 2010) e a Resolução Normativa n. 338 da ANS (Agência Nacional de Saúde Suplementar) (com vigência a partir de 02/01/2014)

Lactente (0 a 2 anos)	Pré-escolar (2 a 4 anos)	Escolar (5 a 10 anos)	Adolescentes (11 a 19 anos)
1ª semana	24 meses	5 anos	11 anos
1 mês	30 meses	6 anos	12 anos
2 meses	36 meses	7 anos	13 anos
3 meses	42 meses	8 anos	14 anos
4 meses	48 meses	9 anos	15 anos
5 meses		10 anos	16 anos
6 meses			17 anos
9 meses			18 anos
12 meses			19 anos
15 meses			
18 meses			

2. d

O crescimento é um processo biológico, de multiplicação e aumento do tamanho celular, expresso pelo aumento do tamanho corporal.

Todo indivíduo nasce com um potencial genético de crescimento, que pode ou não ser atingido, dependendo das condições de vida a que esteja submetido desde a concepção até a idade adulta. Portanto, pode-se dizer que o crescimento sofre influência de fatores intrínsecos (genéticos, metabólicos e malformações, muitas vezes correlacionados, ou seja, podem ser geneticamente determinadas) e de fatores extrínsecos, entre os quais se destacam a alimentação, a saúde, a higiene, a habitação e os cuidados gerais com a criança.

Como consequência, as condições em que ocorre o crescimento em cada momento da vida da criança, incluindo o período intrauterino, determinam suas possibilidades de atingir ou não seu potencial máximo de crescimento dotado por sua carga genética.

Nas crianças menores de 5 anos, a influência dos fatores ambientais é muito mais importante do que a dos fatores genéticos para expressão de seu potencial de crescimento. Os fatores genéticos apresentam influência marcada na criança maior, no adolescente e no jovem.

A velocidade de crescimento pós-natal é particularmente elevada até os 2 primeiros anos de idade, com declínio gradativo e pronunciado até os 5 anos. No primeiro ano de vida, a criança cresce aproximadamente 50% da estatura ao nascer e, aos 2 anos de idade, ela cresce em torno de 12 cm/ano. A partir do 5º ano, a velocidade de crescimento é praticamente constante, de 5 a 6 cm/ano, até o início do estirão da adolescência (que ocorre em torno dos 11 anos de idade nas meninas e dos 13 anos nos meninos). A velocidade de crescimento geral não é uniforme ao longo dos anos e os diferentes órgãos, tecidos e partes do corpo não crescem com a mesma velocidade.

Com relação ao peso, em geral, duplica dos 4 aos 5 meses, triplica aos 12 meses, quadruplica aos 24 meses e quintuplica entre 4 e 5 anos de idade. No 2º ano de vida, a criança ganha em média 5 kg/ano.

É importante salientar que a variação do peso em relação à idade é muito mais rápida do que a da estatura e reflete, quase que imediatamente, qualquer deterioração ou melhora do estado de saúde, mesmo em processos agudos. Em um prazo de poucos dias, podem ser observadas alterações importantes no peso, cuja medição é mais fácil e mais precisa que a da estatura.

3. e
Para que a vigilância do desenvolvimento ocorra, sob visão global, evidentemente é míster que se faça com atenção não somente testes para a função motora, mas também para as funções sensorial (visão, audição), cognitiva, psíquica, social e de linguagem.

Para o diagnóstico precoce de desvios do desenvolvimento, não basta considerar apenas os seguintes marcos clássicos:
- controlar a cabeça aos 3 meses;
- permanecer sentado, sem apoio, aos 6 meses, quando colocado nessa postura;
- colocar-se em pé aos 9 meses;
- ficar em pé e andar aos 12 meses;
- apresentar pinça completa polpa a polpa.

A marcha, p.ex., surge em torno de 1 ano de idade em crianças que apresentam desenvolvimento neuropsicomotor normal. A emergência dessa função ocorre com 1 ano porque, em geral, nessa idade, a criança fez a aquisição de todos os pré-requisitos para a marcha, cujo preparo teve início já na vida intrauterina e continuou após o nascimento, ao longo de todo o ano.

A combinação da flexão e da extensão ativas é realizada de forma adequada e cada vez mais eficiente no 2º semestre de vida. Quando essa combinação passa a ser exercida não apenas no plano sagital, mas também no plano transversal ao eixo corpóreo, surge o movimento de rotação corporal. Essa capacidade é utilizada no rolar "dissociado", que surge aos 6 meses, diferentemente do rolar em bloco dos primeiros meses de vida.

IDADES-CHAVE E AQUISIÇÕES RELEVANTES EM NASCIDOS A TERMO
Período neonatal
Postura em flexão; em prono: eleva a cabeça momentaneamente; contato visual/fixação visual (de forma mais evidente no final do período); reage a sons.

3 meses
Controle de cabeça (ausência aos 4 meses: sinal de alerta); simetria corporal; transferência do peso corporal; junção das duas mãos na linha média; sorriso social (início, em geral, com 2 meses); vocalização e gritos.

6 meses
Permanece sentado quando colocado (ausência aos 7 meses: sinal de alerta); rola; alcança e segura objetos ora com uma mão, ora com a outra (uso sempre de uma única e da mesma mão: sinal de alerta); localiza sons dirigindo o olhar em direção à fonte sonora; balbucio.

9 meses
De sentado passa para a postura em pé; engatinha; permanece em pé, com apoio; duplicidade de sílabas no balbucio.

12 meses
Anda; primeiras palavras.

4. d
A febre representa uma das queixas mais frequentes entre todos os atendimentos pediátricos, tanto em consultas ambulatoriais como em atendimentos de emergência. Estima-se que 20 a 30% das consultas pediátricas têm a febre como sintoma principal. A ansiedade dos familiares e mesmo dos pacientes em relação à febre acarreta grandes gastos diretos e indiretos no seu tratamento, transformando um sintoma comum em uma verdadeira fobia (febrefobia). O quadro clínico da febre inclui: extremidades frias; aumento da sudorese, sensação de frio e eventualmente tremores; taquicardia e taquipneia.

Os casos em que a elevação da temperatura corporal é decorrente da dificuldade em perder calor (excesso de roupa, ambiente aquecido) ou mesmo da produção exagerada de calor (exercícios intensos) são chamados de hipertermia. O quadro clínico reflete a necessidade de aumentar as perdas, ocorrendo vasodilatação periférica com consequente presença de extremidades quentes, sudorese intensa, sensação de calor e ausência de tremores.

5. e

A cefaleia é uma queixa frequente nas consultas pediátricas e é importante diferenciá-la em aguda ou recorrente.

Cefaleia aguda é a isolada, sem história anterior semelhante, que, associada a outros sinais e sintomas, como febre, dor de garganta, coriza, tosse, alterações urinárias, entre outros, sugere quadros infecciosos agudos nos quais a cefaleia é manifestação coadjuvante.

É considerada cefaleia recorrente no caso de pelo menos três episódios de dor durante um período mínimo de 3 meses, com intensidade suficiente para interferir nas atividades diárias da criança.

Os critérios diagnósticos da Sociedade Internacional de Cefaleia (SIC) para enxaqueca sem aura (mais comum nas crianças) são:

A – pelo menos 4 ataques (crises) preenchendo os critérios B a D;

B – ataques de cefaleia durando 1 a 72 horas (não tratadas ou insatisfatoriamente tratadas);

C – a cefaleia ter, pelo menos, duas das seguintes características: localização unilateral, embora possa ser bilateral ou frontal (mas não exclusivamente occipital) em crianças; dor de caráter pulsátil; intensidade moderada ou severa da dor (inibe ou impede atividades diárias); agravada por exercícios físicos ou atividades físicas rotineiras (como caminhar ou subir escadas) ou causar seu adiamento.

D – durante a cefaleia, apresentar pelo menos um dos seguintes sintomas: náusea e/ou vômitos; fotofobia e fonofobia (que pode ser inferido pelo comportamento nas crianças).

E – não ser mais bem explicada por outro diagnóstico.

6. b
Não há exame clínico, laboratorial ou de imagem que confirme diagnóstico. Alguns autores definem dor em membros inferiores como diagnóstico de exclusão.
Os critérios de inclusão incluem dor em ambos os membros inferiores, de caráter intermitente, localizada nos músculos, não articular e que ocorre no final da tarde e no início da noite. Os testes laboratoriais são normais.
O quadro clínico não é padronizado; sintomas como dor em crianças em fase de crescimento, que ocorre nos membros inferiores e unilaterais estão sempre presentes, embora alguns autores aceitem que seja bilateral. É mais frequente no período noturno e tem curta duração, com frequência de 2 a 3 vezes por semana e que melhora com massagem ou analgésicos, como acetaminofeno. Compromete mais os músculos da coxa, perna, panturrilha, região posterior dos joelhos e extra-articular, podendo ocorrer após um dia de atividade física exagerada. Pode ou não provocar choro e dificuldade para a criança dormir.
Exames complementares laboratoriais e de imagem, geralmente proteína C reativa (PCR), velocidade de hemossedimentação (VHS) e hemograma, são normais, com exceção do número de leucócitos, que pode estar discretamente aumentado.

7. d
Para a maioria das crianças atendidas em serviços de atenção primária, a linfadenopatia é autolimitada e não requer diagnóstico laboratorial. Testes laboratoriais podem ser utilizados para confirmar um diagnóstico suspeito com base na história e no exame físico. No caso de faringite estreptocócica, pesquisa rápida para *Streptococcus* e cultura para vírus Epstein-Barr ou mononucleose, citomegalovírus e doença da arranhadura (*Bartonella henselae*) deve-se solicitar sorologia específica de anticorpos heterófilos e títulos específicos.
Para os casos em que a linfadenopatia permanece inexplicada após os testes de história e exames laboratoriais iniciais, exames laboratoriais adicionais e biópsia do linfonodo podem ser necessários.

A linfadenite cervical pode subdividir-se em: aguda bilateral, aguda unilateral e subaguda/crônica. O *Streptococcus* do grupo B (SGB) é a causa mais frequente nos recém-nascidos, o *Staphylococcus aureus* e *Streptococcus pyogenes*, nas com menos de 5 anos; e micobactérias, *Toxoplasma gondii* e bactérias anaeróbias, nas crianças mais velhas.

8. c
Linfadenite cervical é uma entidade comum na idade pediátrica. Na maioria dos casos, corresponde a uma situação aguda de etiologia viral e de caráter benigno, que não requer tratamento.
Cerca de 40% dos lactentes e 55% das crianças com mais de 1 ano têm gânglios linfáticos palpáveis em alguma localização, majoritariamente no triângulo cervical anterior.
Entre os principais grupos de adenomegalias regionais, tem-se as occipitais, que drenam a parte posterior do couro cabeludo e do pescoço e geralmente estão associadas a infecções, como pediculose e dermatite seborreica.
Menos de 5% são causadas por neoplasias malignas e 20% são congênitas. Regridem, em média, após 12 semanas.
A maioria das adenopatias cervicais está associada a processos inflamatórios, infecciosos virais ou bacterianos.

9. b
Exames complementares laboratoriais e de imagem, geralmente PCR, VHS e hemograma são normais, com exceção do número de leucócitos, que pode estar discretamente aumentado.
A dor do crescimento, mesmo descrita em 1823, continua com etiologia desconhecida e, embora seja entidade clínica benigna, gera preocupação para os pais e dificuldade na conduta em consultórios pediátricos.
Apesar de apresentar cura espontânea, seu tratamento é importante. Atualmente, autores a definem como dor noturna, súbita, não articular, que acorda a criança nas idades pré-escolar e escolar, tem duração de 10 a 15 minutos, é intermitente na musculatura da coxa ou na perna, uni ou bilateral e que ocorre no final da tarde ou no meio da noite, após

atividade física ou estresse, apresentando boa resposta ao tratamento com massagem e analgésico.

Apesar do comportamento benigno da doença, o tratamento não é contraindicado; ele deve ser realizado, pois a incidência de dor crônica em crianças é de 15%, com maior incidência na faixa etária dos 14 anos; o não tratamento pode levar a dor crônica no adulto e implicar prejuízo da qualidade de vida e social para essas crianças. Não há indicações para suspensão das atividades físicas. O tratamento farmacológico durante a crise pode ser feito com o uso de acetaminofeno, ibuprofeno ou pomadas de anti-inflamatórios não esteroides. O uso de compressas mornas, massagem manual suave e a presença dos pais, prestando apoio psicológico e afetivo, geralmente promovem redução da dor e melhora das manifestações clínicas.

As doenças reumáticas que devem ser lembradas para o diagnóstico diferencial são: reumatismo psicogênico, que representa síndrome dolorosa em membros, com evolução crônica ou recorrente e é frequente em escolares entre 4 e 10 anos de idade, com discreto predomínio nas meninas. O conceito utilizado no diagnóstico é: pelo menos três episódios de dor, de intensidade suficiente para interferir nas atividades habituais da criança, por um período de pelo menos 3 meses; hipermobilidade articular (articulações mais flexíveis): crianças apresentam dor após exercícios físicos, têm aumento da frouxidão dos ligamentos, que pode localizar-se nas mãos, braços, pernas e coluna; vasculites; dermatomiosite; dor musculoesquelética idiopática (DMEI); fibromialgia e doenças do tecido conjuntivo.

10. e

O crescimento do crânio, medido por seu PC, tem extrema importância por refletir o crescimento do cérebro; quaisquer desvios devem ser objetos de rigorosa investigação.

O PC deve ser medido com fita métrica não distensível, passando-a sobre a glabela (protuberância do osso frontal, logo acima do nariz) e da protuberância occipital.

Para uma boa avaliação, são necessárias medidas seriadas e registro em gráficos próprios, dos quais o mais atual é o da Organização Mundial da Saúde (OMS).

O crescimento cerebral é mais acentuado nos 3 primeiros anos de vida e é mais rápido nos primeiros 6 meses. No primeiro ano de vida, chega a atingir 83,6% do tamanho adulto e aumenta lentamente até os 18 anos.

A média esperada de crescimento no 1º ano de vida é de 2 cm/mês na fase de 1 a 3 meses, 1 cm/mês de 3 a 6 meses, de 0,5 cm/mês de 6 a 12 meses, totalizando um crescimento de 10 cm no 1º ano de vida.

Além de avaliar a medida do PC, também é importante avaliar as fontanelas. A fontanela anterior normalmente fecha entre 9 e 18 meses e a fontanela posterior costuma fechar até os 2 meses. Craniossinostose é o fechamento precoce de uma sutura do crânio.

CAPÍTULO

18

PNEUMOLOGIA

Maria de Fátima Bazhuni Pombo March
Leonardo Araujo Pinto

QUESTÃO 1
Em relação ao teste do suor na fibrose cística, qual a alternativa correta?

ALTERNATIVA CORRETA
☐ A   Baseia-se na dosagem quantitativa de cloretos em amostra de suor, que deve conter até 50 mg.
☐ B   Alternativamente à iontoforese pela pilocarpina, a amostra de suor pode ser facilmente obtida envolvendo-se o antebraço da criança em saco plástico por 30 minutos.
☐ C   Resultados falso-positivos podem ocorrer na insuficiência adrenal não tratada, no hipotireoidismo e na síndrome nefrótica.
☐ D   Concentrações de cloretos > 160 mEq/L sugerem apresentações clínicas de maior gravidade da doença.
☐ E   Concentrações de cloretos entre 40 e 60 mEq/L excluem o diagnóstico e dispensam repetição do exame.

QUESTÃO 2
Entre os métodos diretos e indiretos para o diagnóstico da insuficiência pancreática na fibrose cística, o clínico pode lançar mão de qual (ais) dos seguintes?

ALTERNATIVA CORRETA
☐ A   Esteatócrito ácido.
☐ B   Dosagem de elastase fecal.
☐ C   Estimulação da secreção pancreática com secretina.
☐ D   Lipase imunorreativa.
☐ E   Todas as alternativas anteriores.

QUESTÃO 3

Escolar, 8 anos de idade, previamente hígido, é levado ao pronto-socorro com tosse seca irritativa há uma semana. Cursou com febre por 2 dias, dor de garganta e dores articulares no início dos sintomas. O irmão de 15 anos tem tosse semelhante há 40 dias e o pai teve pneumonia há 2 meses. Ao exame físico, encontra-se em bom estado geral, afebril e eupneico. Apresenta *rash* cutâneo difuso. A ausculta respiratória revela sibilos difusos bilateramente. Diante do quadro, o pediatra suspeita de infecção por *Mycoplasma pneumoniae*. A criança é submetida à radiografia de tórax, que revela condensação alveolar em lobo inferior direito e pequeno derrame pleural. Em relação a este caso, qual é a alternativa incorreta?

ALTERNATIVA CORRETA

☐ A Os dados epidemiológicos sugerem pneumonia por *M. pneumoniae*.
☐ B Os dados clínicos descritos podem ser observados na infecção por *M. pneumoniae*.
☐ C O *rash* é uma manifestação extrapulmonar pouco comum dessa infecção.
☐ D A dosagem das crioaglutininas é exame inespecífico e sem indicação para realização nessa fase da doença.
☐ E Os achados radiológicos descritos podem ser observados na infecção por essa bactéria.

QUESTÃO 4

Lactente, 4 meses, é levado ao pronto-socorro com tosse seca irritativa, às vezes coqueluchoide, há 2 semanas. O quadro iniciou-se há cerca de 20 dias com obstrução nasal, coriza e agravamento progressivo da tosse. A criança nasceu de parto cesariano com 38 semanas; a genitora, de 17 anos, fez o pré-natal irregularmente. Ao exame físico, tem frequência respiratória (FR) = 60 irpm, frequência cardíaca (FC) = 120 bpm e a ausculta respiratória revela estertores finos em 2/3 inferiores de ambos hemitóraces. Os demais dados do exame físico são normais. A criança é submetida à radiografia de tórax, que revela hiperinsuflação e infiltrados intersticiais bilateralmente. Diante dos dados apresentados, qual a alternativa incorreta?

ALTERNATIVA CORRETA
☐ A A maternidade na adolescência é fator de risco para infecção por *Chlamydia trachomatis*.
☐ B Os achados descritos podem ser observados na pneumonia por citomegalovírus.
☐ C A infecção por *C. trachomatis* pode ser descartada no quadro descrito.
☐ D Os dados clínicos descritos podem ser observados na infecção por *Ureaplasma* spp.
☐ E Os achados radiológicos podem ser observados na infecção de etiologia viral.

QUESTÃO 5

O tratamento de tuberculose em adolescentes deve ser supervisionado (tratamento diretamente observado) e instituído nos primeiros 2 meses com quais medicamentos?

ALTERNATIVA CORRETA
☐ A Rifampicina, isoniazida e pirazinamida.
☐ B Rifampicina, isoniazida e etambutol.
☐ C Rifampicina, isoniazida e estreptomicina.
☐ D Rifampicina, isoniazida, pirazinamida e etambutol.
☐ E Estreptomicina, isoniazida, pirazinamida e etambutol.

QUESTÃO 6

Lactente, 18 meses, vacinado com Bacillus Calmette-Guérin (BCG), teve contato próximo com tio com tuberculose e submeteu-se à investigação médica, visando a identificar possível infecção latente por tuberculose (ILTB). Qual situação deve ser encontrada na ILTB?

ALTERNATIVA CORRETA

☐ A Assintomático, radiografia de tórax: normal, derivado de proteína purificada (PPD) = 6 mm.
☐ B Assintomático, radiografia de tórax normal, PPD = 12 mm.
☐ C Assintomático, radiografia de tórax normal, PPD = 3 mm.
☐ D Sintomático, radiografia de tórax normal, PPD = 11 mm.
☐ E Sintomático, radiografia de tórax com infiltrado difuso, PPD = 11 mm.

QUESTÃO 7

Qual o agente etiológico mais frequente do derrame pleural agudo?

ALTERNATIVA CORRETA

☐ A *Staphylococcus aureus.*
☐ B *Streptococcus pneumoniae.*
☐ C *Haemophilus influenzae* tipo B.
☐ D *Klebsiella pneumoniae.*
☐ E *Mycoplasma pneumoniae.*

QUESTÃO 8

Pré-escolar, 2 anos e meio, com derrame pleural parapneumônico. Foram realizadas hemocultura e toracocentese. Qual das alternativas sugere que o derrame pleural é um exsudato?

ALTERNATIVA CORRETA

☐ A Proteína líquido pleural/proteína plasma < 0,5; lactato de desidrogenase (DHL) líquido pleural > 200 UI; DHL líquido pleural/DHL plasma < 0,6.
☐ B Proteína líquido pleural/proteína plasma < 0,5; DHL líquido pleural < 200 UI; DHL líquido pleural/DHL plasma > 0,6.
☐ C Proteína líquido pleural > 3 g/100 mL; DHL líquido pleural < 200 UI; DHL líquido pleural/DHL plasma > 0,6.
☐ D Proteína líquido pleural/proteína plasma > 0,5; DHL líquido pleural > 200 UI; DHL líquido pleural/DHL plasma > 0,6.
☐ E Proteína líquido pleural > 3 g/100 mL; DHL líquido pleural < 200 UI; DHL líquido pleural/DHL plasma < 0,6.

QUESTÃO 9

Lactente do sexo masculino, 4 meses de idade, foi internado com história de febre alta há 3 dias, dispneia e gemência. Radiografia de tórax: infiltrado no terço superior do pulmão esquerdo e imagem de hipotransparência de permeio com nível hidroaéreo. Exame físico: prostração, tiragem subcostal e impetigo bolhoso na perna esquerda. Segundo as normas do Ministério da Saúde, qual a melhor opção inicial de antimicrobiano?

ALTERNATIVA CORRETA

☐ A Oxacilina.
☐ B Penicilina cristalina.
☐ C Gentamicina.
☐ D Gentamicina + ampicilina.
☐ E Ampicilina.

QUESTÃO 10
Em relação à resistência do pneumococo à penicilina, qual a alternativa correta?

ALTERNATIVA CORRETA
☐ A No Brasil, a taxa de resistência elevada situa-se em torno de 18%, devendo-se optar por outro tipo de antibiótico no tratamento de pneumonia.

☐ B Cepas com resistência intermediária são suscetíveis à concentração inibitória mínima (CIM) ≤ 0,06 mcg\mL.

☐ C Alterações da afinidade das proteínas de ligação à penicilina (PBP) geram resistência, geralmente por mecanismos genéticos.

☐ D Estudos atuais mostram que as cepas resistentes são sempre sensíveis a outros antibióticos, como ceftriaxona e cefuroxima.

☐ E Pneumococos produzem betalactamases que destroem o anel betalactâmico das penicilinas.

RESPOSTAS CORRETAS

1. c

O teste do suor é considerado padrão-ouro para diagnóstico da fibrose cística. O procedimento mais indicado para dosagem quantitativa de cloreto no suor é o método da iontoforese por pilocarpina. A estimulação térmica não deve ser utilizada por apresentar mais resultados falso-positivos e negativos.
O resultado é positivo quando a concentração de cloro > 60 mEq/L. Os níveis são considerados normais com até 40 mEq/L. Concentração de cloro > 160 mEq/L é fisiologicamente impossível e sugere erro na coleta. O teste do suor pode ser falso-positivo em situações como insuficiência adrenal, displasia ectodérmica, hipotireoidismo, síndrome nefrótica e colestase familiar. O teste do suor normal não exclui o diagnóstico de formas atípicas da fibrose cística.

2. e

Para o diagnóstico da insuficiência pancreática, podem ser utilizados vários testes, como teste da secretina, dosagem da gordura fecal, medida do esteatócrito e medida de enzimas, como quimiotripsina, elastase e lipase imunorreativa. A medida da elastase fecal tem sido considerada um método de alta acurácia para o diagnóstico da insuficiência pancreática em pacientes com fibrose cística.

3. c

Em geral, a infecção por micoplasma causa sintomas que aparecem e pioram durante um período de 1 a 3 semanas. Essa bactéria pode causar diferentes tipos de infecção. A pneumonia pode ser uma das infecções mais graves, mas nem todos os pacientes desenvolvem broncopneumonia. Os sintomas mais comuns, especialmente em crianças, estão associados a traqueobronquite. Os sintomas associados são dor de garganta, cansaço, febre, dor de cabeça e tosse com duração de semanas ou meses.
A infecção pode ocorrer em qualquer idade, mas é mais frequente em escolares, adolescentes e adultos jovens. As complicações frequentemente associadas são infecções graves, exacerbação da asma com sibilância e dificuldade respiratória e manifestações na pele, como *rash* e eritema multiforme.

4. c

A pneumonia afebril do lactente é uma infecção respiratória que afeta lactentes jovens entre 1 e 4 meses de vida. As manifestações mais frequentes são tosse e dificuldade respiratória. Em geral, não há febre ou ela é baixa.

Os principais agentes causadores são *Ureaplasma, Chlamydia trachomatis* e citomegalovírus. A infecção pela *Chlamydia trachomatis* provoca início insidioso dos sintomas, com sintomas leve a moderado que evoluem com dificuldade respiratória. Além disso, pode ser associado a conjuntivite e eosinofilia no hemograma.

Parto vaginal e idade materna jovem são fatores de risco associados. Os achados radiológicos incluem hiperinflação, espessamento brônquico, infiltrado intersticial difuso e atelectasias.

5. d

O tratamento da tuberculose em adolescentes e adultos é realizado com quatro drogas nos primeiros 2 meses: rifampicina, isoniazida, pirazinamida e etambutol.

O tratamento em crianças menores de 10 anos de idade é realizado com apenas três drogas (rifampicina, isoniazida e pirazinamida), considerando os riscos de neurite óptica associado ao uso do etambutol.

6. b

Na investigação de crianças em contato com adultos com tuberculose, devem-se solicitar radiografia de tórax e teste tuberculínico ou PPD. O diagnóstico de tuberculose latente deve incluir crianças assintomáticas com radiografia sem alterações sugestivas de tubecurlose e teste tuberculínico alterado. Para crianças com 2 anos após a realização da vacina BCG, o teste tuberculínico está alterado a partir de 10 mm. Para crianças com mais de 2 anos após a realização da vacina BCG, o teste está alterado quando a reação for > 5 mm.

7. b

Considerando os dados epidemiológicos em crianças, o pneumococo é a causa mais frequente de muitas infecções bacterianas agudas em crianças e também a causa mais importante de derrame pleural de evolução aguda. Outros germes importantes como causa de derrame pleural são estafilococo e *Mycoplasma pneumoniae*.

8. d

Um derrame pleural exsudato é causado por aumento da permeabilidade dos vasos, como nas situações de inflamação e/ou infecção. Ele é rico em proteínas e células. Assim, um exsudato, em termos bioquímicos, apresenta proteínas no líquido pleural/proteínas séricas > 0,5; DLH pleural/DLH sérica > 0,6 e DLH pleural > 200.

9. a

Segundo as normas do Ministério da Saúde, a melhor opção para o tratamento com antimicrobianos do abscesso pulmonar é a oxacilina, que oferece boa cobertura para o *Staphylococcus aureus* de origem não hospitalar, importante causador dessa complicação em crianças.

10. c

A resistência intermediária ao pneumococo, no Brasil, encontra-se em frequência entre 10 e 15% das amostras. A resistência plena é a mais rara, com prevalência < 5%. O mecanismo de resistência ocorre por alterações da afinidade das proteínas de ligação à penicilina, e não pela produção de betalactamases. Dessa forma, o uso de antibióticos com inibidores de betalactamases (clavulanato) não é eficiente nessa situação.

CAPÍTULO

19

TERAPIA NUTRICIONAL

Valmin Ramos da Silva
Roseli Oselka Saccardo Sarni
Fernanda Luisa Ceragioli Oliveira

QUESTÃO 1
No paciente em nutrição parenteral prolongada, que desenvolve colestase, deve-se monitorar a suplementação de quais dos seguintes componentes?

ALTERNATIVA CORRETA
- [ ] A Manganês e cobre.
- [ ] B Cobre e selênio.
- [ ] C Selênio e cromo.
- [ ] D Manganês e cromo.
- [ ] E Selênio e manganês.

REFERÊNCIAS BIBLIOGRÁFICAS
Blackmer AB, Bailey E. Management of copper deficiency in cholestatic infants: review of the literature and a case series. Nutr Clin Pract 2013; 28(1):75-86.
Corkins MR. Copper metabolism and pediatric cholestasis. Curr Opin Clin Nutr Metab Care 2011; 14(6):642-6.
Corkins MR, Martin VA, Szeszycki EE. Copper levels in cholestatic infants on parenteral nutrition. JPEN J Parenter Enteral Nutr 2013; 37(1):92-6.
Frem J, Sarson Y, Sternberg T, Cole CR. Copper supplementation in parenteral nutrition of cholestatic infants. JPEN 2010; 50:650-4.
Hardy G. Manganese in parenteral nutrition: who, when, and why should we supplement? Gastroenterology 2009; 137(5 Suppl):S29-35.
Goering PL. The road to elucidating the mechanism of manganese-bilirubin-induced cholestasis. Toxicol Sci 2003; 73(2):216-9.

Koletzko B, Goulet O, Hunt J, Krohn K, Shamir R. Guidelines on paediatric parenteral nutrition of ESPHGAN and ESPEN, supported by ESPR. J Paediatr Gastroenterol Nutr 2005; 41:S1-87.

Lakhan SE, Abboud H. Teaching neuroimages: manganese neurotoxicity of the basal ganglia and thalamus. Neurology 2013; 81(14):e111.

Le Bail B. Pathology: a pictorial review. A selected atlas of paediatric liver pathology. Clin Res Hepatol Gastroenterol 2012; 36(3):248-52.

McMillan NB, Mulroy C, MacKay MW, McDonald CM, Jackson WD. Correlation of cholestasis with serum copper and whole-blood manganese levels in pediatric patients. Nutr Clin Pract 2008; 23(2):161-5.

Mirtallo J, Canada T, Johnson D, Kumpf V, Petersen C, Sacks G et al. Safe practices for parenteral nutrition. JPEN 2004; 28:S39-70.

Pluhator-Murton MM, Fedorak RN, Audette RJ, Marriage BJ, Yatscoff RW, Gramlich LM. Trace element contamination of total parenteral nutrition. JPEN 1999; 23:222-7.

Russell D. The AuSPEN guidelines for intravenous trace elements and vitamins 1999. Disponível em: http://www.auspen.org.au. Acessado em 14 mai 2009.

Samsel A, Seneff S. Glyphosate, pathways to modern diseases III: Manganese, neurological diseases, and associated pathologies. Surg Neurol Int 2015; 24:6-45.

Santos D, Batoreu C, Mateus L, Marreilha Dos Santos AP, Aschner M. Manganese in human parenteral nutrition: considerations for toxicity and biomonitoring. Neurotoxicology 2014; 43:36-45.

QUESTÃO 2

Lactente, 4 meses de idade, com diarreia e sangue vivo nas fezes, sem febre ou vômitos. Interrupção completa do aleitamento materno no 3º mês de vida, quando passou a ser alimentado com leite de vaca integral. Qual a fórmula indicada?

ALTERNATIVA CORRETA

☐ A Fórmula de soja.
☐ B Fórmula extensamente hidrolisada.
☐ C Fórmula hipoalergênica.
☐ D Fórmula polimérica.
☐ E Fórmula à base de leite de cabra.

REFERÊNCIAS BIBLIOGRÁFICAS

Greer FR, Sicherer SH, Burks AW. Effects of early nutritional interventions on the development of atopic disease in infants and children: the role of maternal dietary restriction, breastfeeding, timing of introduction of complementary foods, and hydrolysed formulas. American Academy of Pediatrics Committee on Nutrition; American Academy of Pediatrics Section on Allergy and Immunology. Pediatrics 2008; 121:183-91.

Koletzko S, Niggemann B, Arato A, Dias JA, Heuschkel R, Husby S et al. Diagnostic approach and management of cow's milk protein allergy in infants and children: ESPGHAN GI Committee practical guidelines. J Pediatr Gastroenterol Nutr 2012; 55:221-9.

Sociedade Brasileira de Pediatria/Associação Brasileira de Alergia e Imunopatologia. Consenso Brasileiro sobre Alergia Alimentar. Rev Med Minas Gerais 2008; 18(Supl1):S1-44.

QUESTÃO 3
Qual é a conduta mais adequada para um lactente em nutrição parenteral total (NPT) com concentrações de triglicerídeos > 275 mg/dL?

ALTERNATIVA CORRETA
☐ A   Manter a NPT com as doses habituais de lipídeos.
☐ B   Aumentar gradativamente as doses de lipídeos em torno de 0,5 g/kg/dia.
☐ C   Interromper a infusão de lipídios por 12 a 24 horas e reavaliar.
☐ D   Reduzir a infusão de lipídios para 0,5 g/kg/dia por 1 semana.
☐ E   Interromper a nutrição parenteral por 1 semana.

REFERÊNCIAS BIBLIOGRÁFICAS
Carpentier Y, Deckelbaum RJ. *In vivo* handling and metabolism of lipid emulsions. World Rev Nutr Diet 2015; 112:57-62.
Mateu-de Antonio J, Florit-Sureda M. New strategy to reduce hypertriglyceridemia during parenteral nutrition while maintaining energy intake. JPEN 2014.
Wanten GJ. Parenteral lipid tolerance and adverse effects: fat chance for trouble? JPEN 2015; 39(Suppl):33S-8S.

QUESTÃO 4
Quais as complicações secundárias à ressecção de intestino delgado que contribuem para a má absorção?

ALTERNATIVA CORRETA
☐ A   Hipersecreção gástrica por ação da gastrina.
☐ B   Redução da secreção de ácido gástrico.
☐ C   Baixa absorção de oxalato.
☐ D   Peristaltismo gastrointestinal diminuído.
☐ E   Hipertrofia da mucosa.

REFERÊNCIAS BIBLIOGRÁFICAS
Coletta R, Khalil BA, Morabito A. Short bowel syndrome in children: surgical and medical perspectives. Semin Pediatr Surg 2014; 23(5):291-7.
Williams NS, Evans P, King RF. Gastric acid secretion in the short bowel syndrome. Gut 1985; 26(9):914-9.

QUESTÃO 5
Qual a osmolaridade ideal das dietas enterais para evitar complicações, como diarreia, náuseas e vômitos?

ALTERNATIVA CORRETA
☐ A 350 mOsm/L.
☐ B 680 mOsm/L.
☐ C 480 mOsm/L.
☐ D 550 mOsm/L.
☐ E 500 mOsm/L.

REFERÊNCIAS BIBLIOGRÁFICAS
Irving SY, Lyman BB, Northington L, Bartlett JA, Kemper C; Nowel Project Work Group. Nasogastric tube placement and verification in children review of the current literature. Nutr Clin Pract 2014; 29(3):267-76.

Kolacek S. Enteral Nutrition. World Rev Diet 2013; 108:86-90.

QUESTÃO 6
Entre as complicações da terapia nutricional parenteral, qual a mais frequente no período neonatal em recém-nascidos (RN) de muito baixo peso?

ALTERNATIVA CORRETA
- [ ] A Deficiência de ácidos graxos essenciais.
- [ ] B Coma hiperosmolar não cetótico.
- [ ] C Colestase intra-hepática.
- [ ] D Hiperamonemia.
- [ ] E Alcalose metabólica.

REFERÊNCIAS BIBLIOGRÁFICAS
Alkharfy TM, Ba-Abbad R, Hadi A, Sobaih BH, AlFaleh KM. Total parenteral nutrition-associated cholestasis and risk factors in preterm infants. Saudi J Gastroenterol 2014; 20(5):293-6.
Badia-Tahull MB, Llop-Talaveron J, Leiva-Badosa E. Impact of intravenous lipid emulsions on liver function tests: contribution of parenteral fish oil. Nutrition 2015; 31(9):1109-16.
Guglielmi FW, Regano N, Mazzuoli S, Fregnan S, Leogrande G, Guglielmi A et al. Cholestasis induced by total parenteral nutrition. Clin Liver Dis 2008; 12(1):97-110.
Gupta K, Wang H, Amin SB. Parenteral nutrition-associated cholestasis in premature infants: role of macronutrients. JPEN 2014.
Venigalla S, Gourley GR. Neonatal cholestasis. Semin Perinatol 2004; 28:348-5.
Zambrano E, El-Hennawy M, Ehrenkranz RA, Zelterman D, Reyes-Mugica M. Total parenteral nutrition induced liver pathology: an autopsy series of 24 newborn cases. Pediatr Dev Pathol 2004; 7:425-32.

QUESTÃO 7

Pré-escolar do sexo masculino, 3 anos de idade, com diagnóstico de desnutrição primária crônica grave, foi internado em razão de hipoglicemia e hipotermia. De acordo com o protocolo de tratamento do desnutrido grave, qual é a alternativa correta?

ALTERNATIVA CORRETA

☐ A Na fase de estabilização, a oferta energética deve ser > 120 kcal/kg/dia.
☐ B Zinco deve ser oferecido apenas na fase de recuperação nutricional.
☐ C Suplementação terapêutica de ferro deve ser iniciada na fase de estabilização.
☐ D A oferta energética na fase de estabilização (inicial) não deve ultrapassar 100 kcal/kg/dia.
☐ E Fórmulas de aminoácidos são a primeira escolha.

REFERÊNCIAS BIBLIOGRÁFICAS

Antwi A. Assessment and management of severe malnutrition children. West Afr J Med 2011; 30(1):11-8.

Brewster DR. Inpatient management of severe malnutrition: time for a change in protocol and practice. Ann Trop Paediatr 2011; 31(2):97-107.

World Health Organization. Management of severe malnutrition: a manual for physicians and other senior health works. Geneva: World Health Organization, 1999. p.62.

QUESTÃO 8
Sobre a hiperalimentação em doentes hipermetabólicos, qual a alternativa correta?

ALTERNATIVA CORRETA
☐ A Pode reverter o hipercatabolismo e promover balanço nitrogenado positivo.
☐ B Pode desencadear a liberação prolongada de mediadores inflamatórios.
☐ C Pode reduzir os efeitos da síndrome da resposta inflamatória sistêmica.
☐ D Pode prevenir a disfunção orgânica múltipla nos casos de sepse grave.
☐ E Pode contribuir para a redução da morbidade e da mortalidade.

REFERÊNCIAS BIBLIOGRÁFICAS
Carlsson M, Burgerman R. Overestimation of caloric demand in a longterm critically ill patient. Clin Nutr 1985; 4(2):91-3.

Dokken M, Rustøen T, Stubhaug A. Indirect calorimetry reveals that better monitoring of nutrition therapy in pediatric intensive care is needed. JPEN 2015; 39(3):344-52.

Hulst JM, Joosten KF, Tibboel D, van Goudoever JB. Causes and consequences of inadequate substrate supply to pediatric ICU patients. Curr Opin Clin Nutr Metab Care 2006; 9(3):297-303.

Kyle UG, Jaimon N, Coss-Bu JA. Nutrition support in critically ill children: underdelivery of energy and protein compared with current recommendations. J Acad Nutr Diet 2012; 112:1987-92.

McClave SA. The consequences of overfeeding and underfeeding. J Resp Care Pract 1997; 10:57-64.

Mehta NM, Bechard LJ, Dolan M, Ariagno K, Jiang H, Duggan C. Energy imbalance and the risk of overfeeding in critically ill children. Pediatr Crit Care Med 2011; 12(4):398-405.

Mehta NM, Bechard LJ, Leavitt K, Duggan C. Cumulative energy imbalance in the pediatric intensive care unit: role of targeted indirect calorimetry. JPEN 2009; 33(3):336-44.

López-Herce Cid J, Sánchez Sánchez C, Mencía Bartolomé S, Santiago Lozano MJ, Carrillo Alvarez A, Bellón Cano JM. Energy expenditure in critically ill children: correlation with clinical characteristics, caloric intake, and predictive equations. An Pediatr (Barc) 2007; 66(3):229-39.

Sion-Sarid R, Cohen J, Houri Z, Singer P. Indirect calorimetry: a guide for optimizing nutritional support in the critically ill child. Nutrition 2013; 29(9):1094-9.

QUESTÃO 9

Qual das situações observadas no paciente grave pode ser considerada como contraindicação absoluta para a oferta enteral de alimentos?

ALTERNATIVA CORRETA

☐ A Sedação e curarização de paciente em ventilação pulmonar mecânica.
☐ B Pós-operatório de cirurgia de trato digestivo.
☐ C História prévia de intolerância a componentes da solução enteral.
☐ D Hiperglicemia de difícil controle.
☐ E Instabilidade hemodinâmica com sinais de hipofluxo sistêmico.

REFERÊNCIAS BIBLIOGRÁFICAS

Kreymann KG, Berger MM, Deutz NE, Hiesmayr M, Jolliet P, Kazandjiev G et al; DGEM (German Society for Nutritional Medicine); ESPEN (European Society for Parenteral and Enteral Nutrition). ESPEN guidelines on enteral nutrition: intensive care. Clin Nutr 2006; 25(2):210-23.

Martindale RG, McCarthy MS, McClave SA. Guidelines for nutrition therapy in critical illness: are not they all the same? Minerva Anestesiol 2011; 77(4):463-7.

McClave SA, Martindale RG, Vanek VW, McCarthy M, Roberts P, Taylor B et al; A.S.P.E.N. Board of Directors; American College of Critical Care Medicine; Society of Critical Care Medicine. Guidelines for the provision and assessment of nutrition support therapy in the adult critically ill patient: Society of Critical Care Medicine (SCCM) and American Society for Parenteral and Enteral Nutrition (A.S.P.E.N.). J Parent Enteral Nutr 2009; 33(3):277-316.

QUESTÃO 10
Para evitar a deficiência de ácidos graxos essenciais, qual porcentagem da oferta energética total contendo ácido linoleico deve ser preconizada?

ALTERNATIVA CORRETA
☐ A   2 a 4%.
☐ B   6 a 8%.
☐ C   8 a 10%.
☐ D   10 a 12%.
☐ E   12 a 15%.

REFERÊNCIAS BIBLIOGRÁFICAS
Badia-Tahull MB, Llop-Talaveron J, Leiva-Badosa E. Impact of intravenous lipid emulsions on liver function tests: contribution of parenteral fish oil. Nutrition 2015; 31(9):1109-16.
de Meijer VE, Le HD, Meisel JA, Gura KM, Puder M. Parenteral fish oil as monotherapy prevents essential fatty acid deficiency in parenteral nutrition-dependent patients. J Pediatr Gastroenterol Nutr 2010; 50(2):212-8.
Gramlich L, Meddings L, Alberda C, Wichansawakun S, Robbins S, Driscoll D et al. Essential fatty acid deficiency in 2015: the impact of novel intravenous lipid emulsions. JPEN 2015; 39 (1Suppl):61S-6S.
Gura K, Strijbosch R, Arnold S, McPherson C, Puder M. The role of an intravenous fat emulsion composed of fish oil in a parenteral nutrition-dependent patient with hypertriglyceridemia. Nutr Clin Pract 2007; 22:664-72.
Holman RT. The ratio of trienoic: tetranoic acids in tissue lipids as a measure of essential fatty acid requirements. J Nutr 1960; 70:405-10.
Riskin A, Hartman C, Shamir R. Parenteral nutrition in very low birth weight preterm infants. Isr Med Assoc J 2015; 17(5):310-5.
Siguel EN, Chee KM, Gong JX, Schaefer EJ. Criteria for essential fatty acid deficiency in plasma as assessed by capillary column gas-liquid chromatography. Clin Chem 1987; 33:1869-73.
Wanten GJ. Parenteral lipid tolerance and adverse effects: fat chance for trouble? JPEN 2015; 39(1 Suppl.):335-85.

RESPOSTAS CORRETAS

1. a

Sendo o cobre excretado por via biliar, em vigência de colestase intra-hepática, poderia haver excesso da concentração de cobre por causa da redução de sua excreção. O acúmulo de cobre poderia resultar em maior lesão das células hepáticas, fato que originou o protocolo de reduzir ou abolir a oferta de cobre na nutrição parenteral em casos clínicos de colestase. Essa conduta acarretou inúmeros casos de deficiência de cobre e disfunções hematológicas nos pacientes em nutrição parenteral. Assim, alguns estudos provaram que a redução da excreção de cobre não se associa diretamente à alteração da função hepática.

Estudo anatomopatológico demonstrou baixa deposição de cobre nas células em 24 neonatos com moderadas e graves alterações hepáticas nutrição parenteral prolongada. Portanto, a colestase não pode ser preditiva da concentração de cobre. A recomendação de cobre de 20 mcg/kg/dia deve ser mantida em vigência de colestase, porém se deve monitorar a concentração de cobre sérica, realizando dosagem basal e periódica durante o uso da nutrição parenteral prolongada. Blackmer e Bailey propõem algoritmo para controlar a concentração de cobre na colestase, evitando a deficiência desse oligoelemento. Os valores adequados de cobre sérico são 20 a 70 mcg/dL (0 a 6 meses) e 90 a 190 mcg/dL (6 meses a 18 anos).

Em relação ao manganês, não há descrição clara na literatura de deficiência de manganês em humanos. A maior preocupação na colestase é a intoxicação pelo manganês, pois esse oligoelemento também é excretado pelo sistema hepatobiliar. O manganês estocado na hemácia e transportado pelas proteínas séricas pode ficar acumulado no sangue e acarretar depósito em tecidos como o cérebro. São descritos na literatura sintomas de neurotoxicidade, com imagem característica na ressonância magnética (RM). Outro problema descrito é a contaminação de manganês nas soluções parenterais, podendo-se obter 5 a 38 mcg/L em soluções sem manganês provenientes de gluconato de cálcio, sulfato de magnésio e cloreto de potássio.

Sociedades internacionais recomendam para pacientes em uso de nutrição parenteral prolongada (> 90 dias): Australasian Society of Parenteral and Enteral Nutrition (AuSPEN): 1 mcg/kg/dia para lactentes e crianças e 275 mcg/dia para adultos; American Society of Parenteral and Enteral Nutrition

(ASPEN) e European Society for Clinical Nutrition and Metabolism (ESPEN): máximo de 50 mcg/dia para crianças e 60 a 100 mcg/dia ou 1 mcg/kg/dia para adultos.

Assim, a recomendação atual é monitorar a concentração de manganês em pacientes com nutrição parenteral e fazer RM para detectar precocemente neurotoxicidade. Nos pacientes com colestase, sua utilização deve ser monitorada, pois não há evidência de associação direta de colestase e maiores concentrações de manganês no sangue. A solução com manganês deveria ser retirada das soluções múltiplas de oligoelementos para melhor controle e menor risco de toxicidade. Utiliza-se a dosagem de manganês no sangue total, sendo a referência para crianças entre 4,2 e 16,5 mcg/dL.

2. b

O Consenso Brasileiro sobre Alergia Alimentar de 2007 preconiza que lactentes com hipótese diagnóstica de alergia alimentar abaixo de 6 meses (que não estejam em aleitamento materno) recebam como primeira opção fórmula extensamente hidrolisada. O posicionamento é apoiado, também, por sociedades científicas e diretrizes internacionais, como American Academy of Pediatrics, European Society of Gastroenterology, Hepatology and Nutrition e World Allergy Organization.

3. c

A emulsão lipídica, geralmente, não deve ser infundida em pacientes com concentração plasmática de triglicérides entre 250 e 350 mg/dL, devendo ser monitorada diariamente quando os valores estiverem entre 170 e 250 mg/dL. Na prática clínica, a infusão de lipídeos deve ser de 0,8 a 1,5 g/kg/dia e nunca exceder 2,6 g/kg/ dia (0,11 g/kg/hora), para evitar hipertrigliceridemia e risco de pancreatite e/ou síndrome de sobrecarga de lipídeos (dor de cabeça, icterícia, febre e dor abdominal – hepatoesplenomegalia, disfunção respiratória, pancitopenia e choque). A ESPEN recomenda a interrupção da infusão de lipídeos nos casos clínicos com hipertrigliceridemia (> 1.000 mg/dL) por 72 horas. As anormalidades lipídicas podem ser corrigidas com tempo de infusão, pois quanto maior o tempo de infusão (mínimo de 12 horas), mais rápida a depuração plasmática de triglicérides.

4. a

A hipersecreção gástrica é frequente e acarreta perdas significativas de líquidos e eletrólitos, principalmente em pacientes com ressecção intestinal extensa. A resolução do quadro ocorre semanas ou meses após a ressecção. Os inibidores de bomba de prótons são os medicamentos de escolha seguidos dos bloqueadores H2.

5. a

Os termos osmolaridade e osmolalidade refletem a concentração de partículas osmoticamente ativas na solução, sendo que osmolaridade se refere ao número de miliosmoles por litro de solução e osmolalidade ao número de miliosmoles por quilo de água. Na prática clínica, essas medidas de grandeza estão relacionadas com a tolerância digestiva da nutrição enteral. Dietas administradas no estômago podem apresentar osmolalidade mais elevada, enquanto dietas administradas nas porções mais distais do trato gastrointestinal (intestino delgado) devem ser iso-osmolares (em torno de 350 mOsm). A osmolalidade de uma dieta aumenta quanto maior a quantidade de carboidratos simples, proteínas hidrolisadas e livres, de TCM (por serem mais solúveis), de minerais e eletrólitos.

6. c

O uso de nutrição parenteral prolongada como principal via de terapia nutricional em neonatologia e cirurgia pediátrica acarreta disfunção hepatobiliar, que aumenta o risco de morbimortalidade dessa população. Cerca de 40 a 60% das crianças que recebem nutrição parenteral prolongada evoluem para disfunção hepática, que pode ser observada após 15 dias do início da nutrição parenteral por exame histopatológico hepático. A presença de colestase é a primeira alteração hepática visualizada, definida como acúmulo de substância biliar no sangue e nos tecidos em razão da obstrução do fluxo biliar. A causa de desenvolvimento da colestase é multifatorial, considerando risco para prematuridade, imaturidade do trato biliar, sepse, nutrição parenteral prolongada e/ou precoce, ausência de nutrição enteral, estase intestinal ou intervenção cirúrgica no trato gastrointestinal. Desse modo, o RN de muito baixo peso apresenta mais de um fator de risco para desenvolvimento da colestase intra-hepática. Nos exames laboratoriais, considera-se colestase quando a bilirrubina direta estiver acima de 2 mg/dL. Pode-se observar simultaneamente alteração da função hepática, identificada por alteração nas enzimas transaminases séricas.

7. d

O tratamento inicial da desnutrição grave começa com a admissão hospitalar e dura até que a condição da criança esteja estável e seu apetite tenha retornado, o que acontece geralmente após 2 a 7 dias. Na fase de estabilização (inicial), a criança deve receber no mínimo 80 kcal/kg/dia e não mais do que 100 kcal/kg/dia sob o risco de complicações metabólicas. A síndrome de realimentação constitui-se em uma série de complicações metabólicas que ocorrem durante a administração excessiva de nutrientes, particularmente em pacientes desnutridos, resultando em depleção de íons intracelulares, redistribuição dos líquidos corpóreos, deficiência de vitaminas do complexo B, aumento das enzimas hepáticas, hiperglicemia, hipertrigliceridemia, arritmia cardíaca, insuficiência respiratória e, em casos mais graves, insuficiência cardíaca congestiva.

8. b

A superalimentação por tempo prolongado pode dificultar o treinamento de retirada da ventilação mecânica, além de colaborar para retenção hídrica, hiperglicemia e disfunção hepática (esteatose e colestase). Estudos demonstram que essa condição de excesso de energia aumenta o risco de infecções e o tempo de internação na terapia intensiva e hospitalar.

A hiperglicemia aguda pode comprometer a função vascular, reduzindo a produção endotelial de óxido nítrico, além de estar associada ao aumento do estresse oxidativo e da resposta inflamatória. Existem vários mecanismos que levam a hiperglicemia a reduzir a resposta ao combate de radicais livres de oxigênio e nitrogênio: enzimáticos óxido nítrico sintetase, NADPH e xantina oxidase, não enzimáticos (auto-oxidação de glicose, glicação e seus produtos) e mitocondriais. Durante o estresse, a utilização de glicose no músculo e no tecido adiposo fica bloqueada pela resistência à insulina, priorizando outras vias para proteção de órgãos vitais e reparação de tecidos.

A proteína consiste no macronutriente mais importante nos pacientes críticos e sua oferta visa a reduzir as perdas proteicas corporais, tentando minimizar a desnutrição, deixar menos negativo o balanço nitrogenado e reduzir o risco de morbimortalidade.

Assim, nos pacientes críticos, a meta energética deve ser a taxa metabólica basal, com acréscimos de 10 a 20%. As equações de estimativa energética são utilizadas para calcular a quantidade de energia oferecida para cada faixa etária e grau de estresse. Muitos estudos comparam a quantidade de energia requerida por meio da calorimetria indireta e das equações. Sabe-se que algumas dessas equações superestimam e outras subestimam a quantidade de energia a ser oferecida aos pacientes. A calorimetria indireta é o padrão--ouro para adequar a necessidade energética crítica do paciente, com menor risco de super ou subestimar a oferta energética.

9. e

Quando houver comprometimento hemodinâmico (necessidade de doses significativas de drogas vasopressoras ou de grandes volumes de expansão volêmica para manter a perfusão tecidual) não se deve proceder à terapia nutricional, e sim ao suporte metabólico ao paciente.

Conforme preconizado pelas diretrizes da ESPEN e ASPEN, os pacientes que estiverem estáveis hemodinamicamente e com o trato gastrointestinal funcionante devem receber alimentação enteral precoce, dentro de 24 a 48 horas de admissão hospitalar. O início da alimentação, nesse período, mostrou diminuir o tempo de internação, a incidência de complicações infecciosas e a mortalidade dos pacientes.

10. a

Define-se deficiência de ácido graxo essencial quando o valor de ácido linoleico e linolênico estiver abaixo de 1 a 2% do valor energético total. A deficiência de ácido graxo essencial pode acarretar lesões de pele, retardo do crescimento, dificuldade de aprendizado, dificuldade visual e polidipsia. A alteração bioquímica de deficiência de ácido graxo essencial ocorre em 1 a 2 semanas, mas as manifestações dos sintomas e sinais aparecem após 4 a 6 semanas. Quando ocorre redução de ácidos graxos ômega 3 e 6, aumenta a concentração do ácido *mead* – ômega 9 (20:3n9), que é produzido pelo enlongamento e dessaturação do ácido oleico. Na relação entre os ácidos graxos trienoico:tetranoico plasmáticos (T:T) acima de 0,2 e 0,4, são consideradas alteração e deficiência de ácido graxo essencial, respectivamente. Siguel et al. utilizam critério com maior sensibilidade, que consiste na relação de T:T > 0,05 conjuntamente com a razão entre o ácido *mead* e aracdônico > 0,2, para determinar deficiência de ácido graxo. Desse modo, o diagnóstico da deficiência de ácido graxo é independente da concentração de ácidos graxos ômega 3.

Assim, a quantidade de ácido linoleico (ômega 6) mínima de 1% e ótima de 3 a 4% do valor total energético é segura para prevenir a deficiência de ácidos graxos essenciais. Em relação ao ácido linolênico (ômega 3), a quantidade é de 0,2 a 0,5% do valor energético total. Esquema determinando a quantidade de ácido linoleico e linolênico nas emulsões lipídicas está descrito a seguir, segundo Gramlich L et al. e Gura K et al.

Tabela 1   Emulsões lipídicas 10% e ácidos graxos essenciais

Ácidos graxos (g)	Soja	TCL/TCM 50:50	SMOF 30:30:25:15	Ômega 10
Totais	9,6		7,6	
Linoleico	5,0	2,5	2,9	0,1 a 0,7
Linolênico	0,9	0,45	0,3	< 0,02
DHA			0,05	1,44 a 3,09
EPA			0,3	1,28 a 2,82

Fonte: adaptada de Gramlich L et al. (2015) e Gura K et al. (2007).

CAPÍTULO

20

MEDICINA PALIATIVA

Patricia Miranda do Lago
Neulânio Francisco de Oliveira

QUESTÃO 1
Sobre os princípios de cuidados paliativos em pediatria, qual a alternativa incorreta?

ALTERNATIVA CORRETA
☐ A São cuidados dirigidos ao alívio dos sintomas e à melhoria da qualidade de vida.
☐ B São pacientes elegíveis crianças que sofrem de doenças crônicas de caráter evolutivo, terminais ou que ameaçam a sobrevida.
☐ C As tomadas de decisão são de exclusividade da equipe de assistência, uma vez que a participação dos pacientes e da família tornaria cada vez mais difícil essas decisões, pois geralmente não entendem do que se trata a doença e o plano de cuidados.
☐ D A participação da equipe multidisciplinar é sempre encorajada.
☐ E Os cuidados podem ser oferecidos em hospitais, *hospices*, domicílio, etc.

QUESTÃO 2
Entre as condições seguintes, qual não se aplica para a indicação de cuidados paliativos?

ALTERNATIVA CORRETA
☐ A Insuficiência renal crônica.
☐ B Malformações cerebroespinhais graves.
☐ C Fibrose cística.
☐ D Caso agudo de pneumonia com sinais clínico-radiológicos de síndrome do desconforto respiratório agudo (SDRA).
☐ E Doenças neuromusculares.

QUESTÃO 3

Considere as assertivas a seguir:

I. O atual Código de Ética Médica brasileiro (2010), em vários artigos e incisos, deixa claros a necessidade e o dever ético do médico em evitar esforços extraordinários e prover cuidados paliativos a pacientes vítimas de doenças incuráveis e terminais.
II. Em se tratando de pacientes terminais, os princípios da beneficência, da não maleficência e da honestidade podem ser norteadores da mudança da abordagem terapêutica curativa para paliativa.
III. Uma vez que a família não tem condições de compreender claramente a doença e a mudança de cuidados, a equipe pode omitir ou modificar informações para dirimir o sofrimento ou o impacto da má notícia.

Qual alternativa apresenta as verdadeiras?

ALTERNATIVA CORRETA

- ☐ A Apenas a I.
- ☐ B Apenas a III.
- ☐ C I e II.
- ☐ D I e III.
- ☐ E II e III.

QUESTÃO 4

Considere o trecho a seguir:

Os cuidados paliativos em neonatologia são uma forma extensiva e holística de oferecer cuidados a um recém-nascido (RN) cuja doença não pode ser curada (ou seja, que tem caráter progressivamente desfavorável), bem como a seus familiares.

Qual a alternativa correta?

ALTERNATIVA CORRETA

☐ A É falso, uma vez que cuidados paliativos não estão de acordo com a assistência no período neonatal, devendo-se manter todos os esforços e tecnologias em prol da cura do paciente.

☐ B É falso, pois só podem ser indicados cuidados paliativos ou limitação do suporte de vida em casos que a justiça já considera como passíveis de tais condutas.

☐ C É verdadeiro, pois, após lançar mão de todas as alternativas diagnósticas e terapêuticas pertinentes sem alcançar o sucesso buscado, há de se considerar a não aplicação de práticas fúteis de assistência, mas, sim, de melhor qualidade de vida e conforto.

☐ D É verdadeiro, uma vez que todos os bebês que nascem em estado grave podem ter indicação de limitar o suporte vital.

☐ E É falso, pois não se aplica à família, mas exclusivamente ao paciente assistido.

QUESTÃO 5

A identificação precoce de sintomas que podem diminuir a qualidade de vida do paciente em cuidado paliativo é um dos mais importantes fatores associados a esse cuidado. Quais sintomas podem estar associados e necessitam de antecipação na abordagem?

ALTERNATIVA CORRETA

☐ A Dispneia e anorexia.
☐ B Espasticidade e constipação.
☐ C Retenção urinária e tosse.
☐ D Dor e ansiedade.
☐ E Todas as alternativas anteriores.

QUESTÃO 6

A Associação Internacional de Estudo da Dor (IASP) define a dor como "uma sensação e uma experiência emocional desagradável relacionada à lesão real ou potencial, ou descritas em termos a tal lesão". Quando se trata de paciente terminal ou em cuidado paliativo, qual a alternativa incorreta?

ALTERNATIVA CORRETA

☐ A Para o tratamento da dor, é necessário diagnóstico adequado, na busca de sua causa, por meio de anamnese e exame físico detalhados.

☐ B A dor deve ser considerada desde as fases mais precoces da vida, incluindo o período neonatal e, se não abordada da forma adequada, pode levar a uma reorganização estrutural permanente e funcional das vias nervosas nociceptivas, que pode afetar futuras experiências de dor desse indivíduo.

☐ C No caso de paciente em cuidado paliativo, o tratamento da dor deve ser sempre farmacológico, pois outras medidas não têm impacto no controle adequado da dor.

☐ D A Organização Mundial da Saúde (OMS) recomenda que o tratamento farmacológico seja individualizado, com medicações e doses adequadas para cada paciente.

☐ E Existe uma "escada analgésica" que deve ser considerada para o tratamento farmacológico da dor, cujo tratamento começa com analgésicos e anti-inflamatórios comuns não esteroides e, em casos de dores moderadas e graves, pode-se lançar mão de opioides.

QUESTÃO 7

Considere as assertivas a seguir:

I. Após período crítico de assistência em unidade de terapia intensiva (UTI), há pacientes que apresentam agravos crônicos em condições clínicas de cuidados no domicílio, mesmo aqueles dependentes de tecnologia, como a ventilação pulmonar mecânica.

II. Embora a família participe da discussão da ida do paciente para casa, ela não está em condições de opinar nas decisões ou de participar dos cuidados, uma vez que não há formação técnica para isso. É indicado que os familiares apenas ofereçam apoio estrutural ou financeiro à equipe de assistência.

III. As unidades intermediárias de cuidados podem ser uma alternativa para a preparação do paciente e de sua família na transição entre o hospital e o domicílio, onde haverá oportunidade de definição de quais cuidados serão necessários, qual equipe multidisciplinar estará envolvida nessa assistência e como os familiares e/ou cuidadores participarão desse processo.

Qual alternativa apresenta as verdadeiras?

ALTERNATIVA CORRETA

☐ A Apenas a III.
☐ B Apenas a I.
☐ C II e III.
☐ D I e III.
☐ E I, II e III.

QUESTÃO 8

Estudos mostram que a comunicação eficaz se relaciona com o grau de satisfação dos pais com os cuidados prestados ao seu filho. Existem fatores que se associam às dificuldades em se estabelecer boa comunicação com pacientes e/ou familiares. Considerando essas afirmações, qual a alternativa correta?

ALTERNATIVA CORRETA

☐ A A formação médica envolve ensinamentos que visam a desenvolver habilidades para diagnosticar, tratar e curar seus pacientes, porém não prepara o médico para quando as coisas "não vão bem" ou para comunicar "más notícias".
☐ B No processo de comunicação, existe um transmissor e um receptor e ele só se completa se o receptor receber e compreender a informação.
☐ C Para os familiares, a disponibilidade do médico para ouvir e responder seus questionamentos e a honestidade da informação transmitida são aspectos importantes do processo de comunicação entre equipe e paciente/família.
☐ D Sentimentos positivos do médico em relação a si mesmo são associados com maior abertura para discutir as queixas do paciente e mais atenção com aspectos psicossociais, enquanto sinais e sintomas de *burnout* podem influenciar negativamente na capacidade de comunicação com pacientes e familiares.
☐ E Todas as alternativas anteriores.

QUESTÃO 9

Qual (ais) dos seguintes são sinais de *burnout*?

ALTERNATIVA CORRETA

☐ A Baixa concentração e má qualidade do sono.
☐ B Recorrer a álcool e outras drogas.
☐ C Irritabilidade e raiva.
☐ D Fadiga e falta de prazer nas atividades.
☐ E Todas as alternativas anteriores.

QUESTÃO 10

Em se tratando de paciente na fase neonatal, considere as seguintes assertivas:

I. Com o progresso das tecnologias obstétricas, muitos diagnósticos de patologias ameaçadoras da vida do neonato são feitos ainda intraútero.

II. Pacientes com diagnóstico de: trissomias, anencefalia, prematuridade extrema com idade gestacional < 23 semanas são elegíveis para a instituição de cuidados paliativos.

III. Qualidade de vida futura, possibilidade de interagir com outros e sentimento de prazer em viver podem ser fatores a se considerar na discussão para tomada de decisão de limitação de suporte vital em neonatologia.

Qual alternativa apresenta as verdadeiras?

ALTERNATIVA CORRETA

☐ A I, II, III.
☐ B I e III.
☐ C Apenas a II.
☐ D II e III.
☐ E Apenas a I.

RESPOSTAS CORRETAS

1. c
Um dos princípios do cuidado paliativo é a garantia da participação do paciente e/ou de sua família nas decisões de sua assistência.

2. d
Casos agudos, até que se esgotem todas as alternativas terapêuticas, tornando-se clara a evolução inexorável para óbito, não são indicação de instituição de cuidado paliativo ou limitação de suporte vital.

3. c
Na assertiva III, retira-se do paciente e/ou da família (ou seu representante legal) o direito de ter informação clara e honesta sobre o quadro, indo contra um dos valores norteadores da assistência ética ao paciente.

4. c
O fato de o paciente ser RN não contraindica a instituição de cuidados paliativos ou de limitação do suporte vital. No entanto, há condições que definem a mudança de práticas curativas para abordagem paliativa do cuidado, não sendo uma dessas apenas o fato de o bebê ter nascido em estado grave.
A família está incluída nos cuidados a esse paciente.

5. e
Vários sintomas e sinais podem estar associados no período em que o paciente se encontra em cuidado paliativo. A equipe deve estar atenta e pronta a perceber sinais verbais e não verbais do paciente, para que esses sintomas sejam controlados de forma eficaz.

6. c
Deve-se lembrar que existem medidas coadjuvantes no tratamento da dor e que podem ser importantes aliados no seu tratamento, como: acupuntura, *transcutaneous electrical nerve stimulation* (TENS), calor, frio, atividades lúdicas, etc.

7. d
Ao longo do tempo, a terapia intensiva tem garantido sobrevida de muitos pacientes que antes morriam. Pacientes com comprometimento cognitivo ou que não podem ter como alternativa para a manutenção do cuidado a transferência para o cuidado domiciliar, com suporte de uma equipe capacitada para o cuidado paliativo, incluindo equipe multidisciplinar, familiares e/ou cuidadores. As unidades intermediárias têm sido uma boa alternativa para

a preparação das condições para que esse doente tenha uma desospitalização adequada.

8. e

No processo de comunicação de más notícias, vários aspectos são considerados como influenciadores. Todas as alternativas abordam esses aspectos. É importante salientar que estudos mostram que a sensação de frustração envolvendo o não alcance da cura e o *burnout*, além da falta de treinamento na formação de graduação e pós-graduação, têm sido muito associados às fragilidades da capacidade do médico de estabelecer um bom processo de comunicação e de transmitir más notícias.

9. e

A identificação do *burnout* é incomum e pode ser tardia. Nos profissionais que lidam com dilemas e situações em que o sentimento de insucesso ou impotência muitas vezes está presente, a possibilidade de desenvolver esses sinais e sintomas aumenta e eles precisam ser identificados e cuidados.

10. a

Apesar de, no Brasil, o cuidado paliativo e a limitação de suporte de vida neonatal ainda serem temas pouco discutidos e poucos grupos trabalharem com esses conceitos e definição para os seus pacientes, essas discussões já ocupam lugar de grande importância em vários países do mundo. Todas as condições mencionadas são verdadeiras e precisam ser inseridas nas discussões das equipes multidisciplinares de cuidado neonatal.

CAPÍTULO

21

CARDIOLOGIA

Patricia Guedes de Souza
Adriana Chassot Bresolin
Jorge Yussef Afiune

QUESTÃO 1

Lactente, 2 meses de idade, com história de cansaço às mamadas e baixo ganho ponderal é avaliado. Apresenta hipotonia, hipertelorismo e baixa implantação das orelhas. Ao exame cardiológico, observa-se hiperfonese acentuada da 2ª bulha no foco pulmonar, além de discreto sopro sistólico na borda esternal esquerda, sendo que a saturação periférica de oxigênio era de 96%. Qual o diagnóstico mais provável?

ALTERNATIVA CORRETA
- A Tetralogia de Fallot.
- B Defeito do septo atrioventricular forma total.
- C Transposição das grandes artérias.
- D Comunicação interatrial.
- E Todas as alternativas anteriores.

QUESTÃO 2

Recém-nascido (RN), 48 horas de vida, cerca de 3 kg e mamando bem, segundo a mãe. A oximetria de pulso aferida pela enfermagem mostrou 92% no membro superior direito e 88% no membro inferior direito. Ausculta cardíaca não mostrou sopros. Diante dessa situação, qual a conduta adequada?

ALTERNATIVA CORRETA

☐ A Pode receber alta, porém com acompanhamento cardiológico ambulatorial agendado.
☐ B Transferir para a unidade de terapia intensiva (UTI) e iniciar prostaglandina endovenosa (EV).
☐ C Repetir a oximetria de pulso em 1 hora e, se esses achados se confirmarem, solicitar ecocardiograma. O RN não deve receber alta até esclarecimento diagnóstico.
☐ D Realizar teste de hiperóxia e iniciar oxigenoterapia.
☐ E Todas as alternativas anteriores.

QUESTÃO 3

Adolescente, 14 anos de idade, assintomático até então, apresenta sopro cardíaco detectado em exame clínico escolar. ECG mostrou miocardiopatia hipertrófica de forma assimétrica com gradiente na via de saída do ventrículo esquerdo (VE) de 50 mmHg, não havendo sinais de insuficiência mitral significativa. Holter não mostrou arritmias ventriculares. Não há história familiar de miocardiopatia hipertrófica. Diante dessa situação, qual a conduta adequada?

ALTERNATIVA CORRETA

☐ A Cirurgia cardíaca para ressecção da estenose na via de saída do VE.
☐ B Implante de desfibrilador automático.
☐ C Uso de digoxina e diurético.
☐ D Uso de betabloqueador.
☐ E Nenhuma das alternativas anteriores.

QUESTÃO 4

Qual o quadro clínico predominante de um lactente com miocardiopatia dilatada de grau acentuado?

ALTERNATIVA CORRETA

☐ A Síncope.
☐ B Cianose.
☐ C Insuficiência cardíaca congestiva.
☐ D Arritmia.
☐ E Nenhuma das alternativas anteriores.

QUESTÃO 5

Criança, 5 anos de idade, assintomática, apresenta, em exame pediátrico de rotina, sopro protossistólico localizado na borda esternal esquerda média, de características vibratórias e de pequena intensidade (+/6+), que diminui com a posição ereta. A pressão arterial no braço direito foi de 90/60 mmHg e os pulsos arteriais centrais e periféricos são simétricos nos membros superiores e inferiores. Diante dessa situação, qual a conduta adequada?

ALTERNATIVA CORRETA

☐ A ECG com mapeamento de fluxo em cores.
☐ B Tranquilizar a família, pois se trata de um sopro inocente, não havendo necessidade de investigação complementar.
☐ C Reavaliar a criança depois de 1 semana e, se mantiver a mesma ausculta cardíaca, realizar ECG.
☐ D Encaminhar para avaliação de cardiologista pediátrico, pois o quadro pode ser decorrente de cardiopatia congênita.
☐ E Todas as alternativas anteriores.

QUESTÃO 6
Escolar, 9 anos de idade, história de cardiopatia desde 7 anos de idade e apresenta sopro diastólico de intensidade moderada (+++/6+) na borda esternal esquerda média ao exame físico. Pressão arterial no braço direito de 110/40 mmHg e pulsos arteriais com amplitude aumentada globalmente. Diante desses achados, qual é o provável diagnóstico?

ALTERNATIVA CORRETA
- [ ] A Persistência do canal arterial.
- [ ] B Comunicação interventricular (CIV).
- [ ] C Insuficiência pulmonar.
- [ ] D Insuficiência aórtica.
- [ ] E Todas as alternativas anteriores.

QUESTÃO 7
Das alternativas a seguir, qual não é considerada causa de insuficiência cardíaca no RN a termo?

ALTERNATIVA CORRETA
- [ ] A CIV.
- [ ] B Síndrome de hipoplasia do coração esquerdo.
- [ ] C Estenose aórtica acentuada.
- [ ] D Drenagem anômala total de veias pulmonares.
- [ ] E Nenhuma das alternativas anteriores.

QUESTÃO 8
Para o tratamento clínico de insuficiência cardíaca de lactente de 6 meses de idade, portador de grande CIV com hiperfluxo pulmonar, o que pode ser utilizado?

ALTERNATIVA CORRETA
- [ ] A Prostaglandina E1.
- [ ] B Sildenafila.
- [ ] C Furosemida e captopril.
- [ ] D Propranolol.
- [ ] E Nenhuma das alternativas anteriores.

QUESTÃO 9
Em relação à endocardite infecciosa na criança, qual a alternativa correta?

ALTERNATIVA CORRETA
☐ A Bactérias Gram-negativas e fungos são os agentes mais frequentes.
☐ B Febre, fenômenos vasculares e hemocultura positiva são considerados critérios maiores para endocardite (critérios de Duke).
☐ C Evidência de abscesso intracardíaco confirmado por exame histológico é suficiente para confirmar o diagnóstico de endocardite infecciosa.
☐ D Criança de 6 anos de idade portadora de comunicação interatrial deve fazer profilaxia para endocardite infecciosa antes de tratamento dentário.
☐ E Todas as alternativas anteriores.

QUESTÃO 10
O uso de prostaglandina E1 no RN é fundamental para o tratamento de várias cardiopatias congênitas. Das alternativas a seguir, em qual não há indicação para uso da prostaglandina no período neonatal?

ALTERNATIVA CORRETA
☐ A Tronco arterial comum tipo I.
☐ B Atresia pulmonar com CIV.
☐ C Síndrome de hipoplasia do coração esquerdo.
☐ D Atresia pulmonar com septo ventricular íntegro.
☐ E Nenhuma das alternativas anteriores.

RESPOSTAS CORRETAS

1. b

Cardiopatias congênitas são classificadas em acianóticas e cianóticas, portanto tetralogia de Fallot e transposição das grandes artérias (TGA) – cardiopatias cianóticas – são descartadas (a saturação é de 96%). Cansaço às mamadas e baixo ganho ponderal são manifestações clínicas da insuficiência cardíaca, encontradas tanto na comunicação intra-arterial (CIA) quanto no defeito do septo atrioventricular total (DSAVT). Já a hiperfonese de B2 e a idade sugerem hipertensão pulmonar precoce, o que descarta a possibilidade de CIA (a doença vascular pulmonar nessa cardiopatia não se desenvolve com frequência na infância). Outro dado que sugere o diagnóstico de DSAVT são as características sindrômicas do paciente: essa cardiopatia está associada em 35 a 45% dos portadores da síndrome de Down.

2. c

O teste do coraçãozinho é uma ferramenta importante para a triagem de cardiopatia congênita crítica. O RN pode evoluir rapidamente para choque, hipóxia ou óbito precoce se receber alta sem o diagnóstico. Caso a medida da SpO_2 < 95% ou houver uma diferença ≥ 3% entre as medidas do membro superior direito (MSD) e do membro inferior direito (MID), nova aferição deve ser realizada após 1 hora. Confirmando-se o resultado, ECG deve ser realizado dentro das 24 horas seguintes. A alta não deve ser dada antes do esclarecimento diagnóstico. O teste de hiperóxia e o uso de oxigênio são contraindicados, pois induzem ao fechamento do canal arterial nessas cardiopatias críticas, canais dependentes. O uso de prostaglandina pode ser adiado até a confirmação diagnóstica.

3. d

A estratégia para reduzir o risco de morte súbita nos pacientes assintomáticos portadores de miocardiopatia hipertrófica tem sido baseada em drogas. Beta-bloqueador (propranolol) deve ser indicado nas formas obstrutivas, como no caso descrito. Digoxina é contraindicada por ser inotrópico positivo e piorar o gradiente em via de saída do VE. Opta-se pela terapêutica cirúrgica somente nos casos refratários à terapêutica clínica (angina incapacitante ou síncope) e/ou grave obstrução ao repouso (gradiente > 80 mmHg). O desfibrilador implantável deve ser indicado nos paciente de alto risco (hipertrofia grave, taquicardia ventricular não sustentada, morte súbita abortada, história familiar de morte súbita e síncope).

4. c

Crianças portadoras de miocardiopatia dilatada apresentam grande risco de desenvolvimento de insuficiência cardíaca em virtude da incapacidade de contração miocárdica adequada. O quadro clínico predominante no lactente inclui taquipneia, taquicardia e dispneia às mamadas. Outros achados são hepatomegalia e ritmo de galope no exame físico. As arritmias, de que a síncope pode ser uma das manifestações, são complicações. A cianose somente periférica aparece por causa do baixo débito cardíaco, encontrado em pacientes em fase avançada da doença, juntamente com outros achados, como pulsos filiformes, hipotensão arterial, nível de consciência alterado, além de sinais de congestão sistêmica e pulmonar.

5. b

Os dados sugerem que o paciente é portador de sopro inocente, que, por definição, é auscultado na ausência de doença cardíaca estrutural. Mesmo sendo considerado o padrão-ouro no diagnóstico anatômico das cardiopatias congênitas, o ECG continua sendo um exame complementar e não substitui o exame clínico cuidadoso. Como o sopro inocente está presente em mais de 50% das crianças, a solicitação do exame ecocardiográfico rotineiro gera custo que deve ser levado em consideração. O pediatra está apto a acompanhar clinicamente o paciente, ficando atento às mudanças das características de ausculta ou início de sintomas, para então encaminhar ao cardiologista pediátrico ou solicitar ECG.

6. d

Os achados clínicos de insuficiência aórtica são decorrentes da regurgitação do sangue da aorta para o VE durante a diástole. São dados semiológicos da insuficiência aórtica: sopro diastólico no 3º espaço intercostal paraesternal, pulso amplo, pressão sistólica sistêmica elevada e diastólica baixa. No Brasil, em que há alta prevalência de cardiopatia reumática, esta deve ser a provável etiologia da lesão valvular descrita, com aparecimento de sintomas na criança na faixa etária escolar. Em relação aos demais diagnósticos citados, na persistência do canal arterial, o sopro característico é o sopro contínuo; na CIV, o sopro é sistólico, e na insuficiência pulmonar, o sopro é diastólico no foco pulmonar com pulsos de amplitude normal.

7. a

A manifestação clínica de cardiopatia com *shunt* esquerda-direita depende da queda da resistência vascular pulmonar que ocorre por volta da 6ª semana de vida. Dessa forma, não são esperados sinais de insuficiência cardíaca na CIV em RN a termo na faixa neonatal. Nas cardiopatias congênitas com obstrução esquerda em que o fluxo sistêmico depende do canal arterial, como a síndrome de hipoplasia do coração esquerdo e a estenose aórtica grave, a manifestação clínica de insuficiência cardíaca é precoce, decorrente do fechamento fisiológico do canal arterial nos primeiros dias de vida. As cardiopatias congênitas que cursam com congestão venosa pulmonar, a exemplo da drenagem anômala total de veias pulmonares, também podem se manifestar com insuficiência cardíaca no período neonatal.

8. c
No lactente com ampla CIV, a manifestação de insuficiência cardíaca está diretamente relacionada ao tamanho do defeito e decorre do aumento de fluxo pulmonar. O tratamento clínico visa ao controle dos sinais e dos sintomas de congestão pulmonar e sistêmica. O diurético é o principal agente terapêutico indicado e, entre eles, a furosemida é a droga de escolha. O captopril é um vasodilatador misto, inibidor da enzima de conversão da angiotensina, que reduz a resistência vascular sistêmica e aumenta a capacitância venosa, também indicado no manejo da insuficiência cardíaca em paciente com *shunt* esquerda-direita.

9. c
Os critérios de Duke para diagnóstico de endocardite são divididos em critérios maiores e menores. Os critérios maiores são hemocultura positiva para endocardite infecciosa e evidência de envolvimento endocárdico. Febre, fenômenos vasculares e imunológicos, evidência microbiológica que não corresponda a critério maior e predisposição à doença são critérios menores. O diagnóstico definitivo pode ser feito por critérios patológicos, entre os quais, o abscesso intracardíaco, ou por critérios de Duke na presença de 2 critérios maiores, ou 1 critério maior e 3 menores ou 5 critérios menores. Os agentes etiológicos mais frequentes são *Streptococcus viridans*, enterococos e *Staphylococcus aureus*. As indicações de profilaxia para endocardite são restritas a algumas condições cardíacas que não incluem comunicação interatrial.

10. a
A prostaglandina E1 é um potente vasodilatador que mantém a patência do canal arterial. Está indicada em RN com cardiopatias congênitas com fluxo pulmonar e/ou sistêmico dependente do canal arterial, além de cardiopa-

tia com mistura inadequada das circulações sistêmica e pulmonar. Atresia pulmonar com CIV e septo íntegro são cardiopatias cujo fluxo pulmonar depende do canal arterial. A síndrome de hipoplasia do coração esquerdo é a cardiopatia congênita de maior gravidade entre as cardiopatias com fluxo arterial sistêmico dependente do canal arterial. Nesses grupos de patologias, o uso da prostaglandina evita hipóxia grave e choque cardiogênico até que o paciente seja submetido ao procedimento cirúrgico indicado.

CAPÍTULO

22

OFTALMOLOGIA

Rubens Belfort Neto
Cassiano Rodrigues Isaac

QUESTÃO 1
Sobre a epífora (lacrimejamento constante) do recém-nascido (RN), qual a alternativa incorreta?

ALTERNATIVA CORRETA
☐ A Os pais devem ser orientados quanto à forma de realização da compressão do saco lacrimal, direcionando o dedo de baixo para cima.
☐ B A causa mais frequente de epífora no RN é a obstrução da via lacrimal pela imperfuração da membrana da válvula de Hasner.
☐ C Pode ser sinal de outras doenças, como glaucoma congênito, triquíase e conjuntivites.
☐ D A obstrução congênita da via lacrimal geralmente tem resolução espontânea e pode ter tratamento conservador até os 6 meses de idade.
☐ E Dos 6 aos 12 meses de vida, pode ser indicada a realização de sondagem e irrigação das vias lacrimais, pois, nesse período, a resolução espontânea torna-se improvável.

QUESTÃO 2
Sobre o exame da visão em crianças, qual a alternativa incorreta?

ALTERNATIVA CORRETA

☐ A   Entre 2 e 6 meses de idade, a criança deve ser capaz de fixar o olhar em um objeto e segui-lo.

☐ B   O teste do reflexo vermelho é importante para detectar opacidade nos meios ópticos ou alterações na retina, principalmente a catarata congênita.

☐ C   A criança que desenvolve estrabismo antes dos 4 anos de idade não apresenta diplopia (visão dupla), porque há supressão de uma das imagens.

☐ D   Pela imaturidade do mecanismo visual, pode ocorrer desalinhamento dos olhos em crianças pequenas. Estrabismo depois dos 2 a 4 meses de idade deve ser encaminhado ao oftalmologista.

☐ E   Segmento de casos de estrabismo pelos pediatras deve ser feito até os 12 meses e casos persistentes após esse período devem ser encaminhados ao oftalmologista.

QUESTÃO 3
Sobre as conjuntivites em crianças, qual a alternativa incorreta?

ALTERNATIVA CORRETA

☐ A   A conjuntivite neonatal é a que aparece no 1º mês de vida e deve ser investigada pela possível gravidade, assim como a gonocócica.

☐ B   As conjuntivites mais frequentes em crianças são as alérgicas e as adenovirais.

☐ C   A conjuntivite mais comum em crianças é a bacteriana, que deve ser tratada com antibiótico na forma de colírio.

☐ D   A conjuntivite adenoviral é benigna e autolimitada, seu tratamento é apenas sintomático e inclui cuidados para diminuir a chance de transmissão.

☐ E   A conjuntivite gonocócica apresenta-se na forma hiperaguda, entre os 2 e 5 dias de nascimento, e é uma urgência pelo risco de perfuração ocular.

QUESTÃO 4
Sobre o teste do reflexo vermelho, qual a alternativa correta?

ALTERNATIVA CORRETA
☐ A Só deve ser realizado por oftalmologista.
☐ B Permite identificar alterações na transparência da córnea e do cristalino, além de problemas da retina, como o retinoblastoma.
☐ C Em caso de exame alterado, ele deve ser repetido em 30 dias para confirmação. Se a alteração for confirmada, o paciente deve ser encaminhado para avaliação por oftalmologista.
☐ D Só pode ser realizado sem a dilatação das pupilas.
☐ E Deve ser realizado em ambiente claro e bem iluminado.

QUESTÃO 5
Sobre a retinopatia da prematuridade, qual a alternativa correta?

ALTERNATIVA CORRETA
☐ A Deve ser investigada por oftalmologista, realizando exame de fundo de olho com as pupilas dilatadas em todas as crianças com idade gestacional < 32 semanas ou peso ao nascimento < 1.500 g.
☐ B O exame deve ser realizado até a 1ª semana de vida.
☐ C Não é um problema de saúde pública, já que afeta apenas um olho da criança.
☐ D Pode ser tratada com transplante de retina quando a criança chegar à puberdade.
☐ E Pode ser excluída pelo teste do reflexo vermelho.

QUESTÃO 6
Sobre o trauma ocular, qual a alternativa correta?

ALTERNATIVA CORRETA

☐ A É mais frequente em meninos do que em meninas.

☐ B Na suspeita de trauma ocular aberto, recomenda-se encaminhar o paciente ao oftalmologista e evitar a abertura forçada das pálpebras, pelo risco de saída de conteúdo ocular.

☐ C A história detalhada é muito importante para investigar a possibilidade de maus-tratos.

☐ D A queimadura química é uma urgência oftalmológica e deve ser realizada no primeiro atendimento, por qualquer profissional de saúde, com a lavagem copiosa do olho, incluindo a conjuntiva e fórnices conjuntivais.

☐ E Todas as alternativas estão corretas.

QUESTÃO 7
Sobre o retinoblastoma, qual a alternativa incorreta?

ALTERNATIVA CORRETA

☐ A A leucocoria (reflexo pupilar branco ou amarelado) é um sinal de alerta e a criança deve ser examinada por oftalmologista, com pupilas dilatadas com urgência.

☐ B A forma bilateral da doença costuma aparecer em idade mais precoce que a forma unilateral.

☐ C Nos casos de doença hereditária (bilateral), há risco de surgimento de segundos tumores primários.

☐ D O diagnóstico precoce não muda a forma de tratamento, que é a retirada do globo ocular acometido (enucleação).

☐ E O desvio ocular (estrabismo) é uma manifestação frequente de estágios mais avançados do retinoblastoma.

QUESTÃO 8
Sobre a ambliopia, qual a alternativa incorreta?

ALTERNATIVA CORRETA

☐ A É a baixa visual provocada por falha no desenvolvimento da visão por falta de estímulo adequado ou por um estímulo anormal durante o período crítico do desenvolvimento visual.

☐ B Deve ser tratada precocemente, já que o sucesso na recuperação da visão é maior nas crianças mais novas.

☐ C Pode ser causada por estrabismo, anisometropia (diferença de grau entre os olhos), altos erros refracionais e situações que impedem entrada de luz no olhos, como catarata e ptose palpebral.

☐ D Acomete apenas um dos olhos e, por isso, não causa grande prejuízo para o dia a dia do portador.

☐ E Seu tratamento pode ser realizado pela oclusão do olho bom, forçando a criança a utilizar a visão do outro olho. Muitas vezes, é necessário alternar a oclusão para não causar ambliopia do olho bom.

QUESTÃO 9
Sobre as conjuntivites virais nas crianças, qual a alternativa correta?

ALTERNATIVA CORRETA

☐ A Sempre se apresenta na forma bilateral; a forma unilateral é exclusiva da conjuntivite bacteriana.

☐ B É tratada com troca diária de toalha de rosto e travesseiro, pelo risco de reinfecção pelo vírus.

☐ C O tratamento deve ser realizado com uso de antibiótico tópico para evitar o risco de infecção bacteriana secundária.

☐ D O uso de colírio de corticosteroide é reservado aos casos complicados (como na formação de membranas conjuntivais e/ou infiltrados subepiteliais corneanos), já que é uma doença benigna e autolimitada.

☐ E Todas as alternativas estão corretas.

QUESTÃO 10
Qual a alternativa incorreta?

ALTERNATIVA CORRETA

☐ A   O glaucoma congênito pode apresentar-se com a tríade blefarospasmo, epífora e fotofobia.

☐ B   Toxoplasmose ocular é uma causa frequente de inflamação ocular (uveíte) no Brasil.

☐ C   O estrabismo pode ser sinal de imaturidade do sistema visual, mas costuma desaparecer após 2 a 6 meses de vida.

☐ D   Corticosteroides oculares nos casos de alergia ocular são necessários para aliviar os sintomas de prurido e seu uso está isento de complicações oculares.

☐ E   Ler com pouca luz não causa problemas de visão em crianças.

RESPOSTAS CORRETAS

1. a

Geralmente, a obstrução da via lacrimal é alteração benigna que se resolve espontaneamente em 90% dos casos até os 6 meses de idade. Se não melhorar, pode-se usar massagem lacrimal ou outras técnicas, como entubação da via lacrimal.
A massagem lacrimal consiste na compressão do saco lacrimal com direcionamento do dedo indicador inferiormente, como forma de se tentar aumentar a pressão hidrostática, forçando a membrana persistente na válvula de Hasner e promovendo seu rompimento. Recomenda-se que o médico pediatra ou oftalmologista ensine os pais a realizar a massagem.
É fundamental lembrar que, às vezes, a epífora é sinal de outra doença, como o glaucoma congênito ou doenças da córnea; portanto, é importante ter atenção máxima nesses casos.

2. e

O estrabismo pode ser resultado de falha no desenvolvimento da fusão binocular, que pode ocorrer em diversas enfermidades, como catarata congênita, altos erros refracionais e retinoblastoma. Mesmo sabendo que na maioria dos casos não existe causa determinante estabelecida, pode-se perder a oportunidade de realizar tratamentos por atrasos no diagnóstico quando outras doenças estão presentes. Por isso, devem ser encaminhados precocemente para oftalmologistas os casos de estrabismo que não apresentarem melhora espontânea dos 2 aos 4 meses de idade. Antes disso, também devem ser encaminhados se o pediatra suspeitar de catarata, história de retinoblastoma na família ou outras doenças, ou se criança apresentar estrabismo sempre mantido na mesma direção e sem momentos de alinhamento ocular. Exame de fundo de olho com as pupilas dilatadas é fundamental nesses casos.

3. c

A conjuntivite mais comum a acometer crianças, assim como adultos, é a conjuntivite adenoviral. A conjuntivite por adenovírus geralmente é autolimitada e benigna, não precisa ser tratada com colírios antibióticos ou corticosteroide. Compressas frias com água limpa sobre as pálpebras fechadas ajudam a diminuir a inflamação e os sintomas. Por ter fácil transmissão por contato indireto, deve-se considerar afastar o paciente das atividades escolares e de trabalho por alguns dias, além de reforçar a importância de evitar contato com os olhos e de manter as mãos limpas.

O segundo tipo mais comum de conjuntivite é o alérgico, mas, nesse caso, o paciente já costuma apresentar história de alergia e coceira ocular crônica.

4. b

O teste do reflexo vermelho (ou teste do olhinho) é um exame que deve ser realizado pelo pediatra ou qualquer médico que avalie as crianças ao nascimento e nas consultas de segmento ambulatorial. É mais bem realizado na penumbra e com a utilização de um oftalmoscópio direto, colocado de 30 a 50 cm do olho da criança. O uso de colírio midriático (para dilatação da pupila) facilita sua realização e pode ser usado em casos de dificuldade na observação dos reflexos. Casos com ausência de reflexo, reflexos brancos ou assimétricos entre os olhos justificam encaminhamento para avaliação oftalmológica urgente, pois pode se tratar de doenças que necessitam de tratamento imediato, como catarata, retinoblastoma e infecções retinianas.

5. a

A retinopatia da prematuridade (ROP) é uma das principais causas de cegueira e baixa visão bilateral em crianças e, portanto, é um importante problema de saúde pública. Podem-se diminuir muito suas consequências com a realização de triagem e de tratamento em momento adequado, não existindo tratamento eficaz quando a retina já está totalmente descolada com aspecto cicatricial. É recomendado exame de fundo de olho em prematuros menores de 32 semanas ou peso de nascimento < 1.500 g, considerando também realização naqueles com síndrome do desconforto respiratório, sepse, transfusões sanguíneas, gestações múltiplas e hemorragia intraventricular. O primeiro exame deve ser realizado entre a 4ª e a 6ª semana de vida e repetidos de acordo com achados. O teste do reflexo vermelho não diagnostica a ROP, exceto quando já existe um descolamento de retina, situação que provoca leucocoria (pupila branca). Nesse caso, o melhor momento para o tratamento já passou.

6. e

Trauma ocular é uma causa comum de perda de visão irreversível em jovens saudáveis. Estima-se que 250.000 jovens até 15 anos sofram trauma ocular grave a cada ano. Além dos acidentes domésticos, devem-se lembrar do trauma na prática esportiva, acidentes com fogos de artifício e trauma causado por animais domésticos. Deve-se orientar sobre a importância de proteção ocular durante atividades de risco, já que, dependendo da extensão do trauma, o prognóstico visual é ruim e muitas vezes resulta em cegueira.

7. d

O retinoblastoma é um tumor maligno com origem na retina e pode acometer crianças desde a vida intrauterina até os 7 anos de idade. Os casos bilaterais são hereditários e costumam aparecer mais cedo. Essas crianças apresentam risco de segundas neoplasias primárias além do retinoblastoma. A leucocoria é a manifestação mais comum, mas outros sinais podem sugerir retinoblastoma, como estrabismo, olho vermelho e doloroso, proptose (olho saltado) e heterocromia (diferença de cor da íris entre os olhos). O tratamento depende do estadiamento, podendo ser utilizado aplicação de *laser* (fotocoagulação), braquiterapia, crioterapia, radioterapia externa, quimioterapia sistêmica ou intra-arterial e enucleação.

8. d

A ambliopia é a principal causa de baixa visual unilateral na infância, mas pode também ser bilateral. Isso acontece quando um problema que prejudica o desenvolvimento da visão está presente nos dois olhos. Como exemplos, podem-se citar a catarata congênita ou infantil, a ptose palpebral e, principalmente, os casos de altas ametropias (erros refracionais) que acometem ambos os olhos. Esses últimos podem passar despercebidos pela família por vários anos, retardando o início do tratamento, que pode não ser eficaz se iniciado muito tardiamente. Por isso, exames de triagem visual são muito importantes e avaliações oftalmológicas devem ser indicadas mesmo que família não perceba alterações visuais nas crianças.

9. d

A conjuntivite adenoviral é a causa mais comum de conjuntivite em pacientes saudáveis. É uma doença benigna e autolimitada, mas com grande potencial para transmitir a outras pessoas por contato indireto. Costuma acometer os dois olhos em cerca de 50% dos casos, com olho vermelho, prurido, lacrimejamento e presença de secreção que cola os cílios. Geralmente, não é necessário tratamento com colírios de antibiótico ou corticosteroide, apenas orientação e uso de compressas com água limpa gelada sobre as pálpebras fechadas para alívio dos sintomas.

10. d

Crianças com alergia ocular costumam apresentar grande alívio dos sintomas com uso de colírio de corticosteroide tópico. Infelizmente, é comum ver crianças que fizeram uso crônico de corticosteroide e desenvolveram glaucoma corticogênico. Esses pacientes não apresentam nenhum sintoma até estágios muito avançados do glaucoma. Existem colírios antialérgicos seguros para uso crônico e deve-se guardar o corticosteroide apenas para tirar o paciente da crise ou nos casos mais graves. A orientação dos pais é fundamental, já que esses colírios são comprados sem necessidade de receita médica.

É importante lembrar que, nesse caso, o glaucoma é causado pelo colírio de corticosteroide, diferentemente do uso sistêmico, que costuma causar catarata.

CAPÍTULO

23

DEFESA PROFISSIONAL

Milton Macedo de Jesus
Mário Lavorato da Rocha
José Paulo V. Ferreira

QUESTÃO 1

O 1º Fórum de Defesa Profissional realizado pela Sociedade Brasileira de Pediatria (SBP) aconteceu no Rio de Janeiro, em março de 1999, e, desde então, a entidade tem incrementado diversas ações em defesa do pediatra, da criança e do adolescente. Entre as prioridades da SBP, qual não se pode citar?

ALTERNATIVA CORRETA

☐ A   Defesa profissional centralizada na diretoria de Defesa Profissional da SBP.
☐ B   Inclusão do pediatra no Programa de Saúde da Família (PSF) e no Núcleo de Apoio à Saúde da Família (NASF).
☐ C   Inclusão dos procedimentos pediátricos da Classificação Brasileira Hierarquizada de Procedimentos Médicos (CBHPM) no rol da Agência Nacional de Saúde Suplementar (ANS).
☐ D   Atendimento ambulatorial em puericultura com remuneração diferenciada.
☐ E   Reajuste anual dos valores pagos pelos procedimentos pediátricos.

QUESTÃO 2
Considerando a CBHPM, qual é a alternativa correta?

ALTERNATIVA CORRETA
☐ A Os valores dos procedimentos têm sido atualizados anualmente, desde o seu lançamento.
☐ B Os procedimentos têm código e porte, de forma que, de posse da CBHPM atualizada, o pediatra sabe qual o valor máximo de remuneração que deve negociar, junto às operadoras de saúde, pelo seu trabalho.
☐ C Todos os procedimentos da CBHPM fazem parte da cobertura mínima obrigatória da ANS.
☐ D Sempre que for necessária nova anamnese, novo exame físico, prognóstico, conclusão diagnóstica e/ou prescrição terapêutica, o procedimento deve ser considerado como nova consulta e, assim, ser remunerado.
☐ E A CBHPM é o padrão máximo para estabelecer parâmetros de remuneração pelo trabalho médico, conforme Resolução CFM 1673/2003.

QUESTÃO 3
O tratamento clínico ambulatorial em pediatria (TCAP) está em consonância com qual das seguintes alternativas?

ALTERNATIVA CORRETA
☐ A A política de valorização do pediatra pela SBP.
☐ B Estímulo à desospitalização da criança e do adolescente e remuneração do pediatra pelo tratamento completo, e não apenas pela consulta inicial.
☐ C Redução de internações e/ou permanência hospitalar.
☐ D Melhoria do acesso e da qualidade do atendimento nos casos indicados para acompanhamento.
☐ E Todas as alternativas estão corretas.

QUESTÃO 4

No Fórum pela Dignidade no Exercício Profissional, realizado em Brasília em julho de 2009, a SBP desencadeou a Mobilização Nacional pela Valorização do Pediatra, visando a mudar a realidade do trabalho pediátrico no Brasil. Entre as metas e referenciais do movimento, qual se pode destacar?

ALTERNATIVA CORRETA

☐ A Salário de acordo com o valor defendido pelo ENEM, para pediatras que trabalham em serviço público ou privado, corrigido anualmente pelo INPC ou outro índice que o substitua.
☐ B Recomendação para que os pediatras somente aceitem trabalho assalariado em instituições que tenham plano de cargos, carreira e salários.
☐ C Condições dignas de trabalho padronizadas pelo VigilaSUS.
☐ D Posição firme dos pediatras junto aos planos de saúde para conquistar remuneração respeitosa.
☐ E Todas as alternativas estão corretas.

QUESTÃO 5

Desde 2010, para o procedimento de atendimento ambulatorial em puericultura, qual o número total de atendimentos e a faixa etária a que se destinam previstos pelo calendário aprovado pela Câmara Técnica da CBHPM?

ALTERNATIVA CORRETA

☐ A Dez atendimentos – faixa etária de 0 a 2 anos.
☐ B Quinze atendimentos – faixa etária de 0 a 5 anos.
☐ C Dezoito atendimentos – faixa etária de 0 a 10 anos.
☐ D Vinte atendimentos – faixa etária de 0 a 12 anos.
☐ E Trinta e um atendimentos – faixa etária de 0 a 19 anos.

QUESTÃO 6

Em relação à pediatria, qual a conclusão da Pesquisa Demografia Médica no Brasil realizada em 2011 pelo CFM/CREMESP?

ALTERNATIVA CORRETA

☐ A   É a maior especialidade médica do Brasil.
☐ B   Entre os estados com maior número de pediatras, estão São Paulo, Paraná, Pernambuco e Rio Grande do Sul.
☐ C   A maior concentração de pediatras está no Sul do Brasil.
☐ D   A abertura indiscriminada de escolas médicas deve resolver o problema da má distribuição de pediatras no Brasil.
☐ E   Existe falta numérica de pediatras no Brasil.

QUESTÃO 7

No consultório pediátrico, qual das seguintes alternativas é muito comum?

ALTERNATIVA CORRETA

☐ A   Que o cliente insatisfeito reclame sempre.
☐ B   Que o cliente fiel não reclame ao seu médico.
☐ C   Não se deve dar espaço para o cliente reclamar.
☐ D   Que a maioria dos clientes insatisfeitos não reclame, apenas não retorne mais.
☐ E   Que o cliente satisfeito influencie mais pessoas que o cliente insatisfeito.

QUESTÃO 8
Qual é a alternativa incorreta?

ALTERNATIVA CORRETA

☐ A Dois terços das ideias para melhorar um serviço vêm das sugestões de clientes em pesquisas.

☐ B Os clientes hoje são mais exigentes quanto às suas expectativas e têm menos tempo disponível.

☐ C Um cliente satisfeito mantém-se fiel por muito mais tempo, faz comentários favoráveis e indica o médico.

☐ D Basta ser um bom médico para conseguir a fidelização dos clientes.

☐ E Realizar pesquisas de satisfação abre um canal de comunicação que passa ao cliente que ele também pode participar do processo de crescimento do consultório.

QUESTÃO 9
Qual(ais) das seguintes é(são) ferramenta(s) de comunicação e *marketing*?

ALTERNATIVA CORRETA

☐ A Propaganda boca a boca.//
☐ B Mala direta (correio e *e-mail*).//
☐ C Publicações em jornais de sua comunidade sobre saúde.//
☐ D *Telemarketing* ativo (que pode ser realizado pela secretária).//
☐ E Todas as alternativas estão corretas.

QUESTÃO 10
Quais das seguintes não é uma despesa fixa?

ALTERNATIVA CORRETA
☐ A Locação.
☐ B Condomínio.
☐ C Salário da secretária.
☐ D Contribuições sociais [Conselho Regional de Medicina (CRM), SBP, sindicato, Associação Médica Brasileira (AMB), Imposto Predial e Territorial Urbano (IPTU), Imposto sobre Serviços de Qualquer Natureza (ISSQN)].
☐ E Contas de luz, água e telefone.

RESPOSTAS CORRETAS

1. a

Nesse 1º fórum, por meio de planejamento estratégico, foram definidas como prioridades da SBP: descentralização da defesa profissional em macrorregiões e maior participação das filiadas, com implantação de diretorias de defesa profissional em todas as afiliadas estaduais; inclusão do pediatra no PSF e no NASF; aplicação da CBHPM com reajuste anual, correção do porte da visita hospitalar e reinclusão dos procedimentos da 1ª edição; consulta de puericultura com atendimento diferenciado e remuneração justa; inclusão dos procedimentos pediátricos da CBHPM no rol da ANS.

Para vencer esses desafios, é indispensável a participação de todos os pediatras. A defesa profissional é tarefa de todos.

2. d

A Resolução CFM 1.673/2003 adota a CBHPM como padrão mínimo e ético de remuneração para a saúde suplementar, incluindo instruções gerais e valores. Embora as operadoras de planos de saúde pratiquem reajuste anual com índice definido pela ANS, a CBHPM permaneceu sem reajuste por mais de 5 anos. Nem todos os procedimentos da CBHPM fazem parte do rol da ANS, com cobertura mínima obrigatória.

Segundo a lei 9.656/1998, a ANS define que não pode haver limitação para o número de consultas médicas.

A Resolução CFM 1.958/2010 regulamenta o ato da consulta médica e a possibilidade de sua complementação e reconhece que deve ser do médico-assistente a identificação das hipóteses tipificadas nessa resolução.

3. e

O TCAP surgiu como alternativa ao modelo de remuneração vigente e demonstrou ser economicamente viável e de fácil administração.

A puericultura foi incluída na proposta, fora dos estudos de base, pela importância para os pediatras e relevância social.

A lógica do projeto foi baseada nas regras da CBHPM para remunerar o atendimento ao paciente internado. Os valores propostos representaram a média dos honorários pagos para cada patologia listada durante a internação hospitalar.

A economia gerada para os planos de saúde com a desospitalização, a melhor remuneração pelos serviços prestados nos consultórios e a maior facilidade de acesso ao atendimento pelos usuários ficaram claros nos estudos realizados.

O projeto apresentado como proposta pela SBP foi implantado em muitas Unimeds em vários estados brasileiros.
A manutenção do TCAP depende das ações e do empenho de cada filiada.
A SBP continua a estimular e apoiar o interesse das filiadas em melhorar a remuneração dos seus associados com mais essa possibilidade de rendimento em seus consultórios.

4. e

Sem perder de vista a importância do compromisso pediátrico com a população, as mais importantes aliadas em todas as nossas iniciativas foram as metas e referenciais desse movimento: prioridade para ações junto aos planos de saúde, com o intuito de conquistar remuneração respeitosa; salário mínimo para pediatras que trabalhem em serviço público ou privado, segundo o valor defendido pelo Encontro Nacional de Entidades Médicas (ENEM); reajuste anual do valor da consulta e do salário pelo índice nacional de preços ao consumidor (INPC) ou outro indicador que o substitua; luta por condições dignas de trabalho a serem padronizadas pelo VigiaSUS; recomendação aos pediatras para que somente aceitem trabalho assalariado em instituição que tenha plano de cargos, carreira e salários.

5. e

O atendimento ambulatorial em puericultura não se refere à consulta por patologia aguda ou crônica já identificada, mas é sequencial e limitado, conforme calendário detalhado na CBHPM de 2010, no qual constam também as ações a serem realizadas nos atendimentos agendados. Compreende 31 atendimentos desde a primeira semana de vida até 19 anos.
A Resolução CFM 1.634/2002 define a adolescência como área de atuação exclusiva do pediatra.
A SBP, após 10 anos de luta, conseguiu a inclusão do atendimento ambulatorial em puericultura na CBHPM em fevereiro de 2010 e no rol da ANS a partir de janeiro de 2014. É, portanto, cobertura mínima obrigatória na saúde suplementar, conforme a RN 338/2013 da ANS.

6. a

A pediatria é a maior especialidade médica. Os pediatras (assim como os médicos em geral) estão mais concentrados no Rio Grande do Sul, Paraná, São Paulo, Rio de Janeiro e Minas Gerais, e essa má distribuição nas capitais e em regiões mais economicamente desenvolvidas passa, seguramente, pela definição de políticas públicas que valorizem o profissional e o fixem, verdadeiramente, nas diversas localidades.

É equivocada a abertura indiscriminada de escolas médicas, bem como a definição de índices, como o de número de leitos ou de médicos por habitantes, que dependem de fatores regionais, socioeconômicos, culturais e epidemiológicos, entre outros, e que diferem de região para região, país para país.

7. d

Nem sempre o paciente reclama, geralmente ele se decepciona e vai embora. Aquele paciente que reclama deve ser atendido, na medida do possível, pois tem grande chance de voltar e passar essa experiência positiva adiante. Por isso, devem-se abrir canais de comunicação para fidelização dos clientes, lembrando que um cliente insatisfeito contamina 2 a 3 vezes mais pessoas do que o cliente satisfeito.

8. d

Hoje em dia, é fundamental ser um bom médico, mas não é o suficiente. Com uma concorrência acirrada, é preciso ir além da competência profissional. Uma gestão de consultório proativa nos permite surpreender o paciente, oferecendo um diferencial em relação ao mercado. Aparência do consultório, atendimento da secretária, pontualidade, facilidade para marcação de consultas, fácil acesso e estacionamento, capacidade de ouvir, empatia são alguns fatores que contam fortemente na manutenção do paciente.

9. e

Essas e muitas outras podem ser usadas para divulgar o nome do profissional e também fazer reforço de marca. Hoje em dia, as mídias sociais podem ser grandes ferramentas de auxílio, desde que respeitadas as questões éticas da prática médica.

10. e

Por despesas fixas entendem-se todas as despesas que, independentemente do movimento do consultório, são sempre as mesmas. As contas de luz, água e telefone, embora sejam devidas todos os meses, flutuam de acordo com o uso do consultório. Quanto mais movimento, mais custo. Logo, são classificadas como despesas de custo variável.